utb 5939

Eine Arbeitsgemeinschaft der Verlage

Brill | Schöningh – Fink · Paderborn
Brill | Vandenhoeck & Ruprecht · Göttingen – Böhlau · Wien · Köln
Verlag Barbara Budrich · Opladen · Toronto
facultas · Wien
Haupt Verlag · Bern
Verlag Julius Klinkhardt · Bad Heilbrunn
Mohr Siebeck · Tübingen
Narr Francke Attempto Verlag – expert verlag · Tübingen
Psychiatrie Verlag · Köln
Ernst Reinhardt Verlag · München
transcript Verlag · Bielefeld
Verlag Eugen Ulmer · Stuttgart
UVK Verlag · München
Waxmann · Münster · New York
wbv Publikation · Bielefeld
Wochenschau Verlag · Frankfurt am Main

Michaela Masek

Antike Glücksethik

Wien • 2023

facultas

Bibliografische Information der Deutschen Nationalbibliothek
Die Deutsche Nationalbibliothek verzeichnet diese Publikation
in der Deutschen Nationalbibliografie;
detaillierte bibliografische Daten sind im Internet
über http://dnb.d-nb.de abrufbar.

facultas Verlag, Stolberggasse 26, 1050 Wien, Österreich

Einbandgestaltung: siegel konzeption | gestaltung
Einbandabbildung: Raffael, Die Schule von Athen, Vatikanische Museen (Ausschnitt)

Lektorat: Verena Hauser

Druck und Bindung: Friedrich Pustet, Regensburg
Printed in Germany

utb-Band-Nr.: 5939

ISBN 9783825259396 (Print-Ausgabe)
ISBN 9783838559391 (Online-Leserecht, erhältlich unter utb.de)

Inhalt

Allgemeine Abkürzungen

adj. adjektivisch
Art. Artikel
Ausg. Ausgabe
Bd(e). Band (Bände)
ders. derselbe
dt. deutsch
ebd. ebenda
eingel. eingeleitet
eigentl. eigentlich
erg. ergänzt/ergänze
et al. et alii
etc. et cetera
f(f). folgender (folgende)
FN Fußnote
Frg. Fragment
Hg. Herausgeber, Herausgeberin
Hgg. Herausgeber/innen
hg. herausgegeben
gek. gekürzt
griech. griechisch
i. e. id est
Inf. Infinitiv
Kap. Kapitel
lat. lateinisch
n. Chr. nach Christus
o. oben
Perf. Perfekt
Pl. Plural
s. siehe
Sing. Singular
sog. sogenannte(r)
Sp. Spalte
subst. substantivisch
übertr. übertragen
u. unten
u. a. und andere(s)/ unter anderen
u. ä./u. Ä. und ähnliche/ und Ähnliches
u. dgl. und dergleichen
usf. und so fort
ursprüngl. ursprünglich
üs. übersetzt
v. Vers(e)
v. a. vor allem
v. Chr. vor Christus
vgl. vergleiche
zit. zitiert

Vorwort

Am Beginn jedes Buches ist es üblich, den Personen zu danken, die zu dessen Entstehung beigetragen haben. Das ist in diesem Falle unmöglich, da die Namensliste annähernd so lang wäre wie das Buch selbst. So drücke ich hier meinen kollektiven Dank an alle meine Schülerinnen und Schüler aus, die ich in den vergangenen 40 Jahren im Gymnasium unterrichten konnte, sowie den Studierenden, denen ich in den letzten 20 Jahren an der Universität begegnen durfte. Ich bin dankbar für die vielen vertiefenden Gespräche, Diskussionen und Anregungen und bekenne hier gerne, dass ich meine Motivation zum Schreiben dieses Buches aus der klugen und erfrischenden Neugierde der jungen Menschen, ihrem Wissensdrang und dem meinem Unterricht (vor allem im von mir so geliebten Altgriechisch) entgegengebrachten Interesse geschöpft habe. Das Vorhaben, einen Band über die antike Glücksethik zu schreiben, existierte schon lange in meinem Kopf, genau genommen seit der Veröffentlichung meines ersten Buches *Geschichte der antiken Philosophie* ([2]2012). Mit der Zeit reifte der Plan, wurde konkreter und mündete in ein Versprechen gegenüber meinen nunmehr ehemaligen Schülerinnen und Schülern, das ich hiermit einlöse. Vor allem aber ist das Ziel dieser Darstellung, Studierenden der Philosophie und Ethik sowie der Klassischen Philologie eine auf entsprechender Textgrundlage basierende Übersicht zur Glücksethik der Antike zu bieten. Darüber hinaus wende ich mich damit aber auch an ein allgemein interessiertes Publikum. Die antiken Konzepte zur Erlangung der *eudaimonía* sind hinsichtlich ihrer konsistenten Inhalte und bestechenden Reichhaltigkeit bis heute unübertroffen und bieten im Gegensatz zu vielen hohlen und substanzlosen Glücksanleitungen der Moderne sowohl fundierte, schlüssig begründete Theorien als auch praxistaugliche Umsetzungsmöglichkeiten. Dazu soll gezeigt werden, dass sich das antike ‚Lebenskunstmodell' bis in unsere Zeit behauptet und vieles von dem, was von Glücksexperten heute ‚neu' entdeckt wird, in der Antike bereits gewusst wurde. So können all jene, die sich auf die Suche nach dem Glück machen, auf wundersame Weise bei den Griechen fündig werden, die in wenigen Jahrhunderten sämtliche moralphilosophisch relevanten Konzepte eines glücklichen und gelingenden Lebens entwarfen, die noch heute unser Denken bestimmen.

Mein Dank gilt auch Sabine Kruse als Vertreterin von facultas, die von Beginn an ihr Vertrauen in das Projekt „Antike Glücksethik" setzte und mich wiederum mit all ihrer von Wohlwollen geprägten Kompetenz unterstützte. Außerdem danke ich Verena Hauser für ihre wie gewohnt exzellente Lektoratstätigkeit.

Zur Verwendung dieses Buches:
Zitate aus antiken Quellen werden kursiv und ohne Anführungszeichen geschrieben und im Allgemeinen nach neueren, im Literaturverzeichnis angeführten Übersetzungen wiedergegeben; Änderungen durch die Verfasserin, z. B. die Transformation älterer Übersetzungen in die neue deutsche Rechtschreibung, erfolgen ohne besondere Kennzeichnung. Griechisch geschriebene Wörter werden durchgängig transkribiert und im Falle der Mehrsilbigkeit mit einem Betonungszeichen versehen; dabei wird auf die Differenzierung in Akut, Gravis und Zirkumflex verzichtet und ausnahmslos der Akut verwendet, bei einsilbigen und geläufigen Ausdrücken wird keine Betonung markiert; lange und kurze Vokale werden nicht unterschieden; der *Spiritus asper,* der für „h" steht, wird transkribiert, der *Spiritus lenis* und das *Iota subscriptum* entfallen. Alle griechischen und lateinischen Termini sowie Werktitel werden kursiv gesetzt, ebenso Namen von Autorinnen und Autoren bei ihrer Erstnennung. Siglen und Abkürzungen der Werktitel werden im Anhang angeführt.

1 Einleitung

„Alle Menschen wollen glücklich sein."

Aristoteles postuliert am Beginn seiner *Nikomachischen Ethik* als oberstes Ziel des menschlichen Daseins das Erreichen des Glücks: *In der Benennung sind sich die meisten so ziemlich einig. Sowohl die breite Masse als auch die Gebildeten nennen es Glück und unterstellen dabei, glücklich zu sein sei dasselbe wie ein erfreuliches Leben zu führen und es gut zu haben. Was aber das Wesen des Glückes ist, darüber gehen die Meinungen auseinander, und die breite Masse urteilt darüber ganz anders als die Gebildeten.* (*EN* I 1, 1095a16–20)

1.1 Glück – das letzte Ziel des Daseins?

Ob und in welchem Ausmaß das Glück von äußeren Umständen beeinflusst wird, welche Parameter das Glück entscheidend bestimmen, inwieweit ein glückliches Leben aus einem Zusammenwirken von externen Faktoren und inneren Befindlichkeiten resultiert – all diese Fragen sind seit jeher umstritten. Wenn Aristoteles das Streben nach Glück zudem als autarkes Endziel beschreibt, *das an sich gewollt wird und niemals um eines anderen willen* (*EN* I 1, 1097a34), so erscheint bereits die Zielvorgabe an sich problematisch. Hier wird den Menschen schlichtweg eine einheitliche innere Disposition attestiert, die sich empirisch nicht belegen lässt. Können wir überhaupt annehmen, dass alles menschliche Wollen ein letztes gemeinsames Ziel hat? Und wenn ja, ist es nicht gleichermaßen vorstellbar, das letzte Ziel im menschlichen Streben nach Selbsterhaltung zu sehen, also in bloß funktionalistisch-biologischem Sinn? Ist es zulässig, moralische Probleme aus dem Blickwinkel der eigenen Glückssteigerung zu betrachten? Oder könnte es letzten Endes nicht um etwas anderes als um das eigene Glück und die ‚Selbstverwirklichung' gehen? „Bewundern wir nicht am meisten diejenigen Handlungen, bei denen der

Handelnde zugunsten anderer vom Gelingen seines eigenen Lebens [...] gerade absieht?"[1]

Auch wenn die Philosophie trotz mehr als zweieinhalbtausendjähriger Bemühungen bisher keine eindeutigen Antworten auf die Frage nach dem Glück gefunden hat, gibt es wohl kein Thema, das die Menschen seit der griechischen Antike über alle Zeiten hinweg, wenn auch in verschiedener Intensität, so sehr beschäftigt hat wie die Suche nach dem Glück.[2]

1.2 Teleologische versus deontologische Ethik?

Bei der vergleichenden Betrachtung von antiker und moderner Moralphilosophie sind einige wesentliche Unterschiede festzuhalten. Antike Ethiken sind im Grunde teleologisch formuliert, das heißt, es wird ein *télos* (Ziel, Zweck), ein höchstes, allgemein erstrebenswertes Gut angegeben, das niemals um eines anderen, sondern immer nur um seiner selbst willen erstrebt werden soll. Im obigen Zitat erklärt Aristoteles das letzte umfassende Ziel mit einer „Vorstellung, die sich im Leben der Menschen tatsächlich findet. Sie haben ein Wort dafür, mit dem sie übereinstimmend einen allgemeinen Inhalt verbinden. Die Menschen streben nach dem Glück und sie verstehen darunter das gute Leben".[3] Die bis heute intensiv diskutierte Frage nach dem „guten Leben" wird von der US-amerikanischen Philosophin *Christine M. Korsgaard* unter zwei Sinnaspekten betrachtet: dem evaluativen bzw. funktionalen Sinn des Guten einerseits und dem *final sense* (im Sinne des griechischen *telos)* andererseits

1 R. Spaemann, Glück und Wohlwollen. Versuch über Ethik. Stuttgart [5]2009, S. 32.

2 Das vorliegende Buch behandelt die philosophische Glücksethik der griechischen Antike, die für die europäische Geistesgeschichte grundlegend ist. Aus dieser Fokussierung darf jedoch angesichts der unumstrittenen Bedeutung außereuropäischer Kulturen keinerlei Überlegenheitsanspruch abgeleitet werden, zumal orientalische Einflüsse von Seiten der Phönikier, Babylonier und Ägypter auf die Vorfahren der Hellenen unbestritten sind. Die Ausblendung fremder Kulturkreise hat allein pragmatisch-sachökonomische Gründe, da eine Beschäftigung mit jenen den vorgegebenen Umfang bei Weitem überschreiten würde.

3 F. Ricken, Philosophie der Antike. Stuttgart [4]2007, S. 173.

seits.[4] Im Anschluss an Aristoteles entwickelt Korsgaard die These, dass die Verbindung der beiden genannten Aspekte durch eine „Wertgebundenheit" gegeben sei: „Wenn wir sagen, etwas sei ein letztes oder höchstes Gut, dann sagen wir, dass es das Wohlfunktionieren eines Wesens ausmacht, [...] das seine eigene funktionale Verfassung auf eine wertgebundene Weise erfährt und handelnd für das sorgt, was funktional gut für es ist."[5]

Entgegen der teleologischen Konzeption wird in der Neuzeit, vor allem von *Immanuel Kant* (1724–1804) die Position einer deontologischen (*to déon*: das Notwendige, Erforderliche, Angemessene) Ethik vertreten. Diese postuliert im Sinne einer Pflichtenethik moralische Verbindlichkeiten, an welche die Handelnden auch dann gebunden sind, wenn sie mit ihrer Pflichterfüllung keinerlei Gut erlangen. Kant lehnt in *Die Metaphysik der Sitten* (1797) die von ihm als Eudämonismus bezeichnete antike Glückskonzeption mit dem Argument ab, sie laufe seinem Begriff von Moralität zuwider, insofern als sie moralisches Handeln als Instrument der Glückserlangung ansehe, das nur dem Eigeninteresse des Akteurs diene. Auch wenn den beiden Ethikbegründungen gegensätzliche Argumentationen zugrunde liegen, ist eine strikte Trennung von teleologischen und deontologischen Ethikbegründungen nicht immer zielführend. Dass man vor diesem Hintergrund auch der Interpretation antiker Ethikkonzeptionen mitunter nicht gerecht wird, ist beispielsweise an Sokrates' Haltung ersichtlich, in der sich beide Grundannahmen erkennen lassen (s. Kap. 5.5, S. 91f.).

1.3 Aktualität der antiken Lebenskunst

Seit den 1970er Jahren setzte ein deutlich sichtbarer Prozess der Rehabilitation der antiken Ethik und ihrer eudämonistischen Zielsetzung ein. So stellt etwa *Malte Hossenfelder* (1935–2011) bei der Betrachtung zeitgenössischer Glückstheorien fest, „daß vielfach noch in antiken Begriffen gedacht wird", da die Texte

4 Vgl. Chr. M. Korsgaard, Tiere wie wir. Warum wir moralische Pflichten gegenüber Tieren haben. Eine Ethik. München 2021, S. 33ff.

5 Ebd., S. 39.

der Antike „unser Glücksdenken bis heute entscheidend geprägt haben".[6] *Christoph Horn* wiederum erkennt in seinen Reflexionen zur antiken Ethik „gute Indizien dafür [...], daß die starke, kantische Moralitätsauffassung bereits in der klassischen und der hellenistischen Ethik zu finden ist".[7] Zudem hält er es für ein Vorurteil, zu meinen, die strebenstheoretische Ethik der Antike „erreiche das Thema Moralität nicht, weil ‚Streben' stets eine individuelle Vorteilssuche voraussetze". Im Anschluss an *Pierre Hadot* (1922–2010)[8], dessen Hauptanliegen darin bestand, die antike Philosophie als Lebensform (mit Hilfe geistiger Übungen) wieder ins Bewusstsein zu rufen, untersucht Horn die Begriffe ‚Lebenskunst' (*téchne tou bíou*) sowie ‚Selbstsorge' und fragt nach Glück, Tugend und dem höchsten Gut in antiken ethischen Konzepten. Trotz des Bedeutungswandels und teilweisen Schwundes dieser Begriffe im Vokabular der modernen Moralphilosophie unterstreicht Horn die Bedeutung von antiken „Theorien der gelungenen und der angemessenen Lebensführung, die bis heute von philosophischem Interesse sind".[9]

1.4 Glück als Thema der Psychologie

In der Gegenwart nehmen sich des Themas eines gelingenden und glücklichen Lebens vermehrt Naturwissenschaften, Soziologie, Ökonomie und Psychologie an. Zwar wird in diesen Disziplinen zugunsten einer radikal subjektivistischen Auffassung auf eine allgemeine Definition von Glück verzichtet, doch stehen den modernen Wissenschaften empirische Forschungsmethoden zur Verfügung, die Rückschlüsse auf menschliche Gefühle und Denkprozesse ermöglichen. Im Bereich der sog. Positiven Psychologie wird beispielsweise versucht, nicht mehr, wie lange üblich, den Fokus auf Defizite und psychische Störungen zu legen, sondern im Blick auf vorhandene Ressourcen positive

6 M. Hossenfelder, Antike Glückslehren. Stuttgart [2]2013, S. XXX.

7 Chr. Horn, Antike Lebenskunst. Glück und Moral von Sokrates bis zu den Neuplatonikern. München 2014, S. 212ff.

8 Vgl. P. Hadot, Wege zur Weisheit – oder was lehrt uns die antike Philosophie? Frankfurt am Main 1999; Philosophie als Lebensform. Antike und moderne Exerzitien der Weisheit. Frankfurt am Main [2]2005.

9 Horn, Antike Lebenskunst (2014), S. 10.

menschliche Anlagen zu fördern und Stärken mit glückssteigerndem Potenzial zu erarbeiten. Der US-amerikanische Psychologe *Martin Seligman* (*1942) führt drei grundlegende Mechanismen an, die für ein glückliches (Arbeits-) Leben förderlich sind: Genuss, Engagement und Sinnhaftigkeit. Auch wenn die Positive Psychologie heute vermehrt in der Kritik steht, die Bedeutung glücksrelevanter sozialer Werte und Normen zu übersehen und unter dem Deckmantel eines positiven Menschenbildes eine Ideologie zu vertreten, die für sich beansprucht, einen Menschentypus nach Kriterien ökonomischer Rentabilität zu formen, schließt das Konzept eines der bekanntesten Glücksforscher unmittelbar an diese Richtung an. *Mihaly Csikszentmihalyi* (1924–2021) entwickelte in umfangreichen empirischen Studien im Anschluss an *Abraham Maslow* (1908–1970), einem der Gründerväter der Positiven Psychologie, sein heute weltweit bekanntes *Flow*-Phänomen. Mit der Metapher des *Flow* beschreibt Csikszentmihalyi das positive Gefühl des vollständigen Aufgehens in einer Tätigkeit. Dazu einige Worte aus der Einleitung seines Buches, deren inhaltliche Berührungspunkte mit antiken Glückskonzepten, wie wir sehen werden, vielleicht überraschen mögen: „Dieses Buch wird den Prozess untersuchen, wie man Glück durch die Kontrolle über das eigene Innenleben gewinnt. [...] Beim optimalen Zustand innerer Erfahrung herrscht *Ordnung im Bewusstsein*. Dies tritt ein, wenn psychische Energie [...] für realistische Ziele verwendet wird und die Fähigkeiten den Handlungsmöglichkeiten entsprechen." Die Nähe zu antiken Konzepten verstärkt sich noch, wenn Csikszentmihalyi zwei wesentliche Hindernisse für Glückserfahrung identifiziert, indem er festhält, „dass das Universum nicht geschaffen wurde, um unsere Bedürfnisse zu erfüllen. Frustration ist ein wichtiger Bestandteil unseres Lebens. Und immer wenn unsere Bedürfnisse vorübergehend erfüllt werden, beginnen wir sogleich, neue zu entwickeln. Diese chronische Unzufriedenheit ist das zweite Hindernis auf dem Weg zum Glück."[10]

10 M. Csikszentmihalyi, Flow. Das Geheimnis des Glücks. Stuttgart 1992/2017, S. 22ff.

1.5 ‚Glücks-Kompetenz' und ‚Selbstoptimierung'

Trotz der mahnenden Worte des prominenten Glücksforschers, dessen Theorie „aus einem stoischen Lehrbuch stammen könnte"[11], sehen wir uns heute mit einem regelrechten ‚Glücksboom' konfrontiert. Wenige philosophische Themen stoßen in der breiten Öffentlichkeit auf ein so reges und gleichzeitig exzessiv vermarktetes Interesse wie die Frage nach dem Glück. Seit den 1980er Jahren wird der Taschenbuchmarkt von Glücksratgebern geradezu überschwemmt. Und auch wenn keine dieser Anleitungen den einen wahren Weg zum Glück verkünden kann, wird darin präsumtiv ein Geheim- oder Expertenwissen angenommen, wodurch das Glück, scheinbar von jeglicher Kontingenz befreit, in einen von systematischer Kenntnis und Kompetenzwissen umrissenen Kontext integriert wird. Diese ‚Kompetenzen' bleiben jedoch in ihrer hybriden Mischung aus technisch-instrumentellen Anleitungen und meditativ-spiritueller Praxis, aus psychologischen Achtsamkeitsübungen und autosuggestiven Ratschlägen, esoterischer Mystik und der Besinnung auf die „Quellen innerer Kraft"[12] u. Ä. m. allzu vage, als dass damit das Glücksversprechen eingelöst werden könnte. Ob es sich etwa um den Bestseller von Werner Küstenmacher *Simplify your Life. Einfacher und glücklicher leben* (2001) handelt oder den Band *Glücks-Gesetze: Die Botschaften des Lebens verstehen* (2017) von Kurt Tepperwein – stets wird ein notorischer Mangel an Glück unterstellt. Demgegenüber sollen die Glücksuchenden zu einem Lern- und Selbsterfahrungsprozess motiviert werden, in dessen Verlauf das Glück als jederzeit erreichbares und zudem fortwährend optimierbares Phänomen suggeriert wird. Somit wird eine andauernde Dichotomie von ‚unglücklicher Vergangenheit' versus ‚glücklicher Zukunft' begründet, um die Anstrengungen bezüglich einer individuellen Glücksfindung und der Vervollkommnung der eigenen Persönlichkeit am Laufen zu halten.

Angesichts des inflationären Angebots an Glücksratgebern sah sich schon der österreichische Philosoph und Psychotherapeut *Paul Watzlawick* (1921–2007) genötigt, mit seiner zum Bestseller gewordenen maliziös-satirischen *Anleitung zum Unglücklichsein* (1983) ein Vademecum zu entwerfen „für

---

11 Hossenfelder, Antike Glückslehren (2013), S. XXX.

12 Vgl. A. Grün, Quellen innerer Kraft. Freiburg 2007.

unsere Welt, die in einer Flut von Anweisungen zum Glücklichsein zu ertrinken droht".[13] Ähnlich argumentiert die Soziologin *Eva Illouz* gemeinsam mit *Edgar Cabanas* in ihrem 2019 erschienenen Essay *Das Glücksdiktat.*[14] Von der Autorin und dem Autor werden die gefährlichen Mechanismen der boomenden Glücksindustrie kritisch durchleuchtet, vor allem in der Absicht, deren eigennützige Motive der Selbstbereicherung aufzudecken und die ihres Erachtens allzu simple und vereinfachende Sichtweise vom ‚guten Leben' rigoros in Frage zu stellen.

Begriffe wie Selbstoptimierung und Enhancement dominieren inzwischen unseren gesellschaftlichen Diskurs in einem solchen Ausmaß, dass Trendforscher/innen heute von einem Optimierungswahn sprechen und Mediziner/innen, allen voran Psychiater/innen, vor Stress und gesundheitlichen Risken in Anbetracht eines diesbezüglich zunehmenden sozialen Drucks warnen. Und doch geht es, obgleich nicht immer klar benannt, im Wesentlichen stets um ein glückliches oder gutes Leben bzw. mögliche Glückssteigerungen, wodurch der unverbürgte Einwand, antike Glückstheorien seien zu individuell ausgerichtet, angesichts dieser Trends zusehends verblasst. Denn worin das Glück besteht, wird entgegen vielversprechender Titel eben gerade nicht allgemeinverbindlich erklärt, sondern ausschließlich der individuellen Interpretation überlassen.[15]

Dessen ungeachtet treffen wir hier auf ein Element, das ein besonderes Charakteristikum antiker Lebenskunstmodelle darstellt. Im Gegensatz zur modernen, im kantischen Sinne „handlungsorientierten" (*act-centred*)[16] Ethik, deren Interesse darin liegt, allgemeingültige Regeln zu erlassen, Argumente für Begründungen zu prüfen, gegebenenfalls Konfliktfälle zu diskutieren sowie moralisch angemessene von unangemessenen Handlungen zu unterscheiden, ist die Konzeption der Antike eine „akteurzentrierte" (*agent-centred*) und stellt somit die handelnde Person in den Mittelpunkt ihrer Betrachtungen. Im Sinne einer paränetischen (*parainein*: zureden, ermahnen, empfehlen)

13 P. Watzlawick, Anleitung zum Unglücklichsein. München 2021, S. 12.

14 Vgl. E. Canabas & E. Illouz, Das Glücksdiktat. Und wie es unser Leben beherrscht. Berlin 2019.

15 Vgl. D. Fenner, Selbstoptimierung und Enhancement. Ein ethischer Grundriss. Tübingen 2019, S. 62.

16 J. Annas, *The morality of Happiness*. New York/Oxford 1993, S. 124.

bzw. konsiliatorischen (lat. *consilium*: Beratung, Ratschlag) Ausrichtung beruht die antike Ethik größtenteils auf dem Prinzip philosophischer Beratung und therapeutischer Hilfestellung. Ähnlich adressatenorientiert verfahren die heutigen, zumeist stark personalisierten, Optimierungsangebote, indem sie jedoch vergleichsweise salopp und distanzlos, in demonstrativer Vorspiegelung von Vertraulichkeit an ein Du appellieren. Damit wird zugleich der Boden bereitet für die Unverbindlichkeit bzw. individuelle Deutung der verkündeten Glücksbotschaften, wobei die Ratsuchenden gleichzeitig zu selbstkompetenten und wirkmächtigen Subjekten hochstilisiert werden.

1.6 *The pursuit of happiness*

In der US-amerikanischen Gesellschaft sind *self-improvement* und *personal growth* seit Langem etablierte Bestandteile des weit verbreiteten Glaubens an den *American Dream*. Anders als in Europa ist das Streben nach Glück (*pursuit of happiness*) in der Unabhängigkeitserklärung der Vereinigten Staaten ausdrücklich als Menschenrecht verankert und gehört dort zu den Rechten einer jeden US-Bürgerin und eines jeden US-Bürgers. Die Idee, dass das Streben nach Glück neben dem Recht auf Leben und Freiheit ein weiteres unabänderliches, gottgegebenes Recht ist, hat den amerikanischen Kapitalismus tief geprägt. Sie steht als Formel für grenzenloses Verlangen nach materiellem Wohlstand ebenso wie für Erfindergeist, Wagemut und überwältigende Großherzigkeit und inspiriert die Menschen immer wieder aufs Neue, ihren Traum vom Glück zu verwirklichen. Ein Beispiel für dessen Realisierung liefert der 2006 produzierte Film *The Pursuit of Happyness* (sic!), der zum weltweit bekannten Kassenschlager wurde. In der größtenteils auf wahren Begebenheiten beruhenden Geschichte gelingt es einem alleinerziehenden afroamerikanischen Vater, sich und seinen Sohn aus einer ärmlichen, existenzbedrohenden Situation zu befreien und eine Lebensgrundlage zu schaffen, die schließlich zu Glück und Wohlstand führt.

Auch im kleinen Himalaya-Königreich Bhutan wurde das Glück zum Staatsziel erklärt. In Artikel 9 seiner demokratischen Verfassung ist die Förderung von *Gross National Happiness* (GNH), dem Bruttosozialglück, festgeschrieben und der Staat somit verpflichtet, durch aktives Eingreifen *collec-*

tive happiness – dazu zählt spirituelles Wohlbefinden ebenso wie materieller Wohlstand – zu fördern. Das ist mehr, als den Bürgerinnen und Bürgern das Recht zu gewähren, nach ihrer Fasson tätig und glücklich zu werden. Zieht man allerdings den seit 2012 erstellten *World Happiness Report* heran, so lag Bhutan 2019 an 95. Stelle[17] und scheint inzwischen noch weiter zurückgefallen zu sein. Diese Klassifizierung mag auf den ersten Blick verwundern, sie kommt allerdings, wie es bei Rankings häufig der Fall ist, durch einen Mix aus verschiedenen, schwer vergleichbaren und mitunter fragwürdigen Kriterien zustande. Darüber hinaus gibt es Studien, die nahelegen, dass das Glück innerhalb eines Landes, auch wenn dieses im Schnitt als glücklich gilt, äußerst ungleich verteilt sein kann: „Die von den weniger glücklichen Menschen empfundene Diskrepanz zur glücklichen Norm könnte die Ungleichheit langfristig noch weiter verstärken, warnen die Autoren. Der Fokus auf nationale Durchschnittswerte könnte also irreführend sein. Auch wenn viele glücklich sind, sind manche vielleicht sehr unglücklich."[18] Selbst wenn staatliche Richtlinien vorgegeben werden, impliziert dies keineswegs, dass sich Glück im gewünschten Ausmaß vergrößert.

1.7 Die Sinndimension des Glücks

Dass das Thema Glück weitaus differenzierter und komplexer ist, als es den Anschein hat, und letztlich auch stets subjektabhängig, kommt nicht zuletzt in bekannten Märchengestalten zum Ausdruck, wie etwa in der sprichwörtlich gewordenen Figur des „Hans im Glück". Der Protagonist, der anfangs mit einem „Klumpen Gold" ausgestattet ist und letztlich mit leeren Händen dasteht, wird dennoch mit jedem der für ihn unvorteilhaften Tauschgeschäfte glücklicher. Er zeigt mit seinem Verhalten, dass das Glück offenbar allein von der eigenen Einstellung abhängt und der Fähigkeit, sich zu den Dingen in ein bestimmtes Verhältnis zu setzen. Möglicherweise lassen sich an Hans charakteristische Merkmale eines Kynikers (s. Kap. 6.1) oder auch eines stoi-

17 Vgl. https://worldhappinessreport/ed/2019/ (Zugriff am 11. 9. 2022).

18 E. Obermüller, Gesellschaft: Zwang zum Glücklichsein macht unglücklich. https://science.ORF.at/stories/3211547/ (Zugriff am 20. 8. 2022).

schen Weisen (s. Kap. 9.1) erkennen, nach deren Überzeugung Glück allein aus dem, worüber wir in unserem Inneren verfügen, resultiert. Vielleicht lag Hans' ‚Glücksbegabung' auch tatsächlich darin, jeglichen Wunsch nach Besitz und Reichtum aufzugeben, um in einem Akt der Befreiung den seelischen Frieden zu erlangen. Andererseits kann es höchst irritierend wirken, dass Hans mit seiner Distanzierung von der Welt und der Vermeidung von Mühen und Schwierigkeiten zugleich jede persönliche Ambition aufzugeben scheint. Da er zu keiner Zeit versucht, etwas aus seinen Möglichkeiten zu machen und aktiv zu entwickeln, verzichtet er gänzlich auf die anspruchsvollere Erfahrung eines Erfüllungsglücks, das sich erst durch Überwindung von Anstrengung und Mühsal im Erreichen von zu erarbeitenden Aufgaben einstellt. Er begnügt sich mit dem bloßen Erlebnis- oder Empfindungsglück (s. Kap. 2.3, S. 40f. und Kap. 6.2.2, S. 111) des Augenblicks, und somit vermissen wir bei Hans gänzlich die Frage nach Selbstwirksamkeit und einem Lebenssinn, der sich erst aus der Realisierung höherwertiger Ziele ergibt.[19] Aber auch unter der Voraussetzung, dass wir den Sinn als wertvollen und für das Glück ausschlaggebenden Maßstab anerkennen, erweist sich dieser rasch als äußerst relativer und wenig zuverlässiger Glücksindikator angesichts der Unmenge an verschiedensten, häufig sogar gänzlich konträren menschlichen Handlungspräferenzen. Vor dem Hintergrund so mancher tiefgreifender Orientierungslosigkeit, aber auch der allgemeinen Begrenztheit des menschlichen Lebens könnte man Religionen zugestehen, insofern einen Beitrag zu leisten, als sie unter Annahme einer metaphysischen Dimension das im Diesseits prinzipiell unerreichbare Glück in eine jenseitige Welt projizieren. Doch abgesehen von deren dogmatischen Voraussetzungen muss eine Sinnkonstruktion auch hier offengelassen werden. Die Annahme, so *Ludwig Marcuse* (1894–1971), dass ein erhofftes jenseitiges Glück dem irdischen Leben einen „dauernd schützenden Sinn"[20] verleihen und dazu beitragen könnte, Leid zu vermeiden, erweist sich als reine Utopie. Hingegen findet Marcuse

19 Vgl. V. Steenblock, I. Das gute Leben. 1: Glück, Lust und Seelenruhe. In: J. Nida-Rümelin/I. Spiegel/M. Tiedemann (Hgg.): Handbuch Philosophie und Ethik. Bd. 2: Disziplinen und Themen. Paderborn 2015, S. 145f.

20 L. Marcuse, Philosophie des Glücks. Von Hiob bis Freud. Zürich 1996, S. 321.

eine Fülle „momentaner Glückspartikelchen“ und plädiert gleichzeitig dafür, dass die Menschen lernen müssten, bescheidener zu leben.

Welche Perspektive auch immer gewählt wird, der Sinn (und somit das Glück) des Lebens kann niemals ausschließlich als objektive Gegebenheit wahrgenommen werden, sondern hat vielmehr stets „mit Zusammenhängen der *Hermeneutik* zu tun und ist eine Frage der Deutung und Interpretation“.[21] Dem Menschen als Bildungssubjekt, so *Wilhelm Schmid*, eröffne sich bezüglich einer geistigen Sinngebung eine gewisse Deutungshoheit, gerade in den von alters her so bedeutsamen „teleologischen Zusammenhängen“: In einem Akt der Selbstermächtigung sei die Menschheit seit frühester Entwicklung imstande gewesen, eigene Zwecke zu setzen und sich gleichzeitig von heteronomen, vormals vom Familienoberhaupt, von Kirche und Staat vorgegebenen Zielbestimmungen zu emanzipieren.[22] Aber auch in der kapitalistischen Welt von heute setzt unter Ökonomen und Ökonominnen ein gewisses Umdenken ein, wie das beeindruckende Engagement des britischen Ökonomen *Richard Layard* (*1934) unter Beweis stellt. Im Bestreben, Erkenntnisse aus der Glücksforschung in die Wirtschaftswissenschaften einzubeziehen, setzt sich Layard als Mitbegründer der weltweit agierenden sozialen Bewegung *Action for Happiness* (gegründet 2010) für den Aufbau einer glücklicheren und fürsorglicheren Gesellschaft ein.[23] *Richard David Precht* beruft sich in seinem Appell zu einem glücklicheren Leben auf den ambitionierten Ökonomen, indem er sich seinen Warnungen anschließt: „Für Layard steht fest: Es gibt mehr im Leben, was glücklich macht, als immer nur alles haben zu wollen. Wer nach immer mehr Wohlstand und Status (im Vergleich zu anderen) strebt, der zeigt Anzeichen eines echten Suchtverhaltens. Materielles Streben erzeugt einen dauerhaften Zustand der Unzufriedenheit, in dem kein nachhaltiges Glück entstehen kann.“[24]

---

21 W. Schmid, Glück. Alles, was Sie darüber wissen müssen, und warum es nicht das Wichtigste im Leben ist. Frankfurt am Main [16]2018, S. 58.

22 Vgl. ebd., S. 61ff.

23 Vgl. R. Layard, Die glückliche Gesellschaft. Kurswechsel für Politik und Wirtschaft. Frankfurt/New York 2005. Er zeichnet auch mit verantwortlich für den *World Happiness Report*.

24 R. D. Precht, Wer bin ich – und wenn ja, wie viele? München 2012, S. 351.

1.8 „Erkenne dich selbst"

Was kann nun dafür sprechen, sich auf der Suche nach einem gelingenden, glücklichen und sinnerfüllten Leben mit der längst versunkenen Kultur der griechischen Antike zu beschäftigen? Die Antwort mag in ihrer Einfachheit überraschen: weil sie mit ihrer Wirkmächtigkeit und Strahlkraft bis in unsere Gegenwart fortwirkt und uns mit ihren bestechenden Ethikkonzepten auch heute noch viel sagen kann. Wenngleich die Expansionslust Alexanders des Großen und das imperialistische Streben der Römer letztlich zum Untergang des Reiches der Hellenen führte, lebte das Griechische als global bedeutsame geistige Macht noch lange fort – im Grunde bis in unsere Tage. Auf nahezu allen Feldern des menschlichen Lebens und Denkens lassen sich Spuren und Linien verfolgen, die von der Blütezeit der griechischen Antike über die Spätantike ins Mittelalter und in die Neuzeit führen. So finden wir in den vorchristlichen griechischen Jahrhunderten auf dem Gebiet der Moralphilosophie unter dem Aspekt eines explizit formulierten Zieles ihrer Ethik, namentlich der Erlangung des Glücks, auffällig viele Konzepte, mehr als in späteren Epochen. Neben den beiden bedeutendsten Vertretern der klassischen Philosophie, Platon und Aristoteles, suchten vor allem Sokrates und die Sophisten, die Kyniker, Stoiker, Epikureer und Skeptiker nach Antworten auf die Frage nach einem gelingenden, guten und glücklichen Leben, die man auch als Reaktionen auf damalige gesellschaftliche Veränderungen und neue, fremdartige Lebensumstände sehen kann. So lassen sich auf der Suche nach dem guten Leben angesichts heutiger Problemstellungen, Hindernisse und Unsicherheiten eine auffallende Nähe und Verwandtschaft zu diesen rund zweieinhalbtausend Jahre zurückliegenden Entwürfen erkennen. Es soll hier also nicht primär darum gehen, diese Konzepte lediglich im Rückblick auf eine längst vergangene, abgeschlossene Epoche zu betrachten, sondern vielmehr darum, zu zeigen, wie es einmal war und vielleicht immer noch ist.

Sich die moralphilosophischen Konzepte der alten Lehrmeister der Tugend, der Weisheit und des Glücks vorzunehmen kann durchaus lohnend sein, da wir bei diesen im Vergleich zu so manchen hohlen, inhaltsleeren Phrasen zeitgenössischer Heilsverkünder und selbsternannter ‚Experten' tatsächlich konsistente philosophische Denkformen und Ideengebäude vorfinden, die auch heute noch überzeugen. Viele ihrer aus vernünftig und schlüssig strukturierten Lehrinhalten deduzierten Ratschläge erscheinen plausibler als so mancher vage formulierte Zuruf aus diversen Glücksratgebern. Einer der berühmtesten antiken Imperative, der delphische Ruf nach Selbsterkenntnis (*gnóthi s[e]autón: Erkenne dich selbst*), drückt dabei eine der wesentlichsten Voraussetzungen für die Suche nach dem Glück aus. Dieser vielzitierte Gedanke aus einer Inschrift am Apollotempel von Delphi, der wohl ursprünglich die Sterblichen an die ihnen gesetzten Grenzen erinnern sollte, wurde von den antiken Philosophen, wenn auch mit unterschiedlichen Akzenten, zentral in ihre Ethiken eingegliedert und zugleich zum Ausgangspunkt für die praktische Anwendung bestimmter Einsichten auf die jeweilige Lebensführung bestimmt. An der Wende zum 21. Jahrhundert nimmt *Dieter Thomä* diesen Spruch wieder auf, indem er ihn in den Appell „Erzähle dich selbst" transformiert.[25] Die strukturelle Affinität zwischen Leben und Erzählung sieht Thomä darin, dass sich durch die Erzählung des eigenen Lebens ein identitätsstiftender Sinnzusammenhang erkennen lässt, entsprechend einem Motivationszusammenhang im praktischen Leben, der stets mehr ist als eine bloße Abfolge von Einzelereignissen. Ferner deutet Thomä das in der Erzählung entwickelte Selbstverhältnis als „Selbstliebe", die für das Glück der Identität bestimmend ist.[26] In ähnlicher Weise stellt *Peter Bieri* fest, dass Vorstellungen von Sinn und Glück in einem gelingenden Leben nur aus Selbsterkenntnis und „Übersicht über uns selbst" erwachsen können, „um ein klares Bewusstsein davon zu haben, was wir als wichtig erachten. Sich selbst in diesem Sinne zu kennen und zu verstehen, ist ein wesentlicher Bestandteil von Bildung [...]."[27]

Die Zielsetzung dieses Buches ist es, den Studierenden der Klassischen Philologie und Philosophie, hier vor allem der Ethik, anhand einer fundierten Textgrundlage die Bedeutung und ungebrochene Aktualität der antiken Eudämonie- und Moralkonzepte zu vermitteln und zugleich die Thematik eines guten, gelingenden Lebens aus der Perspektive zeitlos gültiger antiker Glückstheorien in die gegenwärtige (philosophische) Diskussion einzubrin-

25 Vgl. D. Thomä, Erzähle dich selbst. Lebensgeschichte als philosophisches Problem. Frankfurt am Main ²2007.

26 Vgl. auch D. Thomä, Vom Glück in der Moderne. Frankfurt am Main ³2003.

27 P. Bieri, Wie wollen wir leben? Salzburg 2011, S. 80.

gen. Darin bestärkt uns auch Csikszentmihalyi, wenn er behauptet: „Was Glück ist, begreifen wir nicht besser als Aristoteles."[28]

28 Csikszentmihalyi, Flow (1992/2017), S. 15.

2 *Eudaimonía* – Was heißt Glück?

Was im Volksmund unter Redewendungen wie „Das Glück ist unbeschreiblich“ kursiert, gilt in gewisser Hinsicht auch für die inhaltliche Erklärung des griechischen Begriffs für Glück(seligkeit), der *eudaimonía,* denn „die Rede vom ‚Glück‘ ist notorisch mehrdeutig“.[1] Um der Semantik des Wortes, mit dem das Höchst- und Letztziel alles Strebens in der Antike gleichgesetzt wird, auf den Grund zu gehen, bedarf es einer genaueren Betrachtung seiner Bestandteile, auch unter Berücksichtigung der philosophiegeschichtlichen Entwicklung.

Das griechische Wort *eudaimonía* setzt sich aus der Vorsilbe *eu* (gut) und dem Begriff *daímon* (Gott, göttliches/dämonisches Wesen, Schutzgeist)[2] zusammen. Eine der sinnfälligsten Beschreibungen des *daímons,* auf die wir noch zurückkommen werden (s. u. und Kap. 3.3, S. 52), findet sich bei Demokrit, bei dem es heißt: *Nicht im Besitz von Herden noch im Golde befindet sich das Lebensglück (eudaimonía); Wohnsitz des daímons ist die Seele.* (DK 68 B 171) „Er verweist“, so Joachim Ritter, „auf die Seele als Sitz des Glücks, da Sitz des Dämons die Seele sei.“[3] Ähnlich heißt es beim Tragödiendichter Euripides (*Orestes* v.67): *Glücklich ist, wer in sich einen guten Dämon zum Führer hat.*

1 H. Steinfath, Die Thematik des guten Lebens in der gegenwärtigen philosophischen Diskussion. In: Ders. (Hg.): Was ist ein gutes Leben? Philosophische Reflexionen. Frankfurt am Main [3]2012, S. 13.

2 Nach Liddell/Scott: „but more frequently of the Divine power“ (LS S. 4048).

3 J. Ritter, Art. Glück. In: HWPh Bd. 3, Sp. 680.

2.1 *Daímon* und *daimónion*

Der Begriff *daímon* ist etymologisch nicht restlos geklärt und bietet eine Vielzahl von Übersetzungsmöglichkeiten. Sehr wahrscheinlich ist eine Verwandtschaft mit dem Verbum *daío/daíomai* ([zu]teilen), womit wohl auf das Verteilen von Geschicken hingewiesen wird. In *daímon* könnte auch die Wortwurzel *di-* bzw. *div-* stecken, die wir in der Abwandlung des Gottes Zeus (Gen. *Diós*) finden.[4] In seinem frühen vorphilosophischen Vorkommen im homerischen Epos wird der *daímon* auch häufig mit *theós* (Gott) gleichgesetzt (z. B. *Ilias* I 222). An einer anderen Stelle bei **Homer** wird der Begriff synonym für „Verderben, Todeslos" verwendet, das Hektor dem griechischen Helden Diomedes im Kampf androht (*Ilias* VIII 166). **Hesiod**[5] zufolge sind die *daímones* die abgeschiedenen Seelen der Menschen des Goldenen Zeitalters, sie bilden eine Zwischenstufe zwischen Menschen und Göttern. Nach dem Willen des Zeus übernehmen sie erstmals eine Schutzfunktion für die Menschen, indem sie als deren wohlwollende Begleiter über Recht und Unrecht wachen und ebenso Reichtum spenden (*Werke und Tage* v. 121ff.). Bei den frühgriechischen Dichtern **Theognis** und **Pindar** (6./5. Jh.) findet sich neben der synonymen Verwendung für „Gott" auch die Deutung als Schicksalsbegriff schlechthin (Theognis, *Frühe griechische Elegien* v. 161ff.; Pindar, *Pyth.* III 34).

Unter den ersten philosophischen Denkern soll bereits **Thales** eine Einteilung in Götter, Dämonen und Heroen vorgenommen haben, wie wir sie später bei Platon finden (*Pol.*IV 427b). Im platonischen Dialog *Kratylos* (398b) werden die *daímones* im Anschluss an Hesiods Zeitaltermythos die „Guten" genannt und mit dem Wort *daémones* (vernünftig, kundig) in Verbindung gebracht. Wenn **Heraklit**, einer der bedeutendsten frühgriechischen Philosophen, von *daímones* spricht (DL IX 7), so sind gemäß seiner Lehre wohl diejenigen gemeint, in denen das alles durchwaltende Göttliche, die gemeinsame Vernunft, wirksam ist. Hingegen ist *daímon* in Heraklits oft zitiertem Ausspruch *éthos anthrópo daímon* (*Dem Menschen ist sein Verhalten/sein Charakter Schicksal*) als persönliches Geschick zu verstehen, etwa im Sinne der Aus-

---

4 Vgl. H. Frisk, Griechisches Etymologisches Wörterbuch. Heidelberg 1960, S. 340ff.

5 Hesiod wirkte um 700 v. Chr. und war neben Homer der bedeutendste Epiker der archaischen Zeit.

sage über den „Menschen als seines Glückes Schmied“ (DK 22 B 119; s. Kap. 3.1, S. 47). In den *Katharmoí*, einem vom Dichterphilosophen **Empedokles** überlieferten „Reinigungslied“, wird die Vorstellung von Dämonen mit dem Dogma der Seelenwanderung verknüpft. Diese unter den Göttern stehenden Wesen sind durch ihren Sündenfall in sterbliche Leiber gebannt, in denen sie ihre Schuld abbüßen müssen, bis sie ihre frühere Seligkeit wiedererlangen (DK 31 B 115). Hier offenbart sich bereits ansatzweise die oben zitierte Ansicht Demokrits, dass die Seelen der Menschen zugleich ihre Dämonen sind, wie wir sie auch noch in anderen Kontexten finden (s. S. 30).

Auch bei **Platon** kommt der Begriff u. a. im Zusammenhang mit der Wiedergeburt vor. So klingt etwa im *Phaidon* (107d) der Gedanke eines jedem Menschen individuell zugewiesenen *daímons* an, von dem dieser zum Hades geführt wird. Im Schlussmythos der platonischen *Politeia* (X 617de) wählt die Seele, ehe sie eine neue Wanderung zur Erde antritt, einen *daímon*, der ihr von Lachesis, einer der Schicksalsgöttinnen, als Hüter des Lebens und Vollstrecker des Geschicks beigegeben wird, wobei *daímon* öfter auch mit *bíos* (Leben) gleichgesetzt wird. In Platons Spätwerk *Timaios* (90a–d) wird der vernünftige Teil der Seele als *daímon* bezeichnet, der als Mittelglied zwischen sinnlicher und intelligibler, nur durch den Intellekt erfassbarer, Welt den Menschen mit der Gottheit verbindet.[6]

Für die spätere Philosophie richtungsweisend, begegnet uns der Begriff *daímon* in der Darstellung Platons als Mittlerwesen zwischen Gott und Mensch (*Nom.* IV 713, VIII 848d). Ein *locus classicus* für die Darstellung des *daímons* als „Zwischenwesen“ ist die Charakterisierung des *Eros* im platonischen *Symposion* (202d–203a). Dem von der weisen Priesterin Diotima vorgetragenen Herkunftsmythos zufolge trägt *Eros* bereits von Geburt an zwei gegensätzliche Wesenseigenschaften in sich, die auch den Unterschied zum *theós* deutlich machen. Als Sohn von *Póros* (Reichtum, eigentlich: Wegfinder, Erfindergeist) und *Penía* (Mangel, Armut) ist er in seiner Existenz von Beginn an von einer radikalen Spannung zwischen Mangel und Erfüllung gekenn-

6 Vgl. Wörterbuch der antiken Philosophie. Hg. von Chr. Horn und Chr. Rapp. München 2022, S. 95.

zeichnet, „stets umherirrend zwischen den Menschen und den Extremen“.[7] Je nachdem, ob sich väterliche oder mütterliche Anlagen durchsetzen, mangelt es ihm ständig von Neuem an all dem, wonach er uns streben lässt. Als „dämonisches Zwischenwesen“ ist er vergleichbar mit dem *philósophos*[8], der zwar niemals an den nur Göttern vorbehaltenen Zustand des *sophós* (Weisen) herankommen kann, zugleich aber gerade aus dem Bewusstsein seiner Defizite die Motivation zum Philosophieren schöpft (s. Kap. 7.6, S. 131).

Seit Platon besitzt der *daímon* als Zwischenwesen die Rolle eines Dolmetsches (*hermeneús*, lat. *interpres*) und ist *mit der Fähigkeit* ausgestattet, *auszulegen und den Göttern zu überbringen, was von den Menschen, und den Menschen, was von den Göttern kommt* (*Symp.* 202e). Da die Götter nicht direkt mit den Menschen verkehren, fungiert er als Vermittler göttlicher Botschaften und Befehle. Auch die Mantik (Auslegung der Orakel) und Priesterkunst vollziehen sich durch die Vermittlung des *daímons.*[9]

Xenokrates, ein Schüler Platons, statuierte wie dieser „Mittelwesen“, die er Dämonen nannte und in gute und schlechte teilte, machte jedoch insofern einen Schritt über Platon hinaus, als er die Seele schlichtweg als *daímon* des Menschen bezeichnete. Auf diesen beruft sich Aristoteles mit folgenden Worten: *Glücklich (eudaímon)* [ist] *ein Mann, dessen Dämon tugendhaft ist, in dem Sinne des Xenokrates, der glücklich nennt, wer eine tugendhafte Seele hat; denn diese sei des Menschen Dämon.* (*Topica* II 5, 112a36ff.) Hier wird bereits die Lehre der Stoiker vorweggenommen, namentlich die des Epiktet bzw. des Marc Aurel, der den *nous* (Geist) bzw. *lógos* (Vernunft) jedes Einzelnen *daímon* nannte: Diesen habe Zeus, zugleich als Sprössling seines eigenen Wesens, den Menschen als *prostátes* (Vorsteher) und *hegemón* (Anführer) mitgegeben (Marc Aurel, *SB* V 27). Darin kommt zum Ausdruck, dass das Subjekt gemäß der stoischen Lehre, der zufolge die Tugend wie die Glückseligkeit *eph' hemin* (bei uns), also vornehmlich im eigenen Zuständigkeitsbereich, verortet ist, für die Erreichung der eigenen Lebenszwecke selbst Verantwortung trägt (s. Kap. 9.1.1, S. 164f.).

---

7 A. Pechriggl, Eros. In: Grundbegriffe der europäischen Geistesgeschichte. Hg. von K. P. Liessmann. Wien 2009, S. 27.

8 *Philósophos* als „Liebhaber der Weisheit“ ist zusammengesetzt aus *phílos* (subst. Freund, Liebhaber bzw. adj. lieb, eigen) und *sophía* (Wissen, Bildung, Einsicht).

9 Vgl. G. Schildhammer, Glück. In: Grundbegriffe der europäischen Geistesgeschichte. Hg. von K. P. Liessmann. Wien 2009, S. 16f.

Dazu liefert aus heutiger Sicht *Corine Pelluchon* erhellende Ergänzungen, wenn sie einerseits dem *daímon* eine glücksfördernde Bedeutung verleiht, andererseits die „Selbsterfüllung" in der Ethik der Tugenden hervorhebt: „Ein glückliches Leben ist nicht unbedingt ein gutes Leben, dagegen ist ein gutes Leben immer auch ein glückliches, denn die tugendhafte Person kennt die Freude."[10] Ausgehend von dieser These erkennt Pelluchon dem *daímon* zwar die nicht unbedeutende Rolle zu, günstige Voraussetzungen zu schaffen bzw. entsprechende äußere Güter zur Verfügung zu stellen, um Vergnügen und Freude erlebbar zu machen. Doch von weit größerer Wichtigkeit für das gute Leben des Einzelnen sieht sie dessen bewusste Wahl bestimmter Güter und eine in persönlicher Verantwortung getroffene Entscheidung, sich bestimmten Prinzipien, wie etwa einem Gerechtigkeitsideal, verpflichtet zu fühlen. Denn „das gute Leben ist weder unbedingt ein angenehmes noch ein ruhiges Leben, aber es ist untrennbar von einer gewissen Selbsterfüllung".[11]

In Ergänzung zu *daímon* nimmt das sokratische *daimónion* einen Sonderstatus ein (z. B. *Apol.* 31c4–32a3, 40a4–c3 u. v. m.). Hinter dieser subjektivierten Adjektivform verbirgt sich keine Gestalt einer bestimmten Gottheit oder eines Dämons, sondern eine von **Sokrates** selbst so genannte innere Stimme, die er auf eine göttliche Eingebung zurückführt, ein göttliches Zeichen, das ihm niemals positive Ratschläge erteilt, sondern ihn einzig von unrechtmäßigen Handlungen abhält. Das Phänomen galt aufgrund seiner unklaren Herkunft schon in der Antike als rätselhaft und gab Anlass zu unterschiedlichen Auslegungen. Jedenfalls war es Gegenstand der Asebieanklage[12] gegen Sokrates, der zufolge dieser nicht mehr die traditionellen Götter verehrte; vielmehr habe er an deren Stelle neue, unbekannte Gottheiten eingeführt. Spätere, christliche Autoren sahen in dem mahnenden Ratgeber teils einen Schutzengel, teils einen bösen Dämon. Auch wenn Sokrates stets als bloß passiver Empfänger dieser warnenden Stimme beschrieben wird, könnte die

10 C. Pelluchon, Ethik der Wertschätzung. Tugenden für eine ungewisse Welt. Darmstadt 2019, S. 63.

11 Ebd., S. 64.

12 Asebie heißt „Gottlosigkeit", eigentl. das „Nicht-Verehren" (von Göttern), und besteht aus dem griech. *α privativum*, das als Verneinungssilbe dem lat. *in-* und dem dt. „un-" entspricht, und dem Verbum *sebeln*: „(ver)ehren".

Verlegung des Prinzips einer Prüfung und Entscheidung ins Innere des Menschen als Vorläufer einer Gewissensinstanz gedeutet werden.

Zusammenfassend kann man vier Sinnbereiche von *daímon* unterscheiden: (i) Gott, oft mit Bezug auf das Schicksal; (ii) ein schützendes (strafendes) Mittelwesen zwischen Gott und Mensch; (iii) die Seele oder der vernünftige Teil derselben; (iv) das Geschick, Schicksal allgemein. Die Bedeutungen (i), (ii) und (iv) scheinen sich schon sehr früh herausgebildet zu haben, (iii) wohl erst mit Platon, auch wenn sich schon früher, etwa bei Demokrit (s. o.), ähnliche Ansätze finden lassen.

2.2 Glücksbestimmungen der Frühzeit

Was das Adjektiv *eudaímon* betrifft, so kann dieses, neben der wörtlichen Wiedergabe (einen guten *daímon* habend) „glücklich", aber auch „wohlhabend/reich" oder „fruchtbar/blühend" heißen.[13] Das Wort *eudaímon* kommt bereits in der ältesten Dichtung vor, in Hesiods Lehrgedicht *Werke und Tage* (v. 825ff.), und bezeichnet dort gemeinsam mit dem zunächst synonym verwendeten *ólbios* (gesegnet, begütert, reich) einen Mann, der mit Kenntnis der bestehenden Vorschriften arbeitet, die Schranken des Rechts nicht überschreitet und vor den Göttern ohne Schuld ist. Auch beim Dichter Theognis ist *eudaímon* zusammen mit den Adjektiven *mákar* (selig) *und ólbios* belegt: *Selig, beglückt und reich, wer, ohne die Mühsal zu kennen,/nieder zum Hades zieht, ehe sein Elend ihn zwingt.* (v. 1013f.; s. S. 35) Öfter wird es von Pindar verwendet (z. B. *Pyth.* X 22), wo über einen Mann, der den Sieg bei den Wettkämpfen aus eigener Kraft erringt, gesagt wird: *Glücklich aber und preiswürdig für die Dichter ist der Mann,/der mit seinen Armen oder der Tüchtigkeit seiner Füße/siegreich die höchsten Kampfpreise erringt durch Kühnheit und Kraft.* In **Herodots**[14] Geschichtswerk (*Hist.* V 31) wird die Insel Naxos als *megále te kai eudaímon* (groß und fruchtbar) beschrieben, ähnlich ist im platonischen Dialog *Protagoras* (316b) vom *großen und wohl-*

---

13 Bei Liddell/Scott finden wir folgende Übersetzungen: 1. „*blessed with a good genius: hence, fortunate*"; 2. „of outward prosperity, *wealthy*"; 3. „*truly happy*" (LS S. 7776f.).

14 Herodot war ein bedeutender Historiker und Ethnologe des 5. Jahrhunderts v. Chr. und wurde von Cicero (*De leg.* I 5) auch *Vater der Geschichtsschreibung* genannt.

habenden Haus des Kallias die Rede. Im weiteren Verlauf der Verlagerung des Glücks von äußeren Gütern auf das, was der einzelne Mensch unabhängig vom Schicksal aus eigenen Kräften zu tun vermag, trat das Adjektiv *ólbios* zugunsten des Begriffs *eudaímon* allmählich zurück und zugleich begann sich dessen ethische Bedeutung deutlicher abzuzeichnen.

Auch zur genaueren Untersuchung des Substantivs *eudaimonía* müssen wir unter Berücksichtigung der frühesten Dichtung ebenso die anderen, oft synonym gebrauchten Ausdrücke miteinbeziehen. Homer kennt *eudaimonía* bzw. *eudaímon* noch nicht, nur einmal kommt die Zusammensetzung *olbiodaímon* in der Anrede an Agamemnon vor (*Ilias* III 182): *Seliger, Atreussohn! Zum Glück Geborener! Du vom daimon Gesegneter!* Mit diesen Prädikationen würdigt Priamos trotz der Gegnerschaft seinen Widersacher Agamemnon, da dieser über eine gewaltige Streitmacht verfüge. Das von Homer gebrauchte *ólbios/ólbos* ist zunächst stets mit „Reichtum" und „Vermögen" verbunden (z. B. *Ilias* XVI 595f.). Sogar *mákar* (selig) scheint in der *Ilias* „wohlhabend" zu bedeuten (XI 68), wie überhaupt alles, was das Leben lebenswert macht, vornehmlich im äußeren Besitz gesucht wird. Wenn Achill in der Unterwelt von Odysseus als Glückseligster gepriesen wird (*Od.* XI 482f.), bezieht sich dieses Glück noch vorwiegend auf äußere Faktoren. Gemeint sind einerseits die von jenem zu Lebzeiten vollbrachten Heldentaten, andererseits der Aufenthalt als einer der mächtigsten Geister der Unterwelt. Macht, Ehre und Ruhm, und daraus folgend auch die Rücksicht auf das Urteil der anderen bzw. Furcht vor Strafe der Götter, sind die damals vorherrschenden Werte – Beweggründe, die später von Platon als lediglich populäre sittliche Motive einer scharfen Kritik unterzogen wurden (*Pol.* II 362eff., X 612b; s. Kap. 9.2.2.2, S. 190).

Zugleich nehmen jedoch in der *Odyssee*, dem jüngeren homerischen Epos, die Bedeutungen von *ólbios/ólbos* und *mákar*, zumindest teilweise, bereits innere Qualitäten an. Wenn beispielsweise Odysseus' Sohn Telemachos den Wunsch ausspricht, die Götter mögen ihm gewähren, die Übeltaten der Freier, der Belagerer des väterlichen Palastes, zu rächen und danach *ólbon* (Freude, Glück) zu erleben – was ihm bisher versagt blieb –, so ist hier klar eine ihn erfüllende Freude im Sinne einer Genugtuung gemeint (*Od.* III 205ff.). Ebenso wird *mákar* nicht nur auf den äußeren Besitz bezogen, wenn sich Telemachos wünscht, der Sohn eines *glücklichen* (*mákaros*) Mannes zu sein (*Od.* I 217); oder wenn Odysseus, beeindruckt von der Schönheit der Prinzessin Nausikaa, deren Eltern und Brüder als *dreimal selige* bezeichnet (*Od.* VI 154ff.) und schließlich denjenigen, wer auch immer sie als Braut nach Hause führen werde, *den Seligsten* (*makártatos*) nennt.

Einer nicht gesicherten Überlieferung zufolge könnte das Wort *eudaimonía* bereits von der Dichterin **Sappho** (7./6. Jh. v. Chr.) im Fragment 142 verwendet worden sein;[15] von verlässlicherer Herkunft ist das Fragment 50, in dem erstmals eine Verbindung des Schönen und Guten aufscheint: *Der eine nämlich ist schön, nur solange er dem äußeren Aussehen nach schön ist,/der aber gut ist, wird sofort auch schön sein.*[16] Darin lässt sich ein Vorgriff auf das spezifisch griechische Ideal der *Kalokagathía* (Schön- und Gutheit), eine Verbindung von ästhetischer und sittlicher Qualität, von körperlicher Schönheit und inneren Vorzügen, erkennen (s. Kap. 4.6, S. 76, FN 30).

In Pindars Chorlyrik ist *eudaimonía* öfter belegt (z. B. *Pyth.* III 84, VII 21). Auch *ólbos* wird häufig verwendet, allerdings weniger, um damit „Fülle" und „Reichtum" zu bezeichnen, als vielmehr allgemein „Glück" oder „Segen" (z. B. *Pyth.* IV 255). Die Glücksbegriffe sind jedoch zumeist wenig konturiert, da stets der Siegesruhm im Vordergrund steht, wie es dem Kontext der *Epinikien* (Siegeslieder zu Ehren der Gewinner bei großen Festspielen) entspricht. Im *Epinikion für Sogenes aus Aigina* von 485 v. Chr. findet sich *eudaimonía* als das von der Moira (Schicksalsgöttin) zugeteilte Glück: *Unmöglich kann einer/sich die ganze Glückseligkeit gewinnen. Nicht weiß ich/zu sagen, wem diese Vollendung die Moira beständig/verlieh.* (*Nem.* VII 56–58) Dass trotz der oft betonten Abhängigkeit der Menschen von den Göttern das Glück nicht ohne eigene Mühe in ihren Schoß fällt, wird dabei ausdrücklich hervorgehoben (*Pyth.* XII 28). Auch werden vier Tugenden für vier Altersstufen erwähnt und besonders jene des Alters gepriesen, als Fähigkeit des Durchschauens des Vorliegenden, in der bereits die *phrónesis* (Klugheit) der späteren Philosophie anklingt (*Nem* III 74ff.).

In den Versen des Dichters Theognis, dessen Überlieferung im sog. *Corpus Theognideum*, wie in der gesamten frühgriechischen Lyrik, größtenteils un-

---

15 Sappho, Lieder. Griech./Dt. Hg. und üs. von Anton Bierl. Stuttgart 2021, S. 186f.: *Der Reichtum ohne Best-Sein ist ein recht gefährlicher Nachbar [die Mischung aber von beiden verspricht das Maximum an Glückseligkeit].*

16 Ebd., S. 72f.

sicher ist, scheint sich der ethische Charakter der Glücksbezeichnungen zu verstärken, indem auch vermehrt intellektuelle Fähigkeiten genannt werden. Wenn auch weiterhin als eher vager Begriff, wird das Glück nunmehr mit Tugend (*areté*) in Verbindung gebracht, mit Tapferkeit oder weiser Sparsamkeit (v. 903ff.), die letztlich in der Gerechtigkeit gipfelt; und so heißt es, jeder Gerechte sei ein Guter (v. 147f.). Betont werden auch Klugheit (*sophía*) und vor allem die Einsicht (*gnóme*), die dem Menschen zum Höchsten von allem verhilft: Wer sie besitzt, ist glücklich (v. 1171ff.). Hier geben die Götter dem Menschen die Einsicht, an einer anderen Stelle findet er diese in sich selbst (v. 895ff.).

Dass Theognis, der Forschungserkenntnissen zufolge selbst bittere Armut erfuhr, dem Reichtum Wert beimisst, ist einsichtig; *ólbios* wird daher auch noch öfter mit *ploútos/ploúsios* (Reichtum/reich) gleichgesetzt. Dennoch erkennt der Dichter an anderen Stellen den Reichtum nicht als höchstes Gut an und sagt von sich, dass er nicht nach Reichtum strebe, sondern wünsche, mit wenig Gutem, aber ohne Übel zu leben (v. 1155f.). Er lobt sogar die Armut, da durch sie der wahre Kern des Menschen offenbart werde (v. 393ff.), während der Reichtum Quelle des Übels sei (v. 227ff., 524). Die Tugend (*areté*) sei nicht gegen Reichtum einzutauschen, erstere sei bleibender Besitz, letzterer hingegen wechsle leicht (v. 315ff.). Äußere Güter fielen von Seiten der Gottheit auch einem ganz schlechten Manne zu, während *areté* nur wenigen zuteilwerde (v. 159ff.). So wird auch derjenige *ólbios* genannt, dem die *areté* in Verbindung mit Schönheit zu eigen ist (v. 933ff.). Das Wort *eudaímon* kommt bei Theognis zweimal vor: Wenn dieser unter der Bedingung, dass er als ein von den Göttern Geliebter das Glück genießen könne, auf jede andere *areté* verzichtet, so wird hier die Glückseligkeit als das Vorzüglichste schlechthin bezeichnet, gegen das alles andere, wodurch sich ein Mensch hervortun kann, nichtig ist. Gleichzeitig wird aber auch eine Abhängigkeit von der Gunst der Götter unterstellt (v. 653ff.). Die andere Stelle ist von tiefem, bei Theognis häufig vorkommendem Pessimismus gekennzeichnet und wohl in den Kontext eigener bitterer Lebenserfahrungen zu stellen. Bemerkenswert ist hier die gemeinsame Verwendung aller bisher bekannten Ausdrücke: *Selig (mákar), beglückt (eudaímon) und reich (ólbios), wer, ohne die Mühsal zu kennen,/nieder zum Hades zieht, ehe sein Elend ihn zwingt.* (v. 1013f.)

Bei den Dichtern der frühesten Epoche werden Reichtum, Wohlstand, Ehre, aber auch Klugheit, Einsicht und Tugend als vornehmlich bestimmende Glücksfaktoren vorgestellt. Ebenso beziehen sich die verwandten Adjektive zumeist auf äußere Güter und Qualitäten, auf ästhetisches Wohlgefallen, mitunter auch auf Gefühlszustände. Insgesamt lässt sich, wenn auch bereits in Ansätzen vorhanden, noch keine durchgehende ethische Wertschätzung des Glücks finden.

2.3 *Eudaimonía* und *eutychía*

Die *eudaimonía* tritt jedoch bereits an einigen Stellen, obgleich mit verschiedenartigen Konnotationen versehen, als höchstes Strebensziel hervor. Dazu kann eine Reflexion herangezogen werden, die Aristoteles im Rückgriff auf eine alte Spruchweisheit in seiner *Nikomachischen Ethik* anstellt: *So ist also das Glück das Beste, Wertvollste und Erfreulichste, und diese Dinge kann man nicht trennen, wie es die delische Inschrift tut: Das Wertvollste ist die Gerechtigkeit, das Beste ist die Gesundheit, das Erfreulichste aber ist, das zu erlangen, was man liebt.* (*EN* I 9, 1099a27f.) In der Inschrift mit ungewisser Herkunft, die offenbar auf dem Letotempel in Delphi angebracht war, werden die griechischen Adjektive *agathón* (gut), *kalón* (schön, gut) und *hedý* (angenehm, erfreulich) jeweils in ihrer Superlativform verwendet. Wesentlich ist Aristoteles' Kritik an der Trennung der drei Qualifizierungen: Diese stünden nur bei der breiten Masse im Widerspruch zueinander, für den Tugendhaften und *Liebhaber des Werthaften aber ist es erfreulich, was von Natur aus erfreulich ist; solcher Art sind die tugendgemäßen Handlungen, sodass sie sowohl für die Freunde der Tugend als auch an sich erfreulich sind* (*EN* I 9, 1099a11ff.).

Die Tempelinschrift wirft jedoch noch ein anderes Problem auf. Während dem Verfasser zu den erstgenannten und im besten Falle bleibenden Gütern Gerechtigkeit und Gesundheit vorbehaltlos zuzustimmen ist, trifft der letztgenannte Wunsch, immer gerade das zu erreichen, was man wünscht, eher auf ein vorübergehendes, sich mitunter auch unvermittelt einstellendes Wohlgefühl zu. Dafür wird im Griechischen aber das Wort *eutychía* verwendet (*eu:* gut, *týche:* Zufall, Erfolg, Glück; subst. *Týche* ≈ lat. *Fortuna*, Göttin des Glücks). Schon in der frühesten griechischen Literatur und vorphilosophischen Periode ist unter *eutychía* ein oft unerwartetes Glück oder eine glückliche Fügung zu verstehen, von der Göttin in besonderem Maße begünstigt zu sein, während *eudaimonía* vielmehr das Bestimmte und Notwendige ausdrückt, das durch Einwirkung der Moiren oder sogar von Zeus selbst herbeigeführt wird. Entscheidend ist, dass beide Begriffe in dieser Frühzeit noch die Abhängigkeit von göttlicher Macht implizieren: Für die Sterblichen sind Glück und Unglück etwas Unverfügbares, und ein gut geglücktes menschliches Leben ist weitgehend als Geschenk der Götter anzusehen.[17] *Das gute Glücken (eutychía) schenkt ein Gott den Sterblichen,* heißt es beispielsweise beim Tragödiendichter Aischylos (*Sieben gegen Theben* v. 625).

Eine deutlich tiefergehende Dimension hingegen drückt der vom Dichter **Sophokles** (ca. 497/496–406/405 v. Chr.) verwendete Begriff der *eudaimonía* aus, wenn dieser den Chor am Ende seiner Tragödie *Antigone* (v. 1349ff.) räsonieren lässt: *Besinnung ist von den Gütern des Glücks/bei weitem das höchste; man frevle nicht/gegen Göttergebot. Je größer der Stolz/der Vermessenen ist, umso tiefer der Sturz, der Untat sühnt/und lehrt sie im Alter Besinnung.* Hier klingen wesentliche Kerngedanken der frühgriechischen Ethik an: die Besinnung auf das rechte Maß und die unausweichlichen Folgen der *hýbris*, des Hochmuts, des Übersteigens der den Menschen gesetzten Grenzen. Ähnlich betonen die oben (S. 34) aus dem *Epinikion für Sogenes* zitierten Verse Pindars die schicksalhafte Rolle der Moira bei der Zuteilung der *eudaimonía.* In dieser Hinsicht äußert sich auch Aristoteles, wenn er mit Bezug auf den weisen Solon, den hoch angesehenen Staatsmann und Dichter des 7./6. Jahrhunderts v. Chr., die Bedeutung der maßvollen und tugendhaften Besonnenheit im Glücksstreben betont: *Auch Solon hat wohl treffend dargelegt, wer glücklich (eudaímon) sei, wenn er sagte, glücklich seien diejenigen, die, mit äußeren Gütern bescheiden ausgestattet, die seiner Meinung nach wertvollsten Handlungen vollbracht und maßvoll gelebt haben.* (*EN* X 9, 1179a9ff.)

Dass das Vergehen von Zeit auf vielfältige Weise in das menschliche Streben nach Glück eingreift und die Frage mit sich bringt, wie sich der – stets allzu rasch vorüberziehenden – Zeit dennoch ein glückliches Leben abtrotzen lässt, wurde von verschiedenen Denkern der Geistesgeschichte wiederholt behandelt und ist auch in der zeitgenössischen Philosophie ein breit disku-

17 Vgl. W. Janke, Glück der Sterblichen. Darmstadt 2010, S. 24.

tiertes Thema.[18] Den Nachweis für die frühe Reflexion über das vom permanenten Wandel der Lebensumstände bedrohte Glück liefert eine berühmte, vom antiken Geschichtsschreiber Herodot überlieferte Episode, in der Solon, einer der Sieben Weisen, die entscheidende Rolle spielt (*Hist.* I 30ff.). Unter den von der Nachwelt so genannten Sieben Weisen versteht man eine Gruppe von Persönlichkeiten des öffentlichen Lebens des 7./6. Jahrhunderts v. Chr., die für ihre prägnant verkürzten Sentenzen, Weisheitssprüche (*gnómai*) und Aphorismen[19] bekannt waren. Sie wurden erstmals bei Platon (*Prot.* 343a) genannt, wo neben Solon und Thales noch Pittakos, Bias, Kleobulos, Myson und Chilon aufgezählt werden, wobei es strittig ist, ob diese Aufzählung von Platon selbst stammt, da mehrere Listen mit zum Teil wechselnden Namen kursierten. Bei Herodot wird ein Treffen Solons mit dem Lyderkönig Kroisos geschildert, das im Übrigen klar tendenziös gefärbt ist, um Barbaren und Griechen in deutlichem Gegensatz erscheinen zu lassen. Während sich der asiatische König nach diesem Bericht im Vertrauen auf seine Macht und Reichtümer für den Glücklichsten der Sterblichen hält, entgegnet ihm der weise Grieche, dass großer Reichtum für das Glück nicht nötig sei, und unterscheidet insofern zwischen *eutychés* (gegenwärtig glücklich) und *ólbios* (dauerhaft glücklich, reich, gesegnet), als zur *eutychía* noch ein schönes Ende des Lebens hinzukommen müsse, um den Menschen als *ólbios* zu bezeichnen. Die Kriterien für einen solchen erfülle laut Solon der athenische Bürger Tellos: Er habe die Blüte seiner Heimatstadt erlebt, edle Kinder und Enkel, die alle am Leben blieben, heranwachsen sehen und mit seinem Heldentod in einem Kampf der Athener mit einem Nachbarvolk sein Leben äußerst ruhmvoll beendet. Die von Solon an Kroisos gerichteten mahnenden Worte, man dürfe sich nicht voreilig als glücklich preisen, da gegenwärtiger Reichtum keine Garantie für eine glückliche Zukunft sei und niemand vor seinem Tod tatsächlich als glücklich angesehen werden könne, bewahrheiteten sich für den mächtigen Herrscher am Ende tatsächlich. Der Lyderkönig erlitt eine vernichtende militärische Niederlage, sein Reich ging mit der Eroberung seiner

18 Zum Beispiel: K. Gloy, Philosophiegeschichte der Zeit. Paderborn 2008.

19 Ein Aphorismus – von griech. *aphorizein* ~ lat. *definire:* abgrenzen, bestimmen – ist ein in sich geschlossener, kurz und prägnant formulierter Gedanke, ein geistreicher Spruch.

Hauptstadt zugrunde und er selbst musste die für ihn äußerst erniedrigende Gefangennahme erleben. Wie sehr bei Herodot noch die göttliche Macht des unabänderlichen Schicksals für die wechselvollen Geschichtsverläufe und die Instabilität des Glücks verantwortlich gemacht wird, zeigt die Stelle, in der Kroisos auf die Frage des Perserkönigs Kyros, wer ihn denn zu diesem unheilvollen Krieg getrieben habe, antwortet: *König, ich habe dies zu deinem Heil (eudaimonía) und meinem Unheil (kakodaimonía) getan. Die Schuld daran aber hat der Gott der Hellenen [...].* (*Hist.* I 87)

Bei genauerer Betrachtung steckt in Solons Aussage, niemand könne vor dem Tode glücklich genannt werden, jedoch ein gewisser Widerspruch, da demzufolge letztlich kein Mensch jemals glücklich sein kann, weder als Lebender, da ja immer noch ein Unglück bevorstehen mag, noch als Toter, den als glücklich zu bezeichnen doch einigermaßen befremdlich wäre. Diese Problematik wird gelegentlich als das „Paradox des Solon" bezeichnet, das nach Christoph Horn insofern ein wenig gemildert werden könne, als der Geschichtswandel und wesentliche Auffassungsunterschiede zwischen der Antike und der Moderne zu berücksichtigen seien. In der Frühzeit der Antike herrschte ein weitaus umfassenderer und deutlich rigoroserer Schicksals- bzw. Glücksbegriff, den wir in dieser Dimension in einer säkularisierten Moderne nicht mehr nachvollziehen können.[20] Diese Auffassung wird bei Herodot durch eine weitere Aussage Solons verdeutlicht, wenn dieser auch noch vom höchsten Glück der Brüder Kleobis und Biton berichtet, denen als göttliche Belohnung für ihre selbstlose, ruhmreiche Tat das Privileg zuteilwurde, noch in vollster Jugendblüte einen schmerzlosen Tod zu erleiden. Die beiden Jünglinge, schöne und kräftige Söhne einer Herapriesterin aus Argos, zogen, als gerade keine Stiere verfügbar waren, den schweren Wagen ihrer Mutter über eine weite Wegstrecke bis zum Tempel. Diese bat voll Stolz und Freude die Göttin, den beiden jungen Männern als Dank das Beste zu gewähren, was ein Mensch bekommen könne. Nach dem Opfermahl legten sich die Brüder zum Schlafe, aus dem sie nicht mehr erwachten. Auf diese Weise hätten sie ihr Leben im Moment des höchsten Ruhms und größten Glücks beendet, eine Wendung zum Schlechteren war damit ausgeschlossen. Hier kommt wohl noch deutlicher Solons bzw. Herodots Auffassung zum Ausdruck, der

20 Vgl. Horn, Antike Lebenskunst (2014), S. 68.

zufolge sich das wahre Glück des Menschen, *der ganz Zufall ist* (*Hist.* I 32), das ganze Leben hindurch bis zum letzten Augenblick erfüllt haben müsse. Am „Paradox des Solon", dem gemäß nur geurteilt werden könne, ob ein Mensch glücklich *war*, nicht aber darüber, ob er gegenwärtig glücklich ist, „hat sich in der Antike eine Diskussion über die Frage entzündet, wie zu leben sei, damit das eigene Leben angesichts des zeitlichen Wandels gelinge".[21]

Auch Aristoteles setzt sich mit dem berühmten solonischen Paradigma kritisch auseinander und entwickelt in seinen Überlegungen eine entscheidende Veränderung der Sichtweise auf das menschliche Glück (*EN* I 11, 1100a 10ff.): *eudaimonía* als *das gute, gelingende Leben*, das sich nur in einer Verinnerlichung und gleichzeitigen Aufwertung der eigenen Handlungen erfüllen kann und dadurch eine moralische Deutung erfährt. Diese verinnerlichte Moralisierung sowie Intellektualisierung tritt bereits bei Sokrates zutage, der im platonischen *Gorgias* (470e) geradezu in Anspielung auf die Kroisos-Geschichte feststellt, ein reicher und mächtiger König könne nur dann glücklich sein, wenn er über eine entsprechende sittliche Bildung verfüge. Noch deutlicher heißt es in Platons *Euthydemos* (282a), für das gute und glückliche Leben sei allein ausschlaggebend, ob jemand Weisheit erlange. Aristoteles verteidigt die Auffassung Solons, das Glück sei als zeitlich umfassendes Phänomen zu begreifen, insofern als er den guten und verständigen Menschen in seiner dauerhaften Ausübung von Tugenden auch gegen mögliche Schicksalsschläge gewappnet und dessen Glück daher weniger gefährdet sieht (*EN* I 11, 1100b9). Hilfreich kann in diesem Zusammenhang die Unterscheidung eines „episodischen" und eines „Lebensdauerglücks" sein. Das episodische Glück ist auf eine kürzere Begebenheit im menschlichen Leben begrenzt und bezieht sich auf die dieser jeweils zuzuschreibende seelische Verfassung. Hingegen umfasst das Lebensdauerglück einen weitaus größeren zeitlichen Abschnitt, im Idealfall das ganze Leben. *Martin Seel* hält dazu fest: „Wenn es zutrifft, daß episodisches Glück immer im Horizont einer übergreifenden Glückser-

21 O. Mitscherlich-Schönherr, Glück und Zeit. Erfüllte Zeit und gelingendes Leben. In: D. Thomä/Chr. Henning/O. Mitscherlich-Schönherr (Hgg.): Glück. Ein interdisziplinäres Handbuch. Stuttgart 2011, S. 65.

wartung oder Glücksmöglichkeit – der eines gelingenden Lebens – steht, ist es dieses Glück, über das wir Aufschluß gewinnen müssen [...].“[22]

2.4 Sprachliche Vielfalt und Sinndeutungen des Glücks

Angesichts der Vielfalt an Glücksbegriffen in den romanischen Sprachen, die zur Differenzierung die aus dem Lateinischen abgeleiteten Wörter *chance, bonheur, félicité, fortune, béatitude* (frz.) oder *felicitá/felicidad, fortuna* (ital./span.) zur Verfügung haben, wirkt das deutsche Wort Glück eher simpel und nahezu ernüchternd, gleichzeitig beinhaltet es jedoch in seiner Mehrdeutigkeit all die genannten Aspekte. So finden sich bekannte Redewendungen, die das weite Bedeutungsspektrum widerspiegeln: „Da haben Sie ja großes Glück gehabt“, nachdem jemand unverletzt einen schweren Verkehrsunfall überstanden hat. „Jeder ist seines Glückes Schmied“[23], wenn es darauf ankommt, mit persönlichem Einsatz an selbst gesteckten Zielen zu arbeiten. Oder etwa der Vers aus Johann Strauß' Operette *Die Fledermaus*: „Glücklich ist, wer vergisst, was nicht mehr zu ändern ist“, der sinngemäß der stoischen Schicksalsauffassung (s. Kap. 9.1) nahekommt. Die Bedeutung von Glück im heutigen deutschen Sprachgebrauch ist somit äußerst vielschichtig und „changiert“, so *Georg Schildhammer*, „zwischen dem ‚Zufallsglück‘ (‚Glück haben‘) und dem ‚glücklichen Leben‘, das jemand führt, oder ‚Lebensglück‘ (‚glücklich sein‘), das jemand hat“.[24]

Die etymologische Herkunft des deutschen Wortes Glück (mhd. g[e]lücke) ist unklar.[25] Nach dem Grimm'schen Wörterbuch ist das nächstverwandte Wort zu „Glück“ die „Lücke“.[26] Das Verbum „glücken“ ebenso wie das ver-

---

22 M. Seel, Versuch über die Form des Glücks. Frankfurt am Main 1999, S. 62f.

23 Die lateinische Fassung *Maxime suae quisque fortunae faber est* ist ein schon seit der Antike bekanntes Sprichwort, das dem römischen Staatsmann Appius Claudius Caecus (340–273 v. Chr.) zugeschrieben wird.

24 Schildhammer, Glück (2009), S. 28.

25 Vgl. F. Kluge, Etymologisches Wörterbuch der deutschen Sprache. Berlin/New York [25]2011, S. 328.

26 J. Grimm/W. Grimm, Deutsches Wörterbuch [1854–1960]. München 1991. Bd. 8 Sp. 225f.

wandte „gelingen“ und das engl. Verb *to lock* bzw. das Substantiv *locker* verweisen auf ein Verschließen und Ausfüllen von Lücken. Auf der Suche nach möglichen spekulativen Querverbindungen zu antiken Sinndeutungen vermag diese auf den ersten Blick eher seltsame Affinität zur Lücke auf Erfahrungen von Defizit und Mangel verweisen, ohne die es kein wirkliches Glück geben kann (s. o., S. 29f.; Kap. 7.6, S. 131). Der im Deutschen nur in der unpersönlichen Formulierung existierende Ausdruck „es gelingt bzw. glückt“ könnte wiederum ein gewisses Mitwirken einer außerhalb des Subjekts befindlichen und dieses begünstigenden Schicksalsmacht implizieren, wie wir sie bei den Griechen in der Anfangsphase der tragisch-numinosen Deutung der *eudaimonía* vorfinden.[27]

Da also das kaum differenzierte deutsche Wort Glück verschiedenste Implikationen in sich tragen kann und überdies auch zu sehr den Aspekt des Zufalls artikuliert, erscheint es für die Wiedergabe des Begriffs der – zudem stets kontextabhängigen – *eudaimonía* weitgehend unzureichend. In vielen Übersetzungen griechischer Autoren wird daher das Wort Glückseligkeit verwendet. Dieser im Grunde pleonastische Ausdruck – hier werden zwei synonyme Ausdrücke miteinander verknüpft – drückt wiederum ein Übermaß an Glück aus, ein übersteigertes Glücklichsein, wodurch zugleich eine gewisse Distanz von der irdischen Welt suggeriert und Hoffnung auf einen quasi jenseitigen Glückszustand geweckt wird. Doch auch diese Wiedergabe geht in vielen Fällen am grundlegenden Sinngehalt von *eudaimonía* vorbei, wird aber bisweilen auch von der Verfasserin verwendet, wenn es der Inhalt des Kontextes auf die eine oder andere Weise nahelegt.

Auch im Vergleich mit den lateinischen Glücksausdrücken lässt sich kein äquivalenter Begriff für *eudaimonía* finden. Obgleich viele Texte der griechischen Philosophie in latinisierter Form vorliegen, vermissen wir den Versuch einer exakteren Wiedergabe von *eudaimonía* im Lateinischen. Es existieren drei Begriffe für das Glück: zum einen *beatitudo* – vor allem der Zustand, mit Glücksgütern gesegnet zu sein; weiters *felicitas* – mit der Betonung auf Wohlstand und Fruchtbarkeit; und schließlich *fortuna* – in personifizierter Form

27 In griechischen Tragödien tritt die schicksalshafte Macht der Götter (lat. *numen*: Gottheit, göttlicher Wille) allerdings häufig mit schaudererregender und die (vermeintliche) *eudaimonía* zerstörender Wirkung zutage.

mit der Göttin Tyche (s. o., S. 36: *eutychía*) gleichzusetzen, die das weitgehend unvorhersehbare Zufallsglück repräsentiert. Im Englischen wiederum existieren die in vielen Teilen der Welt gebräuchlichen Substantive *happiness*, *(good) luck* und *(good) fortune* sowie die entsprechenden Adjektive *happy*, *lucky* und *fortunate*. Abgesehen von einer Reihe weiterer Synonyme wie *pleasure*, *joy*, *delight*, *felicity* u. a. ist *happiness* das Wort, das dem griechischen *eudaimonía* noch am nächsten kommt, auch wenn dieses in seiner ursprünglichen Ableitung von *hap* (*happ* im Altnordischen für „Zufall", vgl. auch *to happen*) abermals den Moment des Zufalls impliziert. Dieser wurde jedoch in der weiteren sprachgeschichtlichen Entwicklung zugunsten von *luck* zurückgedrängt und so findet sich heute unter *happiness* im *Oxford English Dictionary* u. a. auch die Beschreibung eines angenehmen seelisch-geistigen Zustands, der aus dem Erreichen dessen, was als gut empfunden wird, resultiert.

In der vorliegenden Darstellung müssen deshalb in Ermangelung eines äquivalenten deutschen Ausdrucks Kompromisse gemacht werden, wie das auch von Martin Seel reflektiert wird, der nach einigen vorgenommenen Präzisierungen, wie etwa „Wohlergehen" und „gutes oder gelingendes Leben", bekennt: „Trotzdem räume ich dem Glücksbegriff – nicht zuletzt im Titel dieser Abhandlung – eine gewisse Vorrangstellung ein."[28] Ebenso ist auch die Verfasserin in den folgenden Untersuchungen, Übersetzungen und Zitierungen griechischer Originaltexte immer wieder darauf angewiesen, den Begriff der *eudaimonía* entweder zu umschreiben, mitunter auch die Fremdwörter „Eudämonie" bzw. „eudämonistisch" zu belassen, oder zur Vereinfachung das deutsche Wort „Glück" zu verwenden, wohl wissend, dass es nahezu immer zu kurz greift.

---

28 Seel, Versuch über die Form des Glücks (1999), S. 67

3 *Eudaimonía* am Beginn der Philosophie

Die geistesgeschichtliche Entwicklung *vom Mythos zum Logos*[1] ist gekennzeichnet vom Hervortreten der menschlichen Rationalität und dem gleichzeitigen Verlust des Vertrauens in die Wirkmacht der Götter. Der noch von den frühgriechischen Dichtern bezeugte Glaube an das sich notwendigerweise erfüllende Schicksal schwindet zusehends und mit ihm die Sichtweise, Glück und Unglück seien gottgewollte Gaben. In dieser Übergangsphase vom 7. zum 6. Jahrhundert v. Chr. trat **Thales** von Milet (ca. 625–547 v. Chr.), der von Aristoteles (*Met.* I 3, 983b20) Archeget der griechischen Philosophie genannt wurde, als erster Vorsokratiker[2] in Erscheinung, wurde aber gleichzeitig auch noch zu den sog. Sieben Weisen (s. Kap. 2.3, S. 38) gezählt. Die von den Sieben Weisen überlieferten Sentenzen und Maxime hatten oft appellativen Charakter und enthielten Aufforderungen und Paränesen (*paraínesis:* Rat, Ermahnung), die die Menschen warnen sollten, die eigene Natur nicht zu überschätzen und sich vielmehr in Bescheidenheit und Zurückhaltung zu üben. Davon zeugen etwa das Motto *Métron áriston (Das Maß ist das Beste)*, das wahrscheinlich von Kleobulos stammt, oder die Sprüche *Nichts allzu sehr (medén ágan)* und *Fliehe die Lust, die Unlust hervorbringt*, die jeweils **Solon** (ca. 640–560 v. Chr.) zugeschrieben werden (DL I 63 und DK 10 [73a] 3). Den bekanntesten Leitspruch soll der spartanische Politiker Chilon beigesteuert haben, indem er die Maxime *gnóthi s(e)autón* (*Erkenne dich selbst*, s. Kap. 1.8, S. 24f.) in die Wand des Apollotempels von Delphi meißelte, ein Motto, das schlecht-

1 *Vom Mythos zum Logos. Die Selbstentfaltung des griechischen Denkens von Homer bis auf die Sophistik und Sokrates* – so lautet der Titel eines vielbeachteten Werkes von Wilhelm Nestle (1940).

2 Diese Sammelbezeichnung für eine Reihe frühgriechischer Naturphilosophen wurde durch die vom Altphilologen Hermann Diels 1903 edierte Quellensammlung *Die Fragmente der Vorsokratiker* etabliert. Die von Walther Kranz neu aufgelegte und revidierte Ausgabe ist bis heute das Standardwerk zu den Texten der Vorsokratiker und wird unter Diels/Kranz (DK) zitiert.

hin als Initialanstoß zum Philosophieren angesehen werden kann. Der Umstand, dass diese Wendung, wie auch andere kurze und prägnante Sentenzen, in der Tempelwand eingeritzt war[3], zeigt die Wertschätzung der tradierten Religion und verleiht den ethischen Lebensweisheiten besondere Autorität. Auch Thales soll Sprüche beigetragen haben, wie zum Beispiel *Nicht dein Äußeres schmücke, sondern sei schön in deinem Tun* oder *Sei nicht faul, selbst wenn du Geld hast.*[4] Zudem soll von Thales auch eine Aussage stammen, die sich bereits mit der Bestimmung des Glücks befasst, das er als Zusammenspiel von leiblicher Gesundheit, Reichtum an geistigen Gaben und einer wohlgebildeten Natur bezeichnet (DL I 37).

3.1 Erste moralphilosophische Ansätze

Bei **Heraklit** von Ephesos (ca. 550–480 v. Chr.), einem der bedeutendsten Vorsokratiker, findet sich einer der ersten Ansätze einer philosophischen Ethik. Die Vorsokratiker befassten sich als erste mit der Natur und dem *kósmos* ([Welt-]Ordnung, Schmuck) und werden daher auch Naturphilosophen genannt.

Heraklit sah den *lógos*[5] als Weltvernunft an und verachtete die Masse, die seines Erachtens nicht imstande war, diesen als den Einen und Wahren zu erkennen und ihm zu folgen. So artikuliert er häufig unter Zuhilfenahme tierischer Vergleiche polemische Kritik an der primitiven Lebensweise der Unwissenden, in die er bitter-ironische Verachtung mischt, wie zum Beispiel: *Falls*

---

3 Der antike Reiseschriftsteller Pausanias will diese noch im 2. Jahrhundert n. Chr. im Tempelinneren gesehen haben.

4 Leben und Meinungen der Sieben Weisen. Griechische und lateinische Quellen. Erläutert und übertr. von Bruno Snell. München [4]2014, S. 99.

5 Angesichts der vielfältigen Bedeutungen von *lógos* bereitete die Wiedergabe im Deutschen seit jeher Schwierigkeiten. Vgl. dazu den berühmten Prolog in Goethes *Faust I*, v. 1224–1234. *Lógos*, das auf das Verb *légein* (sagen; ursprüngl.: sammeln) zurückgeht, heißt in seiner Grundbedeutung „Wort" (als Sammelbegriff), „Ausspruch, Aussage, Behauptung, Satz, Rede", auch „Thema, Stoff, Erzählung, Fabel, Abhandlung, Beschreibung" oder „Berechnung, Rechenschaft"; außerdem „Erklärung, Rechtfertigung, Grund, Rechtsfall, Argument, Verhältnis, Relation", bis hin zu „Wissenschaft, Vernunft". Bei Heraklit auch „Weltvernunft, -ordnung".

das Glück bloß in körperlichen Freuden bestünde, müsste man Ochsen glücklich nennen, wenn sie Erbsen zum Fressen finden. (DK 22 B 4) Dagegen steht Heraklits deutliche Affirmation der ‚Eigenregie' im menschlichen Leben, indem er zugleich auch eine Unterteilung in äußere und innere Güter vornimmt: *Ethos anthrópo daímon (Der Charakter/das Verhalten des Menschen ist sein Schicksal,* DK 22 B 119) lautet eine der meistzitierten Aussagen. In diesem zunächst eher schlicht anmutenden Satz steckt, so *Peter Sloterdijk*[6], fundamentales moralphilosophisches Potenzial. Im Anschluss an *Martin Heidegger* (1889–1976) betont Sloterdijk den erstmaligen Vorstoß Heraklits in der Herausarbeitung der Unterscheidung zwischen denen, die auf den Logos hören, also den Denkenden, und den anderen, den Unaufmerksamen. „Die erste Ethik bearbeitet einen Unterschied im Menschen, der durch das Denken, man sollte vielleicht besser sagen durch das Aufmerksamwerden für die Dimension Logos, erstmals explizit wird."[7] Mit diesem Gedanken ist auch das Fragment DK 22 B 112 zu verbinden, in dem es heißt: *Verständigsein ist die wichtigste Tugend; und die Weisheit besteht darin, das Wahre zu sagen und zu tun in Übereinstimmung mit der Natur, im Hinhören.* Hier sieht Sloterdijk als Voraussetzung für die „Ethik als Erste Theorie", dass „das Nicht-Denken bei sich selber unter die Vorherrschaft des Denkens, [...] besser: des Verständigseins *(sophroneín)*" gebracht werden müsse.[8]

Als Vorläufer für die Entwicklung moralphilosophischer Konzepte muss auch **Pythagoras** von Samos (ca. 575–500 v. Chr.) herangezogen werden, dessen Lehre jedoch aufgrund des Mangels an schriftlicher Überlieferung noch schwieriger rekonstruierbar ist, als dies innerhalb der ansonsten bereits äußerst problematischen Quellenlage der Vorsokratiker der Fall ist. Pythagoras selbst ist kaum fassbar, daher wird in der Forschungsgeschichte mehrheitlich der Begriff der Pythagoreer verwendet, welche wiederum in mehrere zeitliche Epochen zu unterteilen sind. Die pythagoreische Philosophie erstreckt sich zunächst vom 6. bis zum 4. Jahrhundert v. Chr. und erfährt dann eine starke Wiederbelebung im Neupythagoreismus des 1. und 2. Jahrhunderts n. Chr.

Im Rahmen der pythagoreischen Seelenwanderungslehre ist uns eine Reihe sog. *akoúsmata* (das Gehörte, von *akoúein*: hören) überliefert, bei denen

6 Vgl. P. Sloterdijk, Du mußt dein Leben ändern. Frankfurt am Main [4]2012, S. 255ff.

7 Ebd., S. 259.

8 Ebd., S. 260.

es sich größtenteils um kathartische (reinigende) Verhaltensregeln handelt, die aber auch Andeutungen und Aussagen allgemeiner Natur enthalten. Der Bedeutsamkeit dieser Sprüche und der Autorität ihres Meisters wird durch die Zitierung der sprichwörtlich gewordenen Formel *autós épha* (*Pythagoras selbst hat es gesagt*) Nachdruck verliehen (DL VIII 46). Beim Neuplatoniker Iamblichos finden wir folgendes *ákousma* überliefert: *Was ist das Gerechteste? Zu opfern. Was ist das Weiseste? Zahl. [...] Was ist das Weiseste von dem, was in unserer Macht liegt? Medizin. Was ist das Schönste? Harmonie. Was ist das Stärkste? Wissen. Was ist das Beste? Glück.* (Iamblichos, *De vita Pythagorica* 82ff.; DK 58 C4) Hier klingt ein weiterer zentraler Gedanke der pythagoreischen Lehre an, die Idee einer schmuckvollen Ordnung als Abbild einer zahlenmäßig begründbaren kosmischen *Harmonie*, die sich in der menschlichen Lebensführung widerspiegelt. „Pythagoras ist der erste Philosoph, bei dem die Einheit von Erkenntnisbemühen und Leben deutlich wird, bei dem wir sehen, was Philosophie als Lebensform ist."[9] Bei Platon, der stark von der pythagoreischen Philosophie beeinflusst ist, wird dieser Gedanke noch verstärkt: *Wenn der Philosoph mit dem Göttlichen und Geordneten umgeht, wird er selbst, soweit es ein Mensch kann, göttlich und geordnet.* (*Pol.* VI 500d)

Auch einer der jüngeren Naturphilosophen, **Empedokles** von Akragas (dem heutigen Agrigento in Sizilien; ca. 492–432 v. Chr.), nähert sich bereits einer moralischen Interpretation des Glücks an, indem er jene Menschen, die sich einen Schatz göttlicher Einsicht erwarben, als glücklich bezeichnet, unglücklich hingegen diejenigen, die ein finsterer Wahn über die Götter umfangen hält (DK 31 B 132).

3.2 Demokrit als Begründer der philosophischen Ethik

Sofern wir der Überlieferung vertrauen können, war der allgemein als Atomist bekannte **Demokrit** von Abdera (in Thrakien; ca. 460–370 v. Chr.) maßgeblich an der Entwicklung eines verinnerlichten Eudämoniekonzepts im Sinne eines selbstbestimmten Lebens beteiligt. Auch wenn er der üblichen

9 F. von Kutschera, Die Anfänge der Philosophie. Eine Einführung in die Gedankenwelt der Vorsokratiker. Münster 2018, S. 38.

Einteilung folgend in die Epoche der Vorsokratiker eingereiht wird, lebte und wirkte er zur Zeit des Sokrates (469–399 v. Chr.) und der Sophisten und war vor allem wegen seiner materialistischen Grundanschauung anerkannt. Seine Welt bestand aus den sich im leeren Raum bewegenden Atomen, deren ständig aufs Neue stattfindende Konfigurationen nach rein mechanistischen Prinzipien erklärt wurden. Angesichts dieser bahnbrechenden Theorie – auch wenn von den physikalischen Annahmen Demokrits in der gegenwärtigen Physik nicht viel übrig geblieben ist – geriet jedoch eine zweite nicht minder bedeutende Leistung Demokrits in Vergessenheit: die Entdeckung und Begründung einer philosophischen Ethik. Diese These wird bestärkt durch den Umstand, dass von nahezu 300 erhaltenen Fragmenten nur einige wenige physikalische Inhalte aufweisen, während sich der weitaus größere Teil mit ethisch-moralischen Fragen beschäftigt. Dass diese Leistung wenig gewürdigt wurde, verdankt sich wohl einem bis heute gültigen Topos der Philosophiegeschichte, dem zufolge erst Sokrates eine eigenständige philosophische Ethik gegründet habe, indem er *die Philosophie vom Himmel herabrief, in die Häuser einführte und die Menschen dazu brachte, über das Leben, die Sitten und die guten und schlechten Dinge Untersuchungen anzustellen* (Cicero, *Tusc.* V, 10). Zwar berichtet auch Aristoteles in seiner *Metaphysik*, die wir als eine der wichtigsten Quellen für die Überlieferung vorsokratischer Texte heranziehen können, dass sich Demokrit mit ethischen Fragen beschäftigt habe (*Met.* I 3–9; XIII 4, 1078b17ff.); in seinen ethischen Schriften wird Demokrit allerdings nicht genannt. Ein anderer Grund für das mangelnde Interesse an der Ethik Demokrits mag dadurch gegeben sein, dass dessen ethische Überlegungen oftmals in der Form von *gnomai* (Sentenzen) überliefert sind, aus denen sich nach Ansichten der Forschergemeinde keinerlei Systematik entwickeln lasse. Diese Auffassung soll hier weitgehend revidiert werden.

Auch wenn die Quellenlage sehr unsicher ist, nennt der bekannte antike Philosophiehistoriker und Doxograph[10] **Diogenes Laërtios** (3. Jahrhundert n. Chr.) jedenfalls eine Reihe von Schriften Demokrits, in denen vorzugs-

10 Die Doxographie (*dóxa*: Meinung, *gráphein*: schreiben) liefert eine Übersicht über die Lehrmeinung von Philosophen. Diogenes Laërtios hat in seinem Hauptwerk *Leben und Lehre der Philosophen* (zitiert unter DL) in zehn Büchern einen Mix aus Biographie und Doxographie vorgelegt.

weise ethische Themen behandelt würden. Diogenes Laërtios wurde in der Vergangenheit aufgrund seiner unkritischen Vorgangsweise sowie des Mangels an Systematik und stilistischer Qualität öfter kritisiert, was *Hans-Georg Zekl* nicht gelten lassen will: „Bei aller, oft allzu arroganter Aburteilung seit dem 19. und bis in die erste Hälfte des 20. Jh. sind die bei ihm aufbewahrten Nachrichten gerade für die historisch-kritische Forschung zur unverzichtbaren, anscheinend immer noch nicht ganz ausgeschöpften, Fundgrube geworden.“ [11]

Mit den Worten: „In der Ethik liegt der Schlüssel zu Demokrits Physik. Sich frei wissen von allem Unbegreiflichem – dies ist tò télos [das Ziel] seiner Philosophie“[12], lässt später auch der junge *Friedrich Nietzsche* (1844–1900) seine Begeisterung für Demokrit erkennen, den er als einen wahren „Wissenschaftler“ bewunderte. Nach der Berufung auf den Lehrstuhl der Klassischen Philologie an der Universität Basel führte Nietzsche sein Vorhaben der Rehabilitation des Philosophen – „Wir sind Demokrit noch viele Todtenopfer schuldig, um nur einigermaßen wieder gut zu machen, was die Vergangenheit an ihm verschuldet hat“[13] – allerdings nicht mehr weiter aus und schien Demokrit vergessen zu haben.

Im Jahr 1841 legte *Karl Marx* (1818–1883) seine Promotionsschrift *Über die Differenz der Demokritischen und Epikureischen Naturphilosophie* vor. Dazu ist eines der aussagekräftigsten Fragmente Demokrits beizuziehen, in dem sich bereits deutlich dessen Abkehr von der Schicksalsmacht der *Týche* (lat. *Fortuna*) zeigt: *Die Menschen haben sich vom Zufall ein Bild gemacht, das ihnen als Ausrede dient für ihr eigenes Unberaten-Sein; in Wahrheit gerät der Zufall selten in Widerstreit mit der Intelligenz (phrónesis); kluger Scharfblick bringt das meiste im Leben in Ordnung.* (DK 68 B 119) Vom Standpunkt des Atomisten aus gesehen, enthält die hier vorliegende Aussage, dass dem *Zufall* (*týche*) die *praktische Vernunft* (*phrónesis*) vorzuordnen sei, außerordentliche Brisanz. „Damit ist nun ein ‚Signalwort‘ gefallen, das uns erlaubt, den Philosophen des 5. Jahrhunderts v. Chr. neben *den* aufgeklärten Denker des 18. Jahrhunderts, Immanuel

---

11 H. G. Zekl, Diogenes Laertios. Statist auf der Bühne großer Theoreme: In: M. van Ackeren/J. Müller (Hgg.): Antike Philosophie verstehen. *Understanding Ancient Philosophy*. Darmstadt 2006, S. 297f.

12 F. Nietzsche, KGW I 4, S. 462; 58 [17].

13 Ebd., S. 504; 59 [1].

Kant, zu stellen", konstatieren Gred Ibscher et al. in ihrer kommentierten Fragmentausgabe.[14] Sie verweisen außerdem darauf, dass sich aus Kants handschriftlichem Nachlass Anhaltspunkte ergeben, die seine Bezugnahme auf Demokrit bezeugen.[15]

Genau dieses Fragment Demokrits nahm später Epikur (342–271/70 v. Chr.), geringfügig verändert, als 16. Sentenz in seine Lehrsätze-Sammlung (*Kyriai Doxai*) auf. Um dem Handeln des einzelnen Menschen die zum moralischen Verhalten nötige Freiheit einzuräumen, veränderte Epikur den demokritischen Determinismus eines Zufallsgeschehens, indem er eine minimale *Abweichung* (*parénklisis*[16]) vom geraden Fall der Atome annahm, die er auf den menschlichen Handlungsspielraum projizierte (s. Kap. 9.2.2.1, S. 189f.).

Marx, der anders als Nietzsche sehr von der hegelianischen Philosophie beeinflusst war, welcher zufolge ein gültiges wissenschaftliches Werk nur durch systematischen Aufbau legitimiert sei, fand in der epikureischen Moralauffassung offenbar eine Grundlage für sein Vorhaben, eine Art Weltverbesserungskonzept im Sinne des „absoluten Geistes" Hegels zu entwickeln – was am Ende wohl doch nicht so ganz gelingen wollte. Doch insgesamt zeigte sich Marx durchaus beeindruckt von einer bereits im Altertum entstandenen Ethik, die den Menschen Möglichkeiten eröffnete, Taten eigenverantwortlich zu verwirklichen.

Auch im Fragment DK 68 B 297 lässt sich Demokrit als bedeutender Vorgänger Epikurs erkennen: *Es gibt Menschen, die von der Auflösung der sterblichen Natur nichts wissen, aber sich in ihrem Gewissen der schlimmen, während ihres Lebens vollbrachten Taten, bewusst sind. Sie verbringen ihre Lebenszeit gepeinigt von Aufregungen und Ängsten, weil sie sich über das, was nach dem Lebensende folgen soll, eitle Hirngespinste machen.* Als aufgeklärter Naturphilosoph drückt Demokrit hier mit maliziös-ironischem Unterton sein Bedauern über die von irdischen Ängsten und Leiden geplagten ignoranten Menschen aus, indem er hier auch erstmals ein Wort für „Gewissen" (*syneídesis*) verwendet (s. Kap. 3.6, S. 56f.).

---

14 Demokrit, Fragmente zur Ethik. Gr./Dt. Üs. u. komm. von Gred Ibscher (†). Nachbearbeitet von M. v. Albrecht u. G. Damschen. Stuttgart 2007, S. 187.

15 Vgl. Demokrit, Fragmente zur Ethik (2007), S. 222, FN 47.

16 Im berühmtesten Rezeptionsdokument der epikureischen Lehre, dem Lehrgedicht *De rerum natura* des römischen Dichters T. Lucretius Carus (1. Hälfte des 1. Jh. v. Chr.), wird für das griech. Wort *parénklisis* eigens das lat. *clinamen* eingeführt.

3.3 Das seelische Glück des Gebildeten

Einige Fragmente Demokrits zeigen bereits deutlich, dass sich der Atomist verstärkt der ‚Vernunft' und ‚klugen Einsicht' zugewandt hatte, die er für die Bewältigung des Lebens und den Aufbau einer Moral als unerlässlich ansah. Äußere Güter hingegen verlieren an Wert, und so wird im Fragment B 77 auch Ruhm und Reichtum eine Absage erteilt: *Ruhm und Reichtum ohne Verstand sind keine sicheren Besitztümer.* Ähnlich auch B 286: *Glücklich, wer sich bei mäßigem Besitz frohgemut, unglücklich, wer sich bei vielem Besitz missmutig fühlt.* Dagegen heißt es in B 48: *Glücklich, wem Vermögen mit Verstand gepaart zu eigen ist, denn er macht davon in allem, was nötig ist, den richtigen Gebrauch.* Dazu kommt ein sentenzenhaftes Plädoyer für die Bildung: *Bildung schmückt die Glücklichen, den Unglücklichen gewährt sie Zuflucht.* (B 180)

Das bereits in Kapitel 2 zitierte Fragment DK 68 B 171 zeigt deutlich die von Demokrit neu vorgenommene Güterbewertung: *Nicht im Besitz von Herden noch im Golde befindet sich das Lebensglück; Wohnsitz des Glücks (daímons) ist die Seele.* Mit der Nennung des *daímons* ist zwar noch ein gewisser religiöser Kontext gegeben, die neue Denkart, dass das Glück (wie auch das Unglück) vorrangig als seelisches Phänomen anzusehen sei, ist jedoch offenkundig. So heißt es auch: *Glückliches und unglückliches Lebensgeschick ist Sache der Seele.* (B 170) Im Vergleich zur Glücksdarstellung in Herodots Erzählung von der Begegnung zwischen Solon und Kroisos (s. Kap. 2.3, S. 38ff.) ist an der Position Demokrits bereits deutlich der Wandel eines vorphilosophischen, schicksalshaften, von einer externen göttlichen Macht beeinflussten Glücksbegriffs zu einem verinnerlichten, subjektiven und weitgehend vom Menschen selbst bestimmbaren Glücksverständnis zu erkennen.

3.4 Der praktische Weg zum Glück – *euthymía*, Maßhalten und „sokratische" Einsicht

Was die gelebte Praxis anbelangt, so finden wir in DK 68 B 191 folgende Aussage: *Den Menschen entsteht also frohmütige Gelassenheit (euthymía) aus dem Maßhalten im Vergnügen und gleichmäßiger Lebensführung* (*symmetría*). *Das Zuwenig und das Zuviel pflegt ins Gegenteil umzuschlagen und die Seele in große Erregungen zu versetzen. Jene nun, die starken Schwingungen entgegengesetzter Gefühlsbewegungen unterliegen, sind weder in gutem Zustand noch frohgemut. Auf das Mögliche muss man also seinen Sinn richten und sich mit dem Gegebenen begnügen [...].* Hier wird die materialistische Welterklärung des Atomisten Demokrit analog auf die Seelenstruktur angewendet, die ebenfalls als Komplex materieller, allerdings besonders feiner und den Feueratomen ähnelnder Partikel angesehen wird. Es gilt daher, durch Mäßigung und Besonnenheit allzu heftige Bewegungen der Seelenatome zu vermeiden. Im zitierten Fragment begegnet uns mit dem griechischen Wort *euthymía* (eigentl.: die Wohlgemutheit; aus *eu*: gut, *thymós*: Gemüt, Lebenskraft, Verstand > guter Mut, Frohsinn, Freude) ein zentraler Leitbegriff der Ethik Demokrits. Dass er diese fröhliche und ausgeglichene Gesinnung auch selbst vertreten hat, lässt sich aus seiner bereits in der Antike verbreiteten Charakterisierung als eines „lachenden Philosophen" schließen.[17] Diese ‚Seelenheiterkeit' bestand jedoch nicht bloß in unbeschwerter Gelassenheit, sondern wurde mit einer moralischen Forderung verknüpft, der zufolge sich eine harmonische Lebensführung erst durch Anwendung von *Maß und Symmetrie* ergibt. Im Fragment B 188 wird dieses eudämonistische Lebensgefühl auch hedonistisch grundiert, wenn es heißt: *Zwischen Lust und Unlust [verläuft] die Grenze, welche das Zuträgliche vom Unzuträglichen scheidet.* Und in DK 68 B 207 findet sich im Anschluss an Solon (s. o., S. 45) eine zusätzliche Differenzierung: *Nicht jede Lust soll man erstreben, sondern einzig die, welche auf dem Schönen beruht.* Diese wird in Fragment B 235 weiter ausgeführt, wenn Demokrit ausdrücklich vor kurzlebigen sinnlichen Vergnügungen, wie Essen, Trinken oder Liebesfreuden, warnt, da sie durch übermäßigen Genuss beträchtliches Leid auslösen können. Außerdem bestehe die Gefahr, dass die Begierden immerfort weitere nach sich ziehen. So heißt es auch in der Fortsetzung des oben zitierten Fragments B 191: *Wer nämlich die Besitzenden und von anderen Menschen glücklich Gepriesenen bewundert und in Gedanken keinen Augenblick von ihnen loskommt, fühlt sich gezwungen, immer wieder etwas Neues zu unternehmen und sich durch Gier zu heillosem Tun hinreißen zu lassen [...].* „Die Position Demokrits wirkt", so Christoph Horn, „wie eine philosophische Reaktion auf die uneingeschränkte Lustmehrung einiger Sophisten."[18] Auch Platon wird

17 Vgl. S. Meck, Vom guten Leben. Eine Geschichte des Glücks, Darmstadt 2012, S. 46.

18 Horn, Antike Lebenskunst (2014), S. 160.

im Dialog *Gorgias* (491e) die unersättliche Begierde, das Immer-mehr-haben-Wollen (*pleonexía*) des Sophisten Kallikles scharf kritisieren.

Vielen scheint die mäßigende Haltung Demokrits für den Glückserwerb vorbildhaft gewesen zu sein. So erläutert beispielsweise Cicero (106–43 v. Chr.) die von Demokrit gesetzten Prioritäten im Anstreben des Glücks: *Wenn es für ihn auch in der Erkenntnis der Welt bestand, so wollte er dennoch durch jene Erkundung der Natur erreichen, dass er guten Mutes war. Denn darin sah er das höchste Gut; er nennt es euthymía und häufig athambía, das heißt „Unerschrockenheit“.* (Cicero, *De fin.* V 87) In *De fin.* V 23 setzt Cicero die *euthymía* überhaupt mit dem glücklichen Leben gleich: *[...] ea ipsa est beata vita. Seneca* (ca. 4/1 v. Chr.–65 n. Chr.) wiederum plädiert für inneres Gleichgewicht, indem er Demokrits Fragment DK 68 B 3 zitiert, worin dieser vor übertriebener Geschäftigkeit bzw. nutzloser Tätigkeit warnt: *Wer ein ausgeglichenes Leben führen will, der nehme sich weder als Privatmann noch als Politiker viel vor.* (Seneca, *Über die Ausgeglichenheit der Seele* 13, 1)

Wie uns Diogenes Laërtios (IX 45) mitteilt, stellt die *euthymía* das *télos* (Ziel) für Demokrit dar, ist aber jedenfalls von der *hedoné* (Lust, Freude, Vergnügen) zu unterscheiden: *Das Ziel ist die euthymía, die entgegen einer irrigen Annahme nicht mit der Lust identisch ist, sondern da ist, wenn die Seele gelassen (galenós) und wohlgeordnet ist (diágei*: eigentl. „sich verhält/in diesem Zustand fortfährt“) *und nicht durch Furcht, Aberglauben oder einen anderen Affekt erschüttert wird.* Diese Aussagen scheinen bereits große Ähnlichkeit mit Epikurs Charakterisierung seiner *ataraxía* (Unerschütterlichkeit) in Gestalt der katastematischen (zuständlichen) Lust aufzuweisen (s. Kap. 9.2.2.4, S. 194f.). Wenn man allerdings das griechische Wort *diágei* genauer betrachtet, so kommt hier zum Ausdruck, dass die Seele nicht in einem bewegungslosen Zustand verharrt, sondern sich in einer wohlgeordneten Weise, ungestört und wirkungsvoll entfaltet, ein Aspekt, den wir ebenfalls bei Epikur in Gestalt der kinetischen (beweglichen) Lust finden. Auch wenn Demokrits Ethik noch nicht systematisch eudämonistisch formuliert ist, kann seine *euthymía* mit einiger Gewissheit als Vorläufer der epikureischen *ataraxía* begriffen werden. Dazu finden wir bei Cicero mit der Gleichsetzung von *euthymía* und *athambía* (Unerschrockenheit, s. o.) einen weiteren inhaltlichen Ansatzpunkt. Abgesehen von Ciceros Auffassung findet sich auch im Deutschen als Übersetzungsvorschlag für *athambía* das für *ataraxía* geläufige Wort „Unerschütterlichkeit“, im Englischen *imperturbability* (LS S. 357). Es ist daher durchaus denkbar, dass Epikur bei seiner doppelten Deutung der *ataraxía* diesen Begriff als Bezugspunkt für die Interpretation der Unerschütterlichkeit heranzog (s. Kap. 9.2.2.4, S. 194f.).

Zusammenfassend könnte man den demokritischen Glücksbegriff am ehesten mit einer zu positiven Lustgefühlen gesteigerten, gleichmäßigen Gemütsstimmung umschreiben, um die man sich jedoch ständig bemühen muss. Zudem lässt sich bei Demokrit bereits der wichtige therapeutische Ansatz der hellenistischen Ethik finden. So lautet eine diesbezügliche Aussage, die sich der Metapher der Heilkunst bedient: *Die medizinische Wissenschaft heilt die Krankheiten des Leibes, aber nur die Weisheit befreit die Seele von Leiden.* (B 31) Dazu wird auch – wie schon von Heraklit – Kritik an Unwissenden geübt: *Nicht die Vernunft, sondern das Missgeschick wird den Toren zum Lehrmeister* (B 76) bzw. *Erst dann, wenn sie ins Unglück stürzen, kommen die Unvernünftigen zur Vernunft* (B 54). Die Erkenntnis, dass die Ursache des Fehlens in mangelnder Einsicht liegt, trifft sich mit der sokratischen Einsicht, sittlich gutes Handeln beruhe auf Wissen. Die Aussage *Wer ein Unglück begeht, ist viel unglücklicher als der, der es erleidet* (B 45) kommt wiederum sehr nahe an eine weitere zentrale These der sokratischen Moralphilosophie, der zufolge es besser ist, Unrecht zu erleiden als zu tun (s. Kap. 5.2, S. 85).

Aus den angeführten Textfragmenten kann abgeleitet werden, dass Demokrit einen Prozess initiierte, der eine der wesentlichsten Grundlagen der antiken Ethik beinhaltet und mit Platon und Aristoteles zu seiner Vollendung kommen wird: Einzig vernünftige Einsicht eröffne den Weg zum Glück. Die im Schein ihrer subjektiven Meinungen und Vorstellungen befangenen Menschen könnten wahres Glück nur durch philosophische Erkenntnis erlangen, kurz – „was Glück sei, wird erst durch die Philosophie und mit ihr begriffen“.[19]

3.5 Politische Kunst als Grundlage des Allgemeinwohls

Aus weiteren Fragmenten Demokrits lässt sich die Erkenntnis ableiten, dass in seinen ethischen Reflexionen Zeitgeschichte und politische Philosophie offenbar eine nicht unbedeutende Rolle einnahmen. Neben einem Appell, die

19 Ritter, Art. Glück. In: HWPh Bd. 3, Sp. 680.

Kunst der Politik (*politiké téchne*) gründlich zu erlernen (B 157), drückt Demokrit seine Überzeugung aus, dass ein funktionierendes Staatswesen (*polis*) die Grundlage für das Wohlergehen des Individuums sei: *Die Angelegenheiten des Staates müssen für die wichtigsten von allen gehalten werden, [man muss schauen], dass er richtig gelenkt werde, dass weder durch ehrgeizigen Wettstreit die Grenzen des Zulässigen übertreten werden noch sich einer Gewalt anmaße [und damit] gegen das Allgemeinwohl verstoße. Denn ein gut gelenktes Staatswesen ist die sicherste Grundlage, und darin ist alles eingeschlossen; und ist es heil, so ist alles heil, und geht es zugrunde, so ist alles verloren.* Hierin ist ein Gedanke enthalten, der für die frühgriechische Philosophie insgesamt charakteristisch ist: Im Bezugsverhältnis des Menschen zu der ihn umgebenden Welt wird eine grundlegende Entsprechung zwischen Mikro- und Makrokosmos abgebildet.

Außerdem könnte von der demokritischen Feststellung der unbestreitbaren Bedeutung eines gut funktionierenden Staatswesens für das Allgemeinwohl ein Zusammenhang zur berühmten aristotelischen These hergestellt werden, der zufolge der Mensch mit einer gleichsam genetisch bedingten Prädisposition für das Leben in der Polis ausgestattet sei: „Dies wäre dann geradezu eine Vorwegnahme des Gedankens, den Aristoteles zu Beginn der ‚Politik' formuliert hat, dass nämlich der Mensch von Natur ein politisches Lebewesen sei."[20]

3.6 Gewissen und Scham

Abschließend kehren wir nochmals zu Demokrits Gewissensbegriff (s. o., S. 51: *syneídesis* in DK 68 B 297) zurück und untersuchen dazu weitere Fragmente, in denen sich wesentliche Standpunkte seiner Moralphilosophie offenbaren, die, wie es scheint, bereits gewisse Gedanken der kantischen Ethik antizipieren. Demokrit beschreibt den Begriff *syneídesis* in B 297 als ein Sichbewusstwerden der eigenen schlechten Lebensführung und bildet damit nach Christoph Horn „die Mitte zwischen der Konzeption des Selbst-

---

20 Chr. Mueller-Goldingen, Dichtung und Philosophie bei den Griechen. Darmstadt 2008, S. 148.

bewußtseins und der einer moralischen Kontrollinstanz".[21] In Kapitel 2.1 (S. 31f.) wurde auf das *daimónion* des Sokrates hingewiesen, das insofern in ähnlicher Weise bereits als Gewissensinstanz fungieren könnte, als dieser Handlungen allein nach einem inneren Prinzip beurteilt und nicht aufgrund der Bewertung möglicher Folgen.

Deutliche Anklänge an Demokrits ‚Erfindung' des Gewissens finden sich auch im Werk des **Euripides** (ca. 485/480–406 v. Chr.), des jüngsten Tragödiendichters. Im Drama des *Orestes* wird sich der Protagonist nach dem Rachemord an der Mutter seiner Schuld – als Folge einer Einsicht (*sýnesis*) – bewusst (*sýnoida* v. 396). Die äußere Peinigung durch die Erinyen (Rachegöttinnen) wird gewissermaßen als ein Phänomen des persönlichen Innenlebens gedeutet, als quälende Stimme des Gewissens.[22] Bei der Lektüre einer Tragödienstelle der *Phönikerinnen* hat es den Anschein, als wollte Euripides Demokrit geradewegs ein Denkmal setzen, so sehr erinnert die Szene (v. 531–558), in der Iokaste – vergeblich – versucht, in der Auseinandersetzung ihrer beiden Söhne zu vermitteln, an Demokrits ethisches Lebensideal. Sie tadelt die Machtgier (*pleonexía* v. 539) des Eteokles und sein *Glück der Ungerechtigkeit* und fordert gerechtes Maß und versöhnlichen Ausgleich gegenüber seinem Bruder Polyneikes ein. Doch der Fluch des Ödipus lastet zu schwer auf seinen Söhnen, und so erfüllt sich das tragische Schicksal der Brüder, indem sowohl der Angreifer Polyneikes als auch Thebens Verteidiger Eteokles im Kampf fallen.

Gleichsam den Kern der demokritischen Ethik finden wir in den folgenden Fragmenten: *Wer im Begriffe ist, etwas Schändliches zu tun, sollte sich an erster Stelle vor sich selbst schämen.* (B 84) Noch expliziter ist dieser Gedanke im Fragment B 244 formuliert: *Etwas Schmähliches sollst du weder sagen noch tun, selbst wenn du allein bist, lerne vielmehr, dich vor dir selbst – mehr als vor allen*

21 Horn, Antike Lebenskunst (2014), S. 228.

22 Vgl. J.-P. Sartre, Die Fliegen. Reinbek bei Hamburg 1961. In Sartres Rezeptionsdokument des berühmten antiken Stoffes tötet Orestes, von seiner Schwester Elektra überredet, seine Mutter Klytaimnestra und ihren Geliebten Aigisthos, die nach der Ermordung seines Vaters Agamemnon ihre Angst- und Schreckensherrschaft mit Hilfe einer Fliegenplage (vergleichbar mit den antiken Erinyen) errichtet hatten. Danach wird er nun seinerseits von den Fliegen gepeinigt, ist aber, ohne sich einer Gottheit oder einem König unterwerfen zu müssen, im existenzialistischen Sinn frei und begibt sich am Ende ins Exil.

anderen – zu schämen. Und gewissermaßen als krönende Zusammenfassung kann das Fragment B 264 angesehen werden: *Schäme dich auf keinen Fall vor den Menschen mehr als vor dir selbst, und tue nichts Böses, gleichviel ob niemand es erfährt oder alle Menschen [es zu wissen bekommen]. Vielmehr muss man vor sich selbst am meisten Ehrfurcht haben, und dies soll man als Gesetz in der Seele aufrichten: Nie etwas Unschickliches zu begehen*. Es geht hier also weder um gesellschaftliche Anerkennung noch um einen in der Öffentlichkeit anerkannten Ehrbegriff und ebenso wenig um Mut, Stärke oder tapfere Gesinnung im Vollbringen großer Taten – der vorrangige und zentrale Wert ist allein die Scham, die persönliche Gewissensprüfung, die Achtung vor sich selbst. Wir finden hier das griechische Wort *aidós*, das im Deutschen keine eindeutige Entsprechung hat. „*Aidos* ist die Bezeichnung einer Emotion, für die sich im Deutschen kein wirklich passender Ausdruck finden lässt. Ursprünglich [...] ein Affekt, der vor Verletzungen von Verhaltenskodizes um der eigenen Ehre willen zurückschrecken lässt [...]. In der späteren Alltagssprache [...] auch retrospektiv als Gefühl der Beschämung über ein geschehenes, negativ bewertetes Verhalten [...].“[23] Der Begriff *aidós* erhielt zentrale Bedeutung bei der Unterscheidung zwischen „Schamkultur“ (*shame-culture*) und „Schuldkultur“ (*guilt-culture*), einem Mitte des 20. Jahrhunderts aufgekommenen kulturgeschichtlichen Konzept[24], dem zufolge Kulturen hinsichtlich ihres Umgangs mit moralischen Verfehlungen unterschieden werden: Während sittliches Fehlverhalten in der „Schamkultur“ durch externe Instanzen sanktioniert wird, tritt in der „Schuldkultur“ ein internalisierter Prozess der Schuldeinsicht ein. Diese wertende Gegenüberstellung wurde vom Oxforder Altphilologen *Eric R. Dodds* (1951) auch auf die Welt der antiken Griechen bezogen: So hätten laut Dodds die Helden Homers noch in ständiger Furcht vor öffentlicher Kritik und Missbilligung gelebt.[25] Dass die Charakterisierung der Scham als einer „außengeleiteten“ unzutreffend ist, hat zuletzt *Robert Pfaller* in seinen *Zwei Enthüllungen über die Scham* (2022) überzeugend dargelegt. Ähnlich argumentierte bereits

23 Wörterbuch der antiken Philosophie. Hg. von Horn/Rapp (2002), S. 19.

24 Diese Unterscheidung geht auf kulturvergleichende Studien der Sozialforscherinnen Margaret Mead (1937) und Ruth Benedict (1946) zurück, gilt aber seit jeher als umstritten.

25 Vgl. Eric R. Dodds, Die Griechen und das Irrationale. Darmstadt 1991, S. 17–37.

der englische Philosoph *Bernard Williams*[26], indem er in Ausdehnung des Bedeutungsfeldes von *aidós* auch schon bei den Figuren des griechischen Epos und der Tragödie graduell abgestufte moralische Eigenverantwortung konstatierte (s. Kap. 10.1, S. 212f.). Wenn etwa Agamemnon in der homerischen *Ilias* (V 529–32) die Griechen zum Kampf gegen die Trojaner anspornt, so macht es Sinn, die dort verwendeten Verbalbegriffe (*aideísthe* und *aidoménon*) mit „ehren, Respekt empfinden voreinander" oder auch „sich scheuen" im Sinne von „sich nicht zu blamieren" wiederzugeben: *Seid Männer, Freunde! Zeigt Mut, scheut euch nur davor/euch in der Hitze der Schlacht voreinander zu blamieren./Nur die Kriegerehre ist es jetzt, die uns alle retten wird,/denn in der Flucht findet ihr weder Rettung noch Würde.* Im Spektrum möglicher Wiedergaben des griechischen Wortes *aidós* sind in der Tat auch positive Bewertungen enthalten, wie „Ehrfurcht" und „Achtung", auch vor sich selbst, wie von Pfaller festgehalten: „Das Schöne bei der Scham ist, [...] die Ehre, der Stolz beziehungsweise der Respekt vor sich selbst."[27] Der Gedanke, dass die Scham „nicht notwendigerweise auf einer äußeren Verurteilung [beruht]"[28], wird in Demokrits Fragment 264 explizit ausgesagt. Damit wird ein Bekenntnis zu einem nach den Kriterien der *shame-culture* bewerteten Menschenbild abgelegt, das das Individuum als autonomes, selbstreflexives und mit moralischer Eigenverantwortung ausgestattetes Subjekt begreift.

Der Begriff *aidós* begegnet uns wieder bei Platon im *Mythos des Protagoras* (*Prot.* 320c–322d; s. Kap. 4.3, S. 70f.) und auch Aristoteles reiht ihn in seine Diskussion über die ethischen Tugenden ein (*EN* II 1108a 31–36).

---

26 Vgl. B. Williams, Shame and necessity. Berkeley/Los Angeles 1993, S. 42f. (dt. Scham, Schuld und Notwendigkeit. Eine Wiederbelebung antiker Begriffe der Moral. Berlin 2000).

27 R. Pfaller, Zwei Enthüllungen über die Scham. Frankfurt am Main 2022, S. 106.

28 Ebd., S. 70.

3.7 Demokrit als Vorläufer kantischer Ethik

Gred Ibscher et al. halten einen Vergleich der zuletzt zitierten Aussagen Demokrits mit der Ethik Kants für zulässig, indem sie auf den Umstand hinweisen, dass es „dem antiken Denker um etwas so Wichtiges wie die Autonomie des Moralischen [ging], die nach Demokrit erst wieder von Kant – allerdings unter gänzlich verschiedenen Voraussetzungen – behauptet worden ist". [29] Folgendes Diktum Kants scheint jedenfalls eine deutliche Reminiszenz an Demokrit zu enthalten: „Das Gewissen ist ein Bewußtsein, das für sich selbst Pflicht ist."[30]

Es fallen noch weitere Berührungspunkte zwischen demokritischer und kantischer Ethik auf, wenn wir folgende Fragmente heranziehen: *Nicht aus Furcht, sondern aus Pflichtgefühl muss man sich vor Fehltritten hüten* (B 41) und *Zur Sittlichkeit [gehört] nicht nur, kein Unrecht zu begehen, man darf es nicht einmal wollen* (B 62); diese antizipieren in frappanter Ähnlichkeit Kants Begriffe der Pflicht und des guten Willens. Zudem sieht sich Demokrit der Macht der *díke* (Recht, Gerechtigkeit) verpflichtet, wie das Fragment B 174 illustriert: *Den Frohgemuten treibt es jederzeit zu Taten, die mit Recht und Gesetz in Einklang stehen; so ist er denn heiter bei Tag und Nacht, ist voller Lebenskraft, und Sorge kennt er nicht. Wer dagegen auf Gerechtigkeit nichts gibt und das nicht tut, was getan werden muss, dem verursacht all das, sobald er nur an dergleichen erinnert wird, ein Missbehagen, er gerät in Furcht und quält sich selber.* Der Begriff der *díke* hat bereits in den homerischen Epen besondere Bedeutung als eine gleichsam regulierende göttliche Macht, der zufolge einerseits jene Menschen, die die tradierten Bräuche achten, in der Gunst der Götter stehen, andererseits jegliche von *hýbris* (Hochmut) geleitete Übertretungen des Rechts sogleich streng geahndet werden. [31]

---

29 Vgl. Demokrit, Fragmente (2007), S. 105.

30 I. Kant, Die Religion innerhalb der Grenzen der bloßen Vernunft. In: Werke in zehn Bänden. Hg. v. W. Weischedel, Sonderausg. Bd. 6. Darmstadt 1983, A 270/B 287.

31 Beispielsweise heißt es in der homerischen *Ilias* (XVI 385ff.), *der Zorn des Zeus [komme] über alle, die bei der Versammlung glauben, das Recht vergewaltigen und zu ihren Gunsten beugen zu können, ohne dass sie die göttliche Strafe ereilt.*

3.8 Resümee

Wie eingangs festgestellt, wurde in der bisherigen Forschungsgeschichte an der demokritischen Ethik mehrfach bemängelt, keine echte Systematik erkennen zu lassen. Dass es sich bei Demokrits Aussagen jedoch um mehr als einzelne, zusammenhanglose, „biedere Lebensweisheiten“[32] handelt, erscheint durchaus nachvollziehbar. Aus der hier zitierten Auswahl an Fragmenten, die gewisse moralphilosophische Positionen klar präsentieren, kann die Erkenntnis abgeleitet werden, dass der Ethiker Demokrit offenbar versuchte, über den individuellen Horizont hinaus auch allgemeine sittliche Normen in weiterem Umfang zu entwerfen und Antworten auf die kantische Frage „Was soll ich tun?“ zu geben. In dieser Hinsicht kann ihm das Verdienst zugesprochen werden, als erster Vertreter einer philosophischen Ethik zu gelten, auf die wohl auch spätere Bezug nahmen. Seine sittlichen Forderungen sind ausschließlich immanent begründet und frei von jeglichen Gedanken außerirdischer Sanktionen. Es ist allein der Mensch, der in Freiheit und Kenntnis der natürlichen Gegebenheiten mit ausgleichendem Maßhalten Frohsinn und Seelenruhe finden kann. Das Gute ist dabei noch kein objektivierbarer Wert, sondern immer nur relativ auf das menschliche Handeln bezogen, wenn es heißt: *Den Menschen erwachsen aus guten [auch] üble Dinge, wenn einer die guten nicht zu steuern noch sie mit geschickter Hand zu lenken versteht* (B 173); oder ganz ähnlich: *Aus denselben Dingen, aus denen uns Gutes erwächst, könnten wir uns auch Unheilvolles zuziehen* (B 172). Constantin J. Vamvacas rühmt hier den weisen Vorausblick Demokrits: „Diese prophetische Einsicht [...] ist heute aktueller denn je, angesichts der schwindelerregenden Entwicklung der Technik (Atomenergie, Biotechnologie) und ihrer naheliegenden Anwendungen. Auf zwei Weisen können wir das Schlechte vermeiden: durch das *Lernen* und durch die *Einsicht*.“[33] Bezüglich des menschlichen Glücks sieht Demokrit das Denken bzw. die Einsicht als höchstes Gut an: *Unerschrockenes Denken ist höchsten Preises wert* (B 216); und noch deutlicher: *Das Glück des Men-*

32 Die Vorsokratiker. Griech/Dt. Ausgew., üs. und erlautert von Jaap Mansfeld und Oliver Primavesi. Stuttgart 2021, S. 652.

33 C. J. Vamvacas, Die Geburt der Philosophie. Düsseldorf 2006, S. 324.

schen besteht weder im Physischen noch im Materiellen, sondern einzig im aufrechten Sinn und in kluger Umsicht. (B 40)

So soll hier abschließend nochmals Kant zum Thema der Selbstachtung zu Wort kommen, auch wenn diesbezüglich Unterschiede zwischen Demokrits Konzeption und der Auffassung Kants vorliegen.[34] Dennoch ist an folgender Formulierung am Ende der *Kritik der reinen Vernunft* zweifelsfrei eine Verwandtschaft mit Demokrit zu erkennen: „Und nun findet das Gesetz der Pflicht durch den positiven Wert, den uns die Befolgung desselben empfinden läßt, leichteren Eingang durch die *Achtung für uns selbst* im Bewußtsein unserer Freiheit. Auf diese, wenn sie wohl gegründet ist, wenn der Mensch nichts stärker scheut als sich in der inneren Selbstprüfung in seinen eigenen Augen geringschätzig und verwerflich zu finden, kann nun jede gute sittliche Gesinnung gepfropft werden; weil dieses der beste, ja der einzige Wächter ist, das Eindringen unedler und verderbender Antriebe vom Gemüt abzuhalten."[35]

---

34 Bei Kant resultiert die Selbstachtung aus dem pflichtgemäßen Handeln, während sie von Demokrit als Motivation zur Verwirklichung sittlichen Wohlverhaltens angesehen wird.

35 I. Kant, Kritik der praktischen Vernunft. In: Werke in zehn Bänden. Hg. v. W. Weischedel, Sonderausg., Bd. 6. Darmstadt 1983, A 287/288.

4 *Eudaimonía* – Die Sophisten und die Lehrbarkeit der Tugend

In Bezug auf die Frühphase der griechischen Philosophie erfolgt die zeitliche Zuordnung der Philosophen zu bestimmten Gruppen oder Schulen nur in einem groben Rahmen, da sich (zumeist nur ungefähre) biographische Zeitspannen oft überlagern und genauere Eingrenzungen deshalb kaum vorzunehmen sind. Wie wir bereits wissen, war der den Vorsokratikern zugeschriebene Demokrit ein Zeitgenosse des Sokrates und zugleich jünger als Protagoras (ca. 481–411 v. Chr.), der älteste und bedeutendste Sophist. So wird auch der jüngere Anaxarchos (ca. 360–320 v. Chr.) noch zur Schule Demokrits gezählt. Über ihn ist wenig bekannt. Sein Beiname *eudaimonikós* (mit Glück erfüllt) wird aufgrund der über ihn überlieferten Anekdoten teilweise dahingehend gedeutet, dass er mit seiner inneren Festigkeit und unerschütterlichen Seelenruhe seinen Zeitgenossen ein Vorbild war (DL IX 58ff.).

Die durch die Fragmentausgabe von Hermann Diels (1903) etablierte Bezeichnung „Vorsokratiker" (s. Kap. 3, S. 45, FN 2) ist allerdings in zweifacher Hinsicht unpassend. Einerseits suggeriert die Präposition „Vor-" eine gewisse, jedoch völlig unberechtigte Minderung der diesen ohne Zweifel gebührenden Wertschätzung, andererseits wird Sokrates damit das Verdienst zugeschrieben, die Philosophie gleichsam erst begründet bzw. eine entscheidende Neuerung herbeigeführt zu haben. Zwar wurde von Sokrates in der Tat eine anthropozentrische Wende von der Natur hin zum Menschen und dessen ethischem Handeln vollzogen, doch trifft dies auch schon auf die Sophisten zu, die sich zudem bereits früher als Sokrates und völlig unabhängig von ihm mit moralphilosophischen Themen auseinandergesetzt hatten. Das bekannte Diktum Ciceros, wonach Sokrates die Philosophie vom Himmel herabgeholt habe (Cicero, *Tusc.* V 10), muss daher im gleichen Maße bereits für die Sophisten gelten. Es ist evident, dass diese ebenso Repräsentanten des anthropozentrischen Paradigmenwechsels waren, dem zufolge fortan einzig der Mensch als das für sein Handeln verantwortliche Subjekt im

Mittelpunkt des philosophischen Interesses stand. „Das dem Sokrates und den Sophisten Gemeinsame besteht also darin, den Menschen als normsetzendes Wesen und als ethisch und politisch Handelnden zu thematisieren.“ [1]

4.1 Was ist ein *sophistés*?

Mit dem griechischen Wort *sophistés* [2] wird gleichsam ein ‚Wissensexperte‘ bezeichnet, der sich als professioneller Lehrer für seinen Unterricht bezahlen ließ, was vor allem von Platon verurteilt wurde, auf dessen negatives Urteil wohl auch die spätere oft abschätzige Bewertung der Sophisten zurückzuführen ist.

Dass die Sophisten jedoch bei ihren Zeitgenossen mit ihrem Bildungsangebot auf überaus reges Interesse stießen und mitunter zu regelrechten Stars mit entsprechender Fangemeinde avancierten, erklärt sich vor allem durch damalige einschneidende Veränderungen in Politik und Gesellschaft. Um die Mitte des 5. Jahrhunderts v. Chr. wurde infolge des sozialen Abstiegs der alten Adelsaristokratie und der allmählichen Durchsetzung demokratischer Herrschaftsformen erstmals breiteren Schichten der Gesellschaft die Teilnahme am politischen und kulturellen Leben ermöglicht. Nach der endgültigen Abwehr der Perser und der Bildung eines attischen Reiches unter der Führung Athens kam es in der sog. Pentekontaëtie [3] unter der Herrschaft des Perikles (480–430 v. Chr.) zu einem immensen kulturellen Aufschwung auf den Gebieten der Kunst, Literatur, Philosophie und Demokratie. Seit Perikles stand sämtlichen (männlichen) Bürgern der Zugang zu den höchsten Staatsäm-

1 Die Sophisten, Ausgewählte Texte. Gr./Dt. Hg. u. üs. von Th. Schirren und Th. Zinsmaier. Stuttgart 2003, S. 8.

2 Das Wort ist eine Nominalbildung zum Adjektiv *sophós* (klug, weise) mit dem angefügten Suffix *-tes*, das als sog. *Nomen agentis* denjenigen bezeichnet, welcher der *sophía* kundig ist, gewissermaßen ein ‚Fachmann‘ für *sophía*. Unter diesem Begriff ist „Wissen, Bildung, Klugheit“ zu verstehen, aber auch „handlungsanleitende Kenntnis“, die zur Ausübung einer *téchne* (Kunstfertigkeit) benötigt wird, schließlich auch „praktische Lebensklugheit“.

3 Pentekontaëtie, eine Periode von 50 Jahren, ist aus griech. *pentékonta* (fünfzig) und *étos* (Jahr) zusammengesetzt.

tern offen und alle hatten das gleiche Recht, in der Volksversammlung zu sprechen – die Nachfrage nach entsprechender rhetorischer und politischer Schulung war daher entsprechend groß. Im Geschichtswerk des Thukydides findet sich ein berühmtes literarisches Zeugnis für die Errungenschaften dieser Zeit. Am Ende des ersten Kriegsjahres (431/430 v. Chr.) des von Athen und Sparta geführten Peloponnesischen Krieges soll Perikles eine Grabrede für die Gefallenen gehalten haben, in der er das politische System und die Freiheit der Bildung in der athenischen Demokratie ausführlich würdigte.[4]

Die Sophisten, deren größte Stärke in der Kunst der Rhetorik lag, sahen ihre Rolle als Lehrer und Ausbildner[5], indem sie den Erwerb der sog. *euboulía* (Wohlberatenheit, Klugheit) propagierten, eines kalkulierten Expertenwissens, mit dessen Hilfe das angestrebte ‚Lernziel', die praktische Verwirklichung der *areté* (Lebenstüchtigkeit, Vortrefflichkeit), erlangt werden konnte. „Die Sophisten haben die intellektuelle Vortrefflichkeit und Tugend des Menschen zum Gegenstand methodischer Erziehung und Lehre gemacht."[6] Hier begegnen wir erstmals der Idee der Lehrbarkeit der Tugend, für deren Erwerb offenbar eine gewisse kognitive Schulung erforderlich war.

4.2 Der Begriff der *areté* – Sinngehalt und Bedeutungswandel

Da das Wort *areté* auch in der weiteren Betrachtung der antiken Ethikpositionen einen der zentralen Begriffe darstellt, sollen hier kurz einige allgemeine Erläuterungen über dessen Sinngehalt und Bedeutungswandel seit den Anfängen moralphilosophischer Betrachtungen vorausgeschickt werden. Die Dominanz der Frage nach der *areté* in allen antiken Moralkonzepten hat gelegentlich auch dazu geführt, die antike Ethik allgemein als Tugendethik zu bezeichnen, was ihr aber insofern nicht gerecht wird, als der grundlegende

4 Vgl. Thukydides, *Historiae* II 37ff. Diese Rede wurde über die Renaissance bis zur Neuzeit immer wieder intensiv rezipiert.

5 Hegel sprach von „Lehrern der Beredsamkeit", durch welche „die Bildung überhaupt in Griechenland zur Existenz kam" (Werke 18, S. 412 u. 409f.).

6 Th. Buchheim, Händler des guten Lebens. Sophistische Erziehungsideen. In: Chr. Rapp/ T. Wagner (Hgg.): Wissen und Bildung in der antiken Philosophie. Stuttgart 2006, S. 74.

Telosbegriff jeweils die *eudaimonía* (mit der einzigen Ausnahme der Kyrenaiker) ist, der die *areté* – mitunter als Instrument, gelegentlich als konstitutives Element oder auch als Mittel und Ziel zugleich (in der Gleichsetzung mit dem Glück) – untergeordnet wird.

Zunächst stehen wir jedoch abermals vor dem Problem, kein äquivalentes deutsches Wort für *areté* zur Verfügung zu haben. Die etablierte und meistverwendete Wiedergabe mit „Tugend" ist unzureichend und mit ihrem religiös-antiquierten Beigeschmack auch oft irreführend, in Ermangelung eines treffenderen Ausdrucks jedoch öfter unvermeidlich. Auch wenn der heutige, inflationär verwendete, Kompetenzbegriff gerade in Bezug auf die Tätigkeit der Sophisten eine annähernd zutreffende Charakterisierung sein mag, sieht *Roland Reichenbach* zu Recht die gängige Diskussion einer Verknüpfung von Tugend (bzw. der an ihrer Stelle verwendeten „Stärke") und Kompetenz kritisch: „Weil ‚Tugend' ein Wort und Konzept ist, welches v. a. deutschsprachige Autoren für suspekt halten, [...] redet man lieber von ‚Stärke'. ‚Starke' Personen sind aber nicht unbedingt kompetente Personen und kompetente Personen nicht unbedingt stark. Offenbar kann nicht alles, was sich in der Sprache der Tugend ausdrücken lässt, auch kompetenztheoretisch übersetzt werden."[7]

Areté, dessen Etymologie ungeklärt ist, meint (als ein zum sinnverwandten Adjektiv *agathós*: „gut" gebildetes Nomen) so viel wie „Vorzüglichkeit, Trefflichkeit, Tüchtigkeit", wobei auch das Deutsche keine „Gutheit" kennt, sondern nur den substantivierten Infinitiv „Gutsein". „Den häufigen Einwand gegen ‚Tugend' als Übersetzungswort, daß es im Griechischen ganz natürlich ist, auch von der Arete von Gegenständen [...], Körperorganen oder Tieren zu sprechen, fängt ‚Gutsein' auf."[8] Wie hier angeführt, ist der antike Begriff der Tugend deutlich weiter gefasst als der deutsche, kann er sich doch auch auf Gegenstände beziehen wie etwa ein Messer, dessen ‚Tugend' (‚Gutsein') darin besteht, gut zu schneiden. „Nach antikem Verständnis ist Tugend eine der Natur eines Gegenstandes gemäße Vollkommenheit oder eine Art von Qualität, deren Realisierung einen Gegenstand zu dem macht, was er

7 R. Reichenbach, Ethik der Bildung und Erziehung. Paderborn 2018, S. 172.

8 P. Stemmer, Art. Tugend. In: HWPh Bd. 10, Sp. 1532.

seiner Natur nach sein kann.“[9] Daraus folgt, dass *areté* nicht per se *moralisches* ‚Gutsein‘ heißt, und gerade unter den Sophisten werden wir auch von gänzlich konträren Standpunkten geprägte Diskussionen darüber finden, was *areté* im Grunde ausmacht und wie ein Mensch in seinem ‚Gutsein‘ beschaffen sein soll. Dabei wurden nicht einzelne moralische Handlungen untersucht und bewertet, sondern vielmehr stand die Frage, wie man im Allgemeinen leben solle, im Zentrum der Betrachtungen.

Bei Homer finden wir die *areté* des Helden, der sich im Kampf durch Tapferkeit, Stärke, Durchsetzungsvermögen und Überlegenheit auszeichnet, aber nicht unbedingt durch moralische Höherwertigkeit (z. B. *Ilias* VI 208 oder XIII 275). Zudem wird *areté* mit öffentlicher Anerkennung und Ruhm über den Tod hinaus verbunden (z. B. *Od.* XXIV 194–198). Hesiod anerkennt die *areté* auch in den Anstrengungen des einfachen Mannes: *Denn vor das Gutsein haben den Schweiß die unsterblichen Götter dir gesetzt, und lang ist und steil der Pfad, der hinaufführt, und auch rau zu Beginn, doch wenn er die Höhe erreicht hat, leicht ist das Gutsein dann, so schwierig es auch sein mag.* (*Werke und Tage* v. 288–291) In der vorsokratischen Philosophie finden sich vereinzelte Belege für *areté* im Sinne einer Leistung für die politische Gemeinschaft. Bei Xenophanes (DK 21 B 2) heißt es polemisch, dass es keineswegs angebracht sei, die Stärke der Athleten im Wettkampf höher als seine persönliche Weisheit zu bewerten, denn allein diese trage zu einer besseren Ordnung der Stadt bei. Ähnlich äußert sich Heraklit (DK 22 B 112), der das Verständigsein (*sophroneín*) als wichtigste Tugend rühmt (s. Kap. 3.1, S. 46 f.).

Auch wenn an den angeführten Beispielen bereits eine gewisse Entwicklung zu individuellen und höherwertigen moralisch-geistigen Haltungen erkennbar ist, waren es die Sophisten, die um die Mitte des 5. Jahrhunderts eine radikale Neubewertung der Ansichten über ethische Werte einleiteten. Tugend, genauer gesagt, die Anlagen für den Erwerb einer solchen, wurden nicht mehr als ererbt angesehen oder aus einer bestimmten Naturanlage abgeleitet und ebenso wenig ausschließlich einem höheren gesellschaftlichen Stand zugeschrieben. Die nunmehr lehr- und lernbare Tugend entwickelte sich gleichsam zu einer, vor allem rhetorisch fundierten, ‚Fachkompetenz‘,

9 A. Bächli/A. Graeser, Grundbegriffe der antiken Philosophie. Ein Lexikon. Stuttgart 2021, S. 251.

die von allen Lernwilligen, ungeachtet ihrer Herkunft und ihres Standes, erworben werden konnte. Die Kunst der Rhetorik wurde allerorts gepflegt und hochgeschätzt und deren Macht gleichsam als grenzenlos angesehen. So lautet ein Ausspruch aus Gorgias' (s. u., S. 75) *Lobrede auf Helena*: *Das Wort ist ein großer Herrscher: mit dem geringsten und unscheinbarsten Körper versehen, vollbringt es die göttlichsten Werke. Denn es kann Furcht beenden, Trauer beseitigen, Freude hervorrufen und Mitleid erwecken.* (DK 82 B 11) Andererseits jedoch büßten auf dem *lógos* basierende Begründungen und ‚vernünftige Argumente' zunehmend ihre Kraft zugunsten von Willkür und Beliebigkeit ein und unter dem Motto, *das schwächere Argument zum stärkeren zu machen* (DK 80 B 6), trat in der Folge eine weit verbreitete Relativierung aller Werte ein.[10]

Die Frage nach der *areté* wurde jedenfalls zu einem zentralen Thema philosophischer Diskussionen und fortan konsequent moralisch aufgefasst. Erstmals erkannte man, dass die Frage nach den Grundlagen der Moral zugleich die Frage nach der Verfassung eines guten und gelingenden menschlichen Lebens stellt, ein Thema, das im 20. Jahrhundert, wenn auch aus unterschiedlichen Perspektiven, etwa mit Michel Foucault, Philippa Foot, Alasdair MacIntyre, Bernd Williams, Ernst Tugendhat oder Martha Nussbaum wieder viel an Bedeutung gewonnen hat (s. Kap. 10.1, S. 211f.).

Dass die von den Sophisten über die *areté* geführte Diskussion auch unter dem Gesichtspunkt des Strebens nach Glück geführt wurde, zeigt eine allegorische[11] Erzählung, die auf eine verlorene Schrift des Sophisten Prodikos zurückgeht und durch ihre gewaltige Nachwirkung zu einer weithin verbreiteten Metapher für moralische Entscheidungen wurde. In der Parabel *Herakles am Scheideweg* (Xenophon, *Mem.* II, 1, 21–34) wird der Held an der Schwelle des Erwachsenseins vor die Alternative gestellt, entweder sein Leben tugendhaft zu führen oder sich der Sinneslust hinzugeben. Es erscheinen ihm zwei Frauen, Personifikationen von Laster (*kakía*) und Tugend (*areté*), die ihn von der jeweils von ihnen repräsentierten Lebensform überzeugen wollen. Herakles wählt, wenig überraschend, „trotz aller lockenden Versprechungen den viel

10 Angesichts heutiger höchst problematischer demagogischer Strömungen unter dem Schlagwort der mittlerweile allgemein etablierten *fake news* erhält diese alte Diskussion neue Brisanz.

11 Eine Allegorie ist eine sinnbildliche Erzählung, ähnlich der Parabel, und leitet sich von griechisch *állo* (anderes) und *agoreúein* (sagen) ab.

beschwerlicheren Pfad der Tugend (*areté*), um am Ende das in Aussicht gestellte Ziel der Glückseligkeit (*eudaimonía*) zu erreichen".[12] Neben zahlreichen Rezeptionen in der Antike diente die Parabel später auch als Inspiration für bildhafte Darstellungen sowie musikalische Kompositionen, insbesondere in der Renaissance, im Barock und Klassizismus.[13] Im Anschluss an *Blaise Pascal* (1623–1661), der meinte, es sei eine bessere „Wette", an Gott zu glauben, da der Erwartungswert des Gewinns stets größer sei als derjenige im Fall des Unglaubens, entwirft Martin Seel ein ähnliches Szenario einer Wahlmöglichkeit zwischen einem moralischen und amoralischen Leben: „Die Wette gilt: daß es in einem moralisch guten Leben ungleich mehr an Glück und Gelingen zu gewinnen gibt als in einem moralisch unsteten (und erst recht einem unmoralischen) Leben."[14]

4.3 Protagoras und die Lehrbarkeit der Tugend

Auch wenn die Schriften von **Protagoras** aus Abdera (in Thrakien; ca. 490–420 v. Chr.), dem ältesten und wohl bedeutendsten Sophisten, praktisch zur Gänze verloren sind, enthält Platons gleichnamiger Dialog, der als eines seiner literarischen Meisterwerke gilt, einige aufschlussreiche sophistische Positionen bezüglich des Begriffs der *areté* als einer für ein gelingendes Leben notwendigen „Vortrefflichkeit". Im Dialog wird ein fiktives Gespräch zwischen Platons Lehrer Sokrates und dem Sophisten Protagoras wiedergegeben, der als Lehrmeister nach Athen gekommen ist, um vor großem Publikum den Sinn und das Ziel der sophistischen Unterweisungen zu erläutern. Das Gespräch dreht sich um die Frage der Lehrbarkeit der Tugend, die vom Standpunkt der Sophisten, die sich gemeinhin als professionelle Lehrer der *areté* bezeichneten, grundsätzlich positiv beantwortet, von Sokrates jedoch anfänglich bezweifelt

12 M. Masek, Geschichte der antiken Philosophie. Wien ²2012, S. 107.

13 Zum Beispiel: der Kupferstich von Albrecht Dürer: *Die Eifersucht* oder *Herkules am Scheideweg* (1498); die Gemälde von Annibale Carracci: *La scelta di Ercole* (1596), Johann Heinrich Tischbein: *Herakles am Scheideweg* (1779); oder etwa das Oratorium von Georg Friedrich Händel: *The Choice of Ercules* (1750).

14 Seel, Versuch über die Form des Glücks (1999), S. 362, vgl. auch B. Heller, Glück Darmstadt 2012, S. 164f.

wird. An der Behauptung, sophistische Schulung bringe tugendhafte Menschen und demnach tüchtige Staatsbürger hervor, entzündet sich die Auseinandersetzung mit Sokrates vor allem an der Frage, ob die verschiedenen Tugenden eigenständige Qualitäten aufweisen oder nur Teilaspekte eines ganzheitlich zu sehenden Phänomens sind (*Prot.* 349bff.).

Berühmt ist der in diesem Zusammenhang von Platon dem Protagoras in den Mund gelegte Mythos von der Entstehung der menschlichen Zivilisation, der zugleich auch als Argument für die Lehrbarkeit der Tugend dient (*Prot.* 320c–322d). Auch wenn es Zweifel gab in der Frage, ob der Mythos tatsächlich Protagoras' Denken wiedergibt, herrschte in der Forschung lange Zeit ein weitgehender Konsens hinsichtlich der Echtheit des Mythos.[15] Neuerdings spricht sich Robert Bees entschieden gegen diese Meinung aus, indem er nachzuweisen versucht, dass die im Mythos dargelegten Gedanken keineswegs mit der Lehre des historischen Protagoras im Einklang stehen und der Autor wohl nur Platon selbst sein könne, der den Standpunkt des Sophisten in einer kritisch-parodistischen Weise für sich instrumentalisieren wollte.[16] Evident ist, dass der Mythos gleichsam ein Gegenmodell zu Platons politischer Konzeption ist (und andererseits der Position des Aristoteles im 3. Buch seiner *Politica* ähnelt). Wie auch immer die Interpretation der Forscher/innen zu beurteilen ist, kann hier nicht entschieden werden, und folglich beschränken wir uns auf die Wiedergabe des – sophistisch gefärbten – Inhalts.

In der Erzählung vom Bruderpaar Prometheus und Epimetheus[17] wird auf den von Hesiod (*Theogonie* v. 507–617) überlieferten Mythos und den Tragödienstoff des Aischylos (*Der gefesselte Prometheus*) zurückgegriffen, worin ein reizvolles Spiel mit der literarischen Tradition zu sehen ist. Nachdem Epimetheus im Auftrag der Götter, die Lebewesen mit dem Lebensnotwendigen auszustatten, alle ihm zur Verfügung stehenden Attribute und Eigenschaften an die Tiere vergeben hatte, blieb einzig das Menschengeschlecht unausgestattet übrig. Aus sophistischer Sicht ist der Mensch daher in seiner *physis*

15 Vgl. zum Beispiel: H. Ottmann, Geschichte des politischen Denkens. Die Griechen. Teilbd. 1. Von Homer bis Sokrates. Stuttgart 2001, S. 220.

16 Vgl. R. Bees, Der Mythos im *Protagoras*. In: M. Janke/Chr. Schäfer (Hgg.): Platon als Mythologe. Darmstadt [2]2014, S. 175–202.

17 P. und E. sind sprechende Namen: Pro-metheus ~ „der es schon im Vorhinein weiß"; Epi-metheus ~ „der erst im Nachhinein denkt".

als Naturwesen eindeutig benachteiligt und verfügt über keinerlei Ausstattung, die ihn vor der Vernichtung durch andere Lebewesen bewahren könnte. Um dem Menschen als „Mängelwesen“[18] eine Überlebenschance zu gewähren, stiehlt Prometheus aus der gemeinsamen Werkstatt der Athene und des Hephaistos das Feuer und die technische Kunst, die das Menschengeschlecht zur Herstellung von Geräten und Waffen befähigt. Allerdings fehlten diesem noch immer Kulturgüter, allen voran die „bürgerliche Kunst“ (*politiké téchne* 322b), das heißt vor allem jegliche Gerechtigkeitsvorstellungen, und so liefen die Menschen Gefahr, einander durch Kriege auszurotten. „Hier ist erstmals der Gedanke formuliert, der dann in der Neuzeit mit *Thomas Hobbes* (1588–1679) und seinem berühmt gewordenen *homo homini lupus* (‚Der Mensch ist dem Menschen ein Wolf‘) äußerst populär wurde.“[19] Daher schickt Zeus seinen Boten Hermes zu den Menschen, um ihnen *aidós* (Schamgefühl, sittliche Scheu, Respekt voreinander; s. Kap. 3.6, S. 56ff.) und *díke* (Rechtsgefühl) zu bringen. Zur Klarstellung und Rechtfertigung seiner These, die Tugend der *euboulía* (*Prot.* 318a) und zugleich das gute und richtig geführte Leben der Menschen sei eine Angelegenheit des Lehrens und Lernens, liefert Protagoras im Anschluss an den Mythos noch folgende Deutung: Dass der Götterbote Hermes *aidós* und *díke* ausnahmslos an alle Menschen – im Sinne einer klaren Befürwortung der Demokratie – verteilen sollte, zeigt, dass die „bürgerliche Kunst“ nicht die Sache einzelner Experten ist, sondern alle gleichermaßen betrifft. Das von Protagoras propagierte Ideal der *euboulía* kann jedoch nur von mündigen, autonomen und entscheidungsfähigen Bürgern erlangt werden, deren natürliche Wesensanlagen durch Erziehung und Bildung zur entsprechenden moralischen Eignung und Entfaltung gebracht werden. Dies wird durch folgende Aussage unterstrichen: *Unterweisung bedarf der natürlichen Anlagen und der Übung (áskesis). Von Jugend an muss man lernen.* (DK B 3) Dazu nennt der Sophist (*Prot.* 323d) drei pädagogische Leitbegriffe: *epiméleia* (Bemühung, Sorge, Sorgfalt), *áskesis* (intensive Übung, Training) und *didaché*

18 Die Idee des „Mängelwesens“ stammt ursprünglich von Johann Gottfried Herder aus seiner 1772 veröffentlichten *Abhandlung über den Ursprung der Sprache* (Stuttgart 1993, S. 20) und wurde später vom Kulturanthropologen Arnold Gehlen in seinem 1940 erschienenen ersten Hauptwerk *Der Mensch. Seine Natur und seine Stellung in der Welt* (Wiebelsheim [15]2009) wieder aufgenommen.

19 Masek, Geschichte der antiken Philosophie (2012), S. 102.

(Lehre, Unterricht). Der Begriff der *áskesis* wird sich hernach bei den Kynikern allgemeiner durchsetzen (s. Kap. 6.1.5, S. 103ff.), bevor er in der hellenistischen und der kaiserzeitlichen Philosophie zentrale Bedeutung erlangt. Das lateinische Äquivalent zu *áskesis* ist *exercitatio*, welche in verschiedenen Formen in der Ethik der römischen Kaiserzeit gepflegt wird.[20] In der Terminologie des Aristoteles wird der Begriff mit *éthos* (Gewöhnung) bzw. dem lateinischen *habitus* (eingeprägtes Verhalten) in Verbindung gebracht.[21]

Abgesehen von der Gegenposition zu Platon steht das Bild, das in der mythischen Erzählung des Protagoras vermittelt wird, in diametralem Gegensatz zum pessimistischen Bild des linearen Kulturabfalls in der Abfolge der Zeitalter (sog. Deszendenztheorie), das sich in Hesiods *Werke und Tage* (v. 42–201) oder auch noch bei späteren römischen Dichtern des Augusteischen Zeitalters widerspiegelt. Hier zeigt sich hingegen im Sinne einer Aszendenztheorie[22], eines Modells einer Weiter- und Höherentwicklung, ein Bekenntnis zu einem unbedingten Fortschrittsoptimismus, den man als Ausdruck einer ersten umfassenden Aufklärungsbewegung werten kann.

So unverzichtbar einerseits eine Orientierung an moralischen und rechtlichen Prinzipien ist, so bedarf diese andererseits einer kontinuierlichen praktischen Auslegung und Einübung in der alltäglichen Praxis. Auch hier leisteten die Sophisten Pionierarbeit, indem sie diesen Weg der Manifestation der Tugend im privaten, vor allem aber auch sozialpolitischen Handeln aufzeigten. Die Sophisten als *Lehrer der areté* (*Prot.* 327e), *des Schönsten von allem* (349e), könnten insofern bereits als erste Bildungsreformer unseres Kulturkreises angesehen werden, als sie über systematische Vermittlung von Bil-

20 Vgl. Horn, Antike Lebenskunst (2014), S. 32.

21 Vgl. Buchheim, Händler guten Lebens (2006), S. 78.

22 Vgl. Die Sophisten (2003), S. 24. Als erster Beleg der Aszendenztheorie gilt das Zitat beim Vorsokratiker Xenophanes (DK 21 B 18): *Wahrlich nicht von Anfang an haben die Götter den Sterblichen alles enthüllt, sondern allmählich finden sie suchend das Bessere.* Vgl. auch das Kritias zugeschriebene Sisyphosfragment über die menschliche ‚Erfindung' der Religion (B 25 Sextus Empiricus, *Math.* IX 54, zit. nach Die Sophisten. Griech./Dt. Hg. und üs. von Th. Schirren u. Th. Zinsmaier. Stuttgart [2003], S. 278ff.).

dung nachdachten und diese philosophisch-didaktischen Reflexionen zum Gegenstand öffentlicher Debatten machten.[23]

4.4 Ambivalenz des Glücks und der Moral

Hatte Protagoras, der seine größte Berühmtheit durch den *Homo-mensura*-Satz (*Der Mensch ist das Maß aller Dinge*) erlangte, noch eine weitreichende Relativierung des tradierten *nomos*[24] vermieden, so finden sich bei anderen Sophisten deutlich schärfere und unversöhnlichere Positionen. Aus der bald weit verbreiteten, von der Antithese von *physis* (Natur/-anlage) und *nomos* (Sitte, Brauch, Konvention, Gesetz) geprägten Debatte wurden durchwegs konträre ethische Schlussfolgerungen gezogen. Martin Seel unterstreicht diese Ambivalenzen mit einer pointierten Aussage: „Handlungen *können* ethisch ambivalent sein, Tugenden wie Laster hingegen *sind* es."[25]

Der Sophist Kallikles etwa, den wir nur aus Platons Dialog *Gorgias* kennen, reklamiert dort mit einer radikalen Attacke auf den *nomos* das natürliche Recht des Stärkeren (*Gorg.* 482cff.). Glücklich, so heißt es in der Rede des Kallikles, könne nur derjenige werden, der seine Begierden frei auslebe, und dafür diene als Vorbild der Tyrann, der sich alle Wünsche erfüllen könne: *Luxus, Zügellosigkeit und Freiheit sind, wenn sie festen Rückhalt haben, Tugend und Glückseligkeit (eudaimonía).* (*Gorg.* 492c) Ähnlich plädiert Thrasymachos – ebenfalls fast ausschließlich durch Platons Darstellung (*Pol.* I 338aff.) vermittelt – für eine Gerechtigkeit, die (wiederum in diametraler Gegnerschaft zur platonischen Position) *nichts anderes als das den Stärkeren Zuträgliche (sýmpheron) ist.* Der Gerechte sei ein Schwächling, der sich durch sein Verhalten das Wohlwollen der anderen verschaffen müsse. *Areté* zu besitzen bedeute hingegen, sich das zu nehmen, was man für das Glücklichsein als notwendig erachte. Die Ansicht wird sodann zur pervertierten These zugespitzt, dass das

23 Vgl. K.-H. Dammer, Philosophen als Pädagogen. Bd. 1. Von der Antike bis zur Aufklärung. Berlin & Toronto 2015, S. 24 u. 27f.

24 Vgl. Protagoras' Respekt vor den Gesetzen der Stadt *als Erfindungen altehrwürdiger und tüchtiger Gesetzgeber* (*Prot.* 326d).

25 M. Seel, 111 Tugenden, 111 Laster. Eine philosophische Revue. Frankfurt am Main [3]2012, S. 243.

Leben des Ungerechten weitaus besser sei als das des Gerechten und Ungerechtigkeit immer vorzuziehen sei, da sie sich absolut nützlicher erweise als jegliche Gerechtigkeit. Die Auffassungen der Sophisten Kallikles und Thrasymachos machen deutlich, wie sehr die Bewertung der *areté* von der jeweils vorgenommenen inhaltlichen Definition des menschlichen Glücks abhängt.

Es mag sein, dass Platon aus eigennützigen Motiven und einer tiefgründigen generellen Abneigung gegenüber den Sophisten manche der Positionen überspitzt wiedergegeben hat, gewisse Grundannahmen sind jedoch aufgrund der allgemeinen Quellenlage zulässig. *Henning Ottmann* sieht in der Figur des Thrasymachos immerhin einen Urvater der Soziologie mit einer ersten „Ideologiekritik, die den Sprachgebrauch auf die Interessen zurückführt, die hinter ihm stehen".[26]

In der Diskussion um das Verhältnis von *physis* und *nomos* wurden aber auch andere, positive, menschenfreundliche und gleichsam revolutionäre moralphilosophische Schlussfolgerungen gezogen, wie die Verkündung der Gleichheit aller Menschen vom Sophisten Antiphon: *[...] die Sitten unserer Väter kennen und achten wir, doch diejenigen derer, die fern von uns wohnen, kennen wir weder noch achten wir sie. Hierin haben wir also das Verhalten von Barbaren angenommen, sind wir doch jedenfalls von Natur in allen Beziehungen gleich geschaffen, Barbaren wie Hellenen.* (DK 87 B 44A) Hier wird die konsequente Verwirklichung eines universalen, über alle Grenzen hinweg geltenden Naturrechts proklamiert. Ähnlich wurde auch vom Sophisten Hippias argumentiert. Dazu passt das dem Alkidamas (Frg. 3), einem Schüler des berühmten Gorgias (s. u.), zugeschriebene Diktum: *Gott ließ alle (Menschen) frei und keinen machte die Natur zum Sklaven.* Diese bereits so frühzeitig formulierten Argumente der Zurückweisung von Diskriminierung der Barbaren sowie einer Absage an das Sklaventum sind aus moralphilosophischer Sicht nicht hoch genug einzuschätzen.

---

26 Ottmann, Geschichte des politischen Denkens. Bd. 1 (2001), S. 225.

4.5 Der ‚Tugendprofessor' Gorgias und die Macht der Rhetorik

Gorgias aus Leontinoi (in Sizilien, ca. 485–376 v. Chr.), dem zweiten großen Sophisten neben Protagoras, der vor allem als begnadeter Rhetor Karriere machte, soll in Olympia ein Denkmal errichtet worden sein, auf dem er gleichsam als ‚Professor' der Tugend bzw. Vortrefflichkeit öffentlich geehrt wurde: *Errichtet aus zweierlei Gründen: der genossenen Erziehung und Freundschaft wegen. Die Seele zu üben (askesai) in Wettkämpfen der Tugend erfand nie ein Sterblicher eine schönere Technik als Gorgias.* (DK 82 A 8a3–b2) Die Tatsache, dass „das ‚agonale Prinzip' in den Bereich des Politischen und der praktischen wie theoretischen Intelligenz" übertragen wurde und auf diese Weise „die Entwicklung dialektischer, logischer und ethischer Fähigkeiten" förderte, wird von Thomas Buchheim anerkennend hervorgehoben.[27] Gorgias' rhetorische Schaustücke und die oftmals wechselnden inhaltlichen Wertungen in seinen Reden als „ethischen Nihilismus" zu kritisieren, wie dies mitunter geschah[28], ginge nach Andreas Graeser wohl zu weit. Angesichts des Übungscharakters vieler rhetorischer Schaureden und der diesen geschuldeten Pro-und-Contra-Argumentationsweisen spricht dieser deshalb von „nihilistischen Experimenten".[29]

Im platonischen Dialog *Gorgias* bietet sich im Haus des Gastgebers Kallikles neben anderen auch für Sokrates die Gelegenheit, mit dem berühmten Rhetoriklehrer ins Gespräch zu kommen. Dabei entwickelt sich erstmals eine konsistente Abhandlung über die Wechselwirkung von Politik und Ethik. Gorgias, nach dem Wesen seiner Lehrtätigkeit gefragt, verkündet, dass die Redekunst das höchste erreichbare Gut sei und sich *auf die größten und besten unter allen menschlichen Angelegenheiten* (*Gorg.* 451d) beziehe, was in der Folge als das Gerechte und Ungerechte präzisiert wird (454b). Durch das Eingreifen jüngerer, radikaler Vertreter der Rhetorik verschärft sich die Auseinandersetzung und gipfelt sodann in der Konfrontation von sophistisch-rhetorischen Bildungs-

27 Vgl. Buchheim, Händler des guten Lebens (2006), S. 74.

28 Vgl. Ottmann, Geschichte des politischen Denkens. Bd. 1 (2001), S. 223 (vgl. H. Gomperz, Sophistik und Rhetorik [1912]. In: C. J. Classen [Hg.], Sophistik. Darmstadt 1976, S. 30).

29 A. Graeser, Die Philosophie der Antike. Bd. 2. Sophistik und Sokratik, Plato und Aristoteles. München ²1993, S. 32.

zielen einerseits und philosophischem Lebensideal andererseits; dort Macht und Trug, hier Geist und Wahrheit. In einem eschatologischen Schlussmythos vom Totengericht, der orphisch-pythagoreisches[30] Gedankengut verwendet, wird schließlich die Ethik zum ersten Mal metaphysisch begründet, indem von einem Unterweltsgericht im Jenseits und der individuellen Vergeltung die Rede ist, der auch der Sophist Kallikles nicht entgehen werde.

4.6 Die *paideía* des Isokrates und die *Dissoi logoi*

Isokrates, ein bedeutender Gerichtsredner und Schüler des Gorgias, entwickelt im Anschluss an das alte sophistische Bildungsziel der *euboulía* sein Programm einer durch rhetorischen Unterricht zu vermittelnden Lebensklugheit, einer *philosophía*, wie er sie nannte, die zum rechten Denken, Reden und Handeln in jeder Situation befähigen soll (Isokrates, *Reden* 12, 26–29; 15, 261–271). Er ist damit ein wichtiger Wegbereiter für die Verbreitung der *paideía*, eines zentralen antiken Wertebegriffs, der zum einen die „Erziehung" der Jugendlichen meint, zum anderen die „Bildung" als das Ergebnis dieses Erziehungsprozesses. Während die gymnastische *paideía* auf das körperliche Ebenmaß (*symmetría*) abzielt, ist sie in ästhetisch-philosophischer Hinsicht an der sog. *Kalokagathía*[31] orientiert, einer seelisch-geistigen Harmonie, die sich in der Ausübung der Tugend entfaltet: *Ich glaube allerdings, dass Menschen besser und wertvoller werden können, als sie es von Natur aus sind, wenn sie im Reden Ehrgeiz entwickeln und danach streben würden, Überzeugungskraft bei ihren Zuhörern zu erreichen [...] Wer aber auf andere überzeugend wirken will, wird auch die Tugend nicht vernachlässigen, sondern wird besonders darauf achten, dass er bei seinen Mitbürgern einen möglichst guten Ruf genießt.* (Isokrates, *Antidosis-Rede* 275–278)

Das Thema der Lehrbarkeit der Tugend kehrt nochmals wieder in einer der Abhandlungen der *Dissoi logoi* (zweierlei Reden, doppelte Argumente), einer anonymen Schrift um 400 v. Chr., in der in populärphilosophischer Art

30 Die der pythagoreischen Seelenwanderungslehre verwandte Orphik des 6. Jahrhunderts v. Chr. war eine von mystischen Vorstellungen geprägte religiöse Anschauung, die ein besseres Leben der Seele nach dem Tode in Aussicht stellte.

31 Der Ausdruck *Kalokagathia* ist gebildet aus der Krasis *kalóskagathós* (= *kalòs kaì agathós*: „schön und gut"), d. h. die „Schön- und Gutheit."

und Weise der Versuch unternommen wird, in einer Pro-und-Contra-Diskussion zwei jeweils gegensätzliche Standpunkte zu verteidigen. Dies untermauert die Lehre des Protagoras, der gemäß zu jedem Thema zwei konträre Reden möglich sind. Auch wenn hier die Argumente eher auf pseudowissenschaftlichem und auch Laien zugänglichem Niveau gegeneinander ausgespielt werden, ist die Schrift als wichtiger Indikator für die damals intensiv geführten kulturreflexiven Debatten zu sehen. Es geht dabei etwa um „Gut und Übel", „Schicklich und Unschicklich", „Recht und Unrecht", „Wahrheit und Lüge" und eben „Über die Frage, ob Bildung und Tugend lehrbar sei".

4.7 Sophistische Errungenschaften der Moderne

Viele Leistungen der Sophisten sind aus heutiger Sicht wohl unbestritten, auch wenn dies lange Zeit nicht erkannt wurde, da Platons negatives Urteil deren Bild über die Jahrtausende hinweg bestimmte. Und auch wenn das englische Wort *sophisticated* „gebildet" bedeuten kann, enthält „sophistisch" im deutschen Sprachgebrauch bis heute einen abwertenden Beigeschmack. Platon kritisiert die Sophisten in seinen Dialogen als intellektuelle Demagogen und entwirft als Gegenideal zur sittenlosen athenischen Demokratie einen rigide aufgebauten Staat unter der absoluten Herrschaft der Philosophenkönige. Im 20. Jahrhundert geriet er jedoch gerade wegen dieses absoluten Wahrheitsanspruchs, mit dem er gegen den Relativismus der Sophisten aufgetreten war, in Misskredit. *Karl Popper* (1902–1994) greift in seinem 1943 erschienenen zweibändigen Werk *Die offene Gesellschaft und ihre Feinde* neben Marx auch Platon als Vorläufer des Totalitarismus an, als doktrinären Gegner von Freiheit, Vielfalt und Veränderung. „Die Griechen haben nicht nur die Aufklärung erfunden, sondern auch die Gegenaufklärung, die Kritik an den Kritikern, das Widerspiel von Fortschrittsglauben und Fortschrittsskepsis, den Pendelschlag von ‚Links' und ‚Rechts' in der Welt der Ideen", merkt *Jan Roß* dazu an.[32] Heute ist Platon keine Gefahr mehr für den Staat, das Thema der Philosophenkönige ist längst obsolet. Die Sophisten und manche ihrer Leistungen wurden hingegen deutlich aufgewertet und es lassen sich

32 J. Roß, Bildung – eine Anleitung. Berlin 2020, S. 49.

aus diesen etliche Vergleiche zu unserem modernen Leben ziehen. Pointiert formuliert könnte man sagen, dass mit der Sophistik die Mediengesellschaft begonnen hat. Manche ihrer Vertreter genossen seinerzeit bereits Star- bzw. Kultstatus und konnten erstmals ein größeres Publikum erreichen und begeistern, modern übersetzt etwa als Rhetorik-Coach, TV-Trainer oder Media-Consultant. Sie verstanden es, mit innovativen Methoden und einer Kombination von Show und Fachexpertise zu reüssieren und könnten damit gleichsam als Stammväter der Propaganda wie auch der Demoskopie angesehen werden.[33] Dessen ungeachtet legten die Sophisten wichtige Grundsteine der Dialektik und Logik, und viele ihrer Erkenntnisse bezüglich Rhetorik und Kommunikation haben bis heute ihre Gültigkeit behalten.

4.8 Sophisten im Gespräch mit Sokrates

Auch wenn ein Sokrates ohne Sophisten wohl nicht denkbar wäre, stand zur damaligen Zeit doch nichts Geringeres als die Wahrheit und ein nicht relativierbares philosophisches Wissen auf dem Spiel. Sokrates (bzw. Platon) fordern dieses mit Vehemenz ein, indem sie nicht verhandelbare moralische Standards postulieren, ohne die für sie ein gutes und glückliches Leben nicht zu erlangen ist. So wendet sich Sokrates mit folgenden Worten an den Sophisten Kallikles: *Folglich muss mit aller Notwendigkeit der Besonnene, weil er gerecht, tapfer und fromm ist, ein vollkommen guter Mensch sein, der Gute aber das, was er auch immer macht, gut und richtig machen, und wer gut handelt, muss selig und glücklich sein, wer aber schlecht ist und wer schlecht handelt, unglücklich. Dieser ist es wohl, der im Gegensatz zu den Besonnenen steht, der Zügellose, den du gepriesen hast. Das ist nun meine Ansicht, und von ihrer Wahrheit bin ich überzeugt. Wenn sie aber wahr ist, so muss wohl, wer glücklich sein will, Besonnenheit erstreben und einüben, die Zügellosigkeit aber fliehen, [...]. Das ist meiner Meinung nach das Ziel, das man im Leben im Auge haben muss, und danach muss man all sein Tun und Lassen und das des Staates richten, dass Gerechtigkeit und Besonnenheit dem, der glücklich sein will, innewohne; die Begierden aber darf man nicht ungezügelt lassen und sie zu befriedigen suchen – ein Übel ohne Ende – und dabei ein Räuberleben führen. Denn*

33 Vgl. J. Roß, Die neuen Sophisten. In: *Die Zeit*, 17. Jan. 2002.

ein solcher Mensch kann weder von einem Menschen noch von einem Gott geliebt sein. Denn für ihn ist Gemeinschaft unmöglich. Wer aber keine Gemeinschaft mit anderen hat, hat auch keine Freundschaft. Die Weisen aber sagen, [...] den Himmel und die Erde, die Götter und die Menschen hielten Gemeinschaft, Freundschaft, Ordnung, Liebe, Besonnenheit und Gerechtigkeit zusammen; und dieses Ganze nennt man deshalb Weltordnung, lieber Freund, nicht Unordnung und auch nicht Zügellosigkeit. Du aber achtest nicht darauf [...] und meinst dagegen, man müsse das Mehrhaben (pleonexía) erjagen [...]. (*Gorg.* 507cff.)

Wie es in vielen sokratischen Dialogen der Fall ist, hat auch hier der Gesprächspartner nichts entgegenzusetzen; Kallikles schweigt bzw. stimmt mit knappen Worten zu.

5 *Eudaimonía* – Philosophie als Lebenskunst

An **Sokrates** tritt ein charakteristischer Wesenszug der antiken griechischen Philosophie geradezu exemplarisch in Erscheinung: die Übereinstimmung von Lehre und Leben. Pierre Hadot sieht seine These, „dass die Philosophie nicht nur eine bestimmte Art, die Welt zu sehen, ist, sondern eine Art zu leben und dass alle theoretischen Diskurse nichts sind im Vergleich mit dem konkreten gelebten philosophischen Leben“[1], vor allem in der Philosophie der antiken Lebenskunst verwirklicht. Oftmals beeinflusste in der Antike die Entscheidung für eine bestimmte Lebenspraxis maßgeblich die Lehre selbst sowie auch deren Vermittlung und Didaktik. Antike Moralphilosophie ist daher oft theoretischer Diskurs *und* eine diesem entsprechende Lebensweise, die beide das gesetzte Ziel, (in unserem Falle) die *eudaimonía*, anstreben, wohl im Bewusstsein, dieses kaum jemals ganz bzw. dauerhaft zu erreichen. Ein zentrales Motiv für die antike Handlungstheorie stellt dabei die Strebensethik dar, die bei Platon in Erscheinung tritt und danach vor allem in der aristotelischen Ethik stark ausgeprägt ist.

In diesem Zusammenhang muss nochmals deutlich auf einen grundlegenden Unterschied zwischen der antiken Moralphilosophie und der Ethik der Moderne verwiesen werden. Die antiken Philosophen gingen von der Frage nach dem guten Leben aus, erforschten Ursachen für ein Gelingen oder Scheitern der menschlichen Lebensführung und bauten darauf sowohl ihre individuellen, an sich selbst gerichteten, als auch an andere adressierten, konsiliatorischen bzw. paränetischen (d. h. empfehlenden, Rat gebenden), Handlungsanleitungen auf. Auch wenn der Ausdruck *téchne tou bíou* (lat. *ars vitae* od. *ars bene vivendi*) erst später in den hellenistischen Philosophenschulen Verbreitung fand, so scheint er doch ein zutreffendes Charakteristikum der antiken Philosophie schlechthin zu sein. Hier setzt auch der Begriff der

1 Vgl. P. Hadot, Philosophie als Lebensform. Antike und moderne Exerzitien der Weisheit. Frankfurt am Main ³2011, S. 9.

„Selbstsorge" (*epiméleia heautoú*) an, da nur derjenige den Umgang mit anderen gut zu gestalten weiß, der mit sich selbst guten Umgang pflegt.[2] Moderne Ethiken haben darauf weitgehend verzichtet, sie stellen stattdessen die Frage nach dem allgemeinen Wert von moralischen Handlungen und Prinzipien in den Vordergrund und diskutieren deren Verbindlichkeit, allfällige Begründungsprobleme oder politisch relevante Konfliktfälle.

Die Philosophie als Lebenskunst nimmt jedenfalls bereits bei Sokrates deutlich erkennbare Gestalt an. Hinsichtlich der Untersuchung seiner moralphilosophischen Standpunkte sehen wir uns allerdings zunächst mit einem grundsätzlichen Problem konfrontiert. Angesichts der Tatsache, dass von Sokrates selbst keine einzige Zeile überliefert ist, sind wir auf Darstellungen seiner Schüler, Freunde (und auch Kontrahenten) angewiesen, seien es Erinnerungen an persönliche Begegnungen oder auch Kenntnisse aus zweiter Hand. Diese ergeben jedoch keineswegs ein kohärentes Bild des berühmten Philosophen, wobei es außerdem weitgehend unklar bleibt, ob die einzelnen Autoren überhaupt die Intention hatten, authentische Berichte über das Leben und Wirken des Philosophen zu liefern. Möglicherweise ist „der Sokrates, von dem sie [i. e. die Sokrates-Literatur] spricht, [...] ein anderer, [...] eine Dichtung, geformt durch die Hand vieler Dichter mit der Freiheit, wie sie eben dem Dichter zusteht".[3]

So lässt sein berühmtester Schüler Platon (428/427–347 v. Chr.) seinen Lehrer in vielen seiner Dialoge auftreten, indem er ihm weitgehend seine eigene Lehre in den Mund legt. Ein einigermaßen zuverlässiges Porträt des historischen Sokrates erhalten wir wohl nur aus den frühen Werken Platons. Die Schrift *Apomnemoneumata* (lat. *Memorabilia Socratis: Erinnerungen an Sokrates*) seines Schülers Xenophon (ca. 430–354 v. Chr.) zeichnet hingegen ein eher biederes und farbloses Bild des Philosophen als eines loyalen und tugendhaften Bürgers der Stadt und kann sich sowohl in literarischer Qualität als auch in Bezug auf den philosophischen Gehalt nicht mit Platons Darstellung messen. Gleichwohl können wir darin einige aussagekräftige sokratische Aussagen zum Glück finden. Der Komödiendichter Aristophanes (ca. 445–380 v. Chr.)

2 Vgl. W. Schmid, Mit sich selbst befreundet sein. Von der Lebenskunst im Umgang mit sich selbst. Berlin 2012, S. 18.

3 O. Gigon, Sokrates. Sein Bild in Dichtung und Geschichte. Bern 1994, S. 13.

wiederum liefert in seinem Stück „Die Wolken“ (v. 247–393) ein parodistisch verzerrtes Gegenbild zum platonischen Sokrates, indem er ihn darin als professionellen Sophisten darstellt. Aristoteles (384–323 v. Chr.) ist schließlich der einzige antike Autor, dessen Zeugnis nicht mehr auf persönliche Bekanntschaft mit dem Philosophen zurückzuführen ist. Trotz oder vielleicht gerade wegen der zeitlichen Distanz kann davon ausgegangen werden, dass dessen Darstellung aufgrund seines überaus präzisen Urteilsvermögens und reichen Gehalts vieler spezifisch philosophischer Inhalte, die Aristoteles in Auseinandersetzung mit der platonischen Philosophie entwickelte, als verlässlich zu bewerten ist. Eine Nennung wesentlicher Leistungen des Sokrates findet sich in der folgenden Beschreibung: *Nun beschäftigte sich damals Sokrates mit den ethischen Tugenden und suchte als Erster über sie Definitionen aufzustellen; denn unter den Naturphilosophen hatte nur Demokrit zu einem geringen Teil diesen Gegenstand berührt [...]. Jener aber fragte mit gutem Grund, was etwas ist (to ti estin). Denn er suchte Schlüsse (Syllogismen) herzustellen, das Prinzip der Schlüsse aber ist das Was. [...] Zweierlei nämlich ist es, was man mit Recht dem Sokrates zuschreiben kann: die Induktionsbeweise und die allgemeinen Definitionen; denn diese beiden betreffen das Prinzip der Wissenschaft.* (Arist., *Met.* XIII 4, 1078b17ff.)

Anhand von Textstellen aus den *Memorabilia* des Sokratesschülers Xenophon, Zitaten aus Platons *Apologie* (*Verteidigungsrede*) des Sokrates sowie anderen seiner frühen Dialoge und ebenso aus historisch bezeugten Umständen soll hier ein möglichst authentisches Bild von Sokrates und der von ihm vertretenen moralphilosophischen Positionen entworfen werden. *Wolfgang Pleger* findet in der Überlieferungsproblematik zudem eine gewissermaßen positive Ambivalenz: „Das Fehlen sokratischer schriftlicher Zeugnisse ist unter dieser Voraussetzung – wenn auch beinahe paradox – selbst ein aufschlussreiches historisches Faktum. Die Mündlichkeit des philosophischen Wirkens muss als ein dem historischen Sokrates zuzurechnendes Merkmal angesehen werden wie im Gegensatz dazu das Abfassen und Veröffentlichen kunstvoll gestalteter philosophischer Dialoge als Eigentümlichkeit der Philosophie Platons.“[4]

4 W. Pleger, Sokrates. Zur dialogischen Vernunft. Darmstadt 2020, S. 74.

5.1 Sokratische Dialoge auf der Suche nach Wahrheit

Aus Platons *Apologie* (20df.) lässt sich erschließen, dass das Apollo-Orakel von Delphi verkündete, niemand sei weiser als Sokrates. Entscheidend ist dabei nicht die Frage nach der historischen Wahrheit der Geschichte, sondern nur, wie Sokrates darauf reagierte. „Im Rahmen des [platonischen] Portraits aber muß die Geschichte wahr sein, weil sich ohne sie die eigentümliche Art des Sokratischen Philosophierens nicht verstehen läßt." [5] Sokrates folgt dem Orakel allein aufgrund seines Zweifels an der Wahrheit des göttlichen Spruchs, indem er sich aufmacht, um die rätselhafte Aussage zu widerlegen. Daraus erklärt sich, dass seine Form des Philosophierens eine gänzlich andere ist als die der Sophisten, welche mit längeren, sorgfältig gestalteten und stilistisch ausgefeilten Reden vor ihr Publikum traten und ihre Lehre mit schlichtweg apodiktischen Aussagen verkündeten. Sokrates hingegen begegnete den Menschen im Gespräch und verwickelte sie als unermüdlich Fragender in immer tiefer schürfende Dialoge, jedoch niemals um zu belehren, sondern mit der Intention einer argumentativen Annäherung an die Wahrheit über den Weg eines intensiven gemeinsamen Nachdenkens. Die sokratische „Was ist X?"-Frage (*to ti estin*) zielt auf das Verständnis des Wesens einer Sache ab, sie betrifft die Sache selbst. Dabei prüft Sokrates die jeweiligen Aussagen fortlaufend auf ihre Haltbarkeit, um diese im Falle der Widerlegung und Aufdeckung eines Scheinwissens konsequent zurückzuweisen. Das Ziel dieser elenktischen (*elénchein*: widerlegen, überführen) Methode besteht jedoch vor allem darin, die Bereitschaft zu weiteren Untersuchungen zu fördern, um dem wahren Verständnis der Sache näherzukommen. Auf diesen Ansatz greift später der österreichisch-britische Philosoph Karl Popper zurück, wenn er entgegen dem seit Aristoteles tradierten Prinzip der Verifikation einzig die Methode des Falsifizierens für zielführend hält, einen Wissensfortschritt zu erlangen.

Auch wenn diese Dialoge, historisch gesehen, die gleiche Thematik berühren wie die Reden der Sophisten, namentlich die Neubewertung der für das demokratische Gemeinwesen unentbehrlichen „Tugenden" (Tapferkeit, Gerechtigkeit, Frömmigkeit, Besonnenheit etc.), ist Sokrates' Vorgehen ent-

5 G. Figal, Sokrates. München [3]2006, S. 34f.

gegen dem Subjektivismus und Relativismus der sophistischen Denker vom Maßstab einer autonomen Vernunft geleitet, die sich weder von Autoritäten, verbreiteten Vorurteilen oder Gefühlen noch von der Meinung der Menge beeinflussen lässt.

5.2 Moralisierung und Intellektualisierung des Glücks

Moralisches Handeln ist für Sokrates im Wesentlichen eine Sache des Intellekts, woraus er schließt, dass derjenige, der über entsprechendes Wissen verfügt, auch notwendig moralisch richtig handelt. *Niemand tut freiwillig Unrecht* ist eine in etlichen platonischen Dialogen belegte erstaunliche, geradezu provokante These (z. B. *Men.* 78; *Prot.* 345d; *Pol.* II 382a, III 413a, IX 589d u. a.). Sokrates ist offenbar der Meinung, dass Menschen die Dinge, die sie wählen, ausnahmslos deshalb erstreben, weil sie glauben, dass sie gut für sie sind. Da aber niemand bedauernswert und unglücklich sein will, will auch niemand das Schlechte (*Men.* 78ab). Im platonischen *Gorgias* wird diese These auf den Bereich der sittlichen Lebensführung bezogen, wenn Sokrates meint, dass ungerechte Handlungen vor allem den Akteur selbst schädigen, und zwar in seiner Seele (*Gorg.* 477a), und dass derjenige, der Unrecht tut, infolgedessen unselig, bedauernswert und elend sei (*Gorg.* 469b, 471a). Daraus ergibt sich für ihn die auch schon bei Demokrit belegte (s. Kap. 3.4, S. 55) Präferenz, *lieber Unrecht zu erleiden als zu tun* (*Gorg.* 469c, 473a). Gleichsam in Anspielung auf die Kroisos-Erzählung bei Herodot (s. Kap. 2.3, S. 38ff.) wird die Moralisierung des Verständnisses von Glück deutlich, wenn es heißt, dass ein reicher und mächtiger König nur dann glücklich sei, wenn er über sittliche Bildung und Gerechtigkeit verfüge (*Gorg.* 470e). Im Anschluss wird folgende Reihung vorgenommen: *Der Glücklichste ist also der, welcher keine Schlechtigkeit in der Seele hat [...] An zweiter Stelle steht der, der davon befreit wird [...] Dieser war aber der, der zurechtgewiesen, getadelt und bestraft wird. [...] Am schlechtesten also lebt der, welcher Ungerechtigkeit hat und nicht von ihr befreit wird.* (*Gorg.* 478df.)

Auch im platonischen *Euthydemos* (282a) findet sich die Aussage, dass jeder, der glücklich sein wolle, danach trachten müsse, so weise und einsichtig als möglich zu werden. Die intellektualistische Moralisierung des Glücksbegriffs, die bei Demokrit ihren Ausgang nahm, wurde zum zentralen Element der sokratischen Ethik und ist gleichermaßen in nahezu allen nachfolgenden antik-philosophischen Glückskonzepten anzutreffen.

Nach den uns zur Verfügung stehenden Quellen unterscheidet Christoph Horn für das Glücksverständnis des Sokrates drei Überzeugungen: die Suffizienz-, Identitäts- und Vernunftthese.[6] Der ersteren gemäß stellt die Moralität die hinreichende Bedingung für das menschliche Glück dar (*Euthyd.* 280b). Die zweite steigert diese, insofern als Moralität und Glück gleichgesetzt werden (*Gorg.* 470e und 507bf.; *Pol.* I 354a). Die dritte These besagt, dass für die Erlangung des Glücks ein philosophisches Leben sowohl notwendig als auch hinreichend ist. *Eudaimonía* ist somit nicht nur ein Thema der Philosophie, sondern zugleich auch das Resultat eines philosophisch geführten Lebens (*Euthyd.* 278eff.). Auch im platonischen Dialog *Charmides* (173dff.) werden die „wissend Lebenden" zugleich als glücklich bezeichnet. Als das konstitutive Element des Glücks erweist sich die *areté*, die sittliche Tüchtigkeit, die sich aus der richtigen philosophischen Einsicht ableitet. *Sokrates*, so erinnert sich Xenophon (*Mem.* I 3), *führte seine Gespräche immer über die Fragen, die den Menschen angehen. Er forschte, was fromm und was gottlos, was sittlich-schön und was hässlich, was recht und was unrecht, was Besonnenheit und was Leidenschaft, was Tapferkeit und was Feigheit [...] sei, und über die anderen Dinge, deren Wissen ihm gleichbedeutend mit sittlicher Tüchtigkeit war.*

In der *Apologie* (36df.) spricht Sokrates über das Glücklichsein, indem er sich auf die Sportidole bezieht, die die Menschen durch einen bei den Olympischen Spielen errungenen Sieg glücklich machten; doch dies sei, so Sokrates, nur eine Illusion, er hingegen könne sie wirklich glücklich machen. Dazu findet sich in den Unterredungen mit seinen Zeitgenossen und Kritikern, von denen Xenophon in seinen *Memorabilia* (IV 1, 2) berichtet, Sokrates' optimistische Ansicht, dass Jünglinge, deren Seelen eine gute Anlage für die Tugend aufwiesen, durch Erziehung nicht nur selber glücklich würden, sondern auch andere Menschen und Städte glücklich machen könnten. Dort heißt es, Sokrates bezeichne das Glück als ein „unumstrittenes Gut" (*Mem.* IV 2, 34) und als *basiliké téchne* (Regierungskunst; *Mem* II 1, 17). Dies wird näher ausgeführt, indem als Hauptmerkmal eines tüchtigen Königs oder Feldherrn die Fähigkeit genannt wird, seine Untertanen glücklich machen zu können: *Es ist ja nun*

6 Vgl. Horn, Antike Lebenskunst (2014), S. 71.

nicht leicht, eine schönere Aufgabe als diese zu finden, noch gibt es etwas Schändlicheres, als darin zu versagen. (*Mem.* III 2, 3f.) Hier findet sich ein Gedanke, der in der platonischen *Apologie* noch intensiver zum Ausdruck kommt: Der Athener Sokrates ist zutiefst davon überzeugt, dass Wohl und Wehe des Einzelnen aufs Engste mit dem Zustand des Staates verbunden seien und der Einzelne sein Glück nur im Einklang mit dem Wohl der Gemeinschaft erlangen könne, bzw. dass derjenige, der die wahre Tugend erlangen wolle, jeweils das Heil der Gesamtheit mitberücksichtigen müsse.

Dass es keiner äußeren Güter wie Reichtum, Schönheit, körperlicher Stärke, Ruhm oder Macht bedürfe, um glücklich zu werden, wird mehrfach wiederholt; dagegen wird von Sokrates die mit dem Göttlichen gleichgesetzte Bedürfnislosigkeit als höchstes Glück gerühmt (*Mem.* I 6, 10). Dem zufolge komme derjenige dem Göttlichen am nächsten, der möglichst wenig bedürfe. Als das allgemein Beste für den Menschen gelte das rechte Handeln (*eupraxía*), das auf Einsicht, Übung, Ausdauer und „Selbstbeherrschung" (*enkráteia*, im Gegensatz zur *akrasía*: Unmäßigkeit) beruhe, und das bedeute zugleich, glücklich zu leben (*Mem.* III 9, 14f.; ähnlich auch IV 5, 9).

5.3 Prüfung, (Selbst-)Erkenntnis und Nichtwissen

Von entscheidender Bedeutung für Sokrates' Denk- und Vorgangsweise sind zwei einander komplementär ergänzende „pädagogische" Grundformen[7]: Prüfung und Ermahnung. Beide Prozesse vollziehen sich im Gespräch, wobei die Ermahnung mit der Frage, wie man leben solle, zur Prüfung der jeweiligen Lebenseinstellungen und -ziele führt, um daraufhin die Lebensführung auf das als richtig Erkannte hin auszurichten bzw. das als falsch Aufgedeckte zu verwerfen. Sokrates äußert sich dazu in der *Apologie* (38a) folgendermaßen: *Wenn ich jedoch sage, dies sei das größte Glück für einen Menschen, Tag für Tag über den sittlichen Wert Gespräche zu führen [...], indem ich mich selbst und andere einer Prüfung unterziehe, und dass ein Leben ohne Prüfung für den Menschen nicht lebenswert sei, dann werdet ihr meinen Reden noch weniger Glauben schenken. Es*

7 Vgl. F. Decher, Die Schule der Philosophen. Große Denker über Bildung und Erziehung. Darmstadt 2012, S. 34.

verhält sich zwar so, wie ich sage, ihr Männer; doch andere davon zu überzeugen ist nicht leicht. Dass im sokratischen Dialog gleichzeitig mit den zur Diskussion stehenden Themen auch immer die daran beteiligten Menschen auf dem Prüfstand stehen und somit *lógos* (Rede, Denken, Vernunft) und *ethos* (sittliches Verhalten) untrennbar miteinander verbunden sind[8], betont Sokrates auch im *Protagoras* (333c): *Ich will dabei den Satz prüfen, aber es ereignet sich dann wohl, dass dabei auch ich, der Fragende, und der Antwortende geprüft werden.* Ähnlich heißt es im *Laches* (187ef.), Sokrates führe jeden, mit dem er spreche, so lange im Gespräch herum, bis dieser gar nicht mehr anders könne, als Rechenschaft darüber abzulegen, wie er sein bisheriges Leben zugebracht habe und wie er jetzt lebe.

Unter der Annahme, dass das von Platon in den Frühdialogen entworfene Sokratesbild einigermaßen authentisch ist, lässt sich das Motiv der sokratischen Selbsterkenntnis im Sinne des *gnóthi s(e)autón* (s. Kap. 1.8, S. 24f.) eng mit dem delphischen Orakelspruch (s. o., S. 84) verbinden. Obwohl sich Sokrates entgegen der göttlichen Weissagung bewusst war, weder im Großen noch im Kleinen weise zu sein (*Apol.* 21b), gab diese den Anstoß zu seiner Art des Philosophierens und ließ ihn nach zahlreichen Widerlegungsversuchen in Form von Gesprächen mit vermeintlichen Experten zu dem geradezu paradoxen Schluss kommen, dass gerade sein Nichtwissen eine Form von relativer, sog. „menschlicher Weisheit" (*anthropíne sophía* 20d) darstelle und damit seine Überlegenheit im Vergleich zum angemaßten Scheinwissen der anderen begründe. Dass der ‚Nichtwisser' Sokrates von einem gewissermaßen a priori gültigen Sittengesetz überzeugt war und an ein kraft der Vernunft zu definierendes objektives Gut (und Böse) glaubte, erscheint nur vordergründig als Widerspruch. Sokrates erklärte zwar, nicht im Besitz dieses theoretischen Wissens zu sein, hatte jedoch keinerlei Zweifel, dieses zu erlangen, und zeigte sich demgemäß als ein immerfort Suchender, der von seinem Weg niemals abweichen wollte.

Dabei kann Sokrates' Definition des Guten genauer betrachtet zirkelhaft erscheinen: Das Streben nach Erkenntnis des Guten ist Tugend, aber worin das Gute im Grunde besteht, bleibt offen. Eine Güterlehre im Sinne einer

8 Vgl. H. Niehues-Pröbsting, Die antike Philosophie. Schrift, Schule, Lebensform. Frankfurt am Main 2002, S. 59.

Auflistung von Einzelwerten wie geistige Talente, praktische Fähigkeiten, aber auch materielle Güter wie Körperkraft, Schönheit, Berühmtheit u. a., wie wir sie später etwa bei den Stoikern finden, fehlt. Diese spielten offenbar keine Rolle, ging es doch nur um das höchste Gut, und das ist wiederum das Tugendhafte. Es lässt sich schwer beurteilen, ob Sokrates (bzw. sein Porträtist Platon) sich dieser gleichsam zirkulären Beweisführung bewusst war, doch ist für ihn eine präzisere Definition offenbar gar nicht nötig, da das Gute, seiner Vernunftthese (s. o., S. 86) entsprechend, stets das ist, was sich als Handlung und moralische Lebensform gemäß der Vernunft notwendig und hinreichend ergibt und den Verständigen auch zugleich mit Glück erfüllt.

5.4 Das sokratische *daimónion*

Im Falle, dass sich Situationen nicht restlos rational erklären ließen, soll sich Sokrates auf eine „innere Stimme", sein *daimónion*, berufen haben (s. Kap. 2.1, S. 31f.). Seit seiner frühen Jugend habe es ihn davon abgehalten, etwas Unrechtes bzw. ihm nicht Entsprechendes zu tun; so hinderte es ihn auch, sich aktiv an der Politik zu beteiligen (*Apol.* 31df.). Diese Beschreibung gab seit jeher Rätsel auf und Sokrates' Berufung auf einen „inneren Instinkt" wurde von seinen Kritikern als Argument für die gegen ihn erhobene Asebieanklage (s. Kap. 2.1, S. 31, FN 12) verwendet. Auch wenn unter anderen Friedrich Nietzsche, dessen anfängliche Bewunderung für Sokrates sich später in ihr Gegenteil verkehrte, bemängelte, dass dessen *daimónion* entgegen seinem eigenen Verständnis von Instinkt als einer schöpferisch-affirmativen Kraft bloß auf einen unproduktiven Kritiker reduziert sei[9], wirken die von Platon gelieferten Erklärungen im jeweiligen Kontext der von ihm geschilderten sokratischen Haltungen konsistent und nachvollziehbar.[10] Man könnte sagen, das *gnóthi-s(e)autón*-Motiv, Sokrates' Selbsterkenntnis, die im Grunde seine Sorge um die eigene Seele ist, wurde bei ihm zu einem im Inneren verwurzelten und durch das *daimónion* noch zusätzlich abgesicherten Selbstbewusst-

9 Vgl. F. Nietzsche, KSA I, S. 90.

10 Zum Beispiel: *Eutyphr.* 3b1–c5, *Euthyd.* 272e1–4, *Pol. IV* 496c3–5, *Theait.* 151a2–5, *Phaidr.* 242b8–c3

sein, zur *syneídesis* (Mitwissen, Bewusstsein, Gewissen), der wir bereits bei Demokrit (s. Kap. 3.6, 56ff.) in einer ähnlichen Deutung begegneten, als dem *Bewusstsein des eigenen unsittlichen Lebenswandels* (DK 68 B 297). Bei Sokrates tritt die wechselseitige Beziehung von Selbsterkenntnis und moralischem Bewusstsein noch klarer zutage. In der Verteidigung seiner Mission und Lebensaufgabe, die in der ständigen Prüfung seiner Mitbürger bestand, beruft er sich ausdrücklich auf seine *innere göttliche Stimme*, mit der allein er die Moralität seiner Handlungen begründet, ohne auf mögliche nachteilige Folgen Rücksicht zu nehmen (*Apol.* 31dff.).

Diese als Zeichen eines Gottes deutlich religiös grundierte innere Stimme war es letztlich auch, die ihn seine Verurteilung zum Tode hinnehmen ließ, ohne einen Gedanken an Flucht zu verschwenden. *Sokrates tut Unrecht, indem er die von der Polis verehrten Götter nicht ehrt und andere, neue göttliche Wesen einführt; er tut außerdem Unrecht, indem er die jungen Leute verdirbt* (Xenophon, *Mem.* I 1, 1), so lautete die Anklage, die im Jahre 399 von dreien seiner Mitbürger, Meletos, Anytos und Lykon, gegen den damals 70-jährigen Sokrates eingebracht wurde. Neben einer allgemeinen tiefen Verunsicherung der Gesellschaft infolge der politischen Umwälzungen – der Glanz Athens war durch die Niederlage im Peloponnesischen Krieg verblasst und die Demokratie erst seit kurzer Zeit wieder etabliert – hatte sich Sokrates freilich mit seiner Art, anerkannte Personen des öffentlichen Lebens ihres Scheinwissens zu überführen und gleichsam in ihrer gesamten Lebensführung bloßzustellen, nicht wenige Feindschaften zugezogen. Dennoch entbehrte die Anklage schlechthin jeder Grundlage und war offensichtlich einzig vom Bestreben motiviert, den lästigen Prüfer zum Schweigen zu bringen. Sein angeblich schlechter Einfluss auf die Jugendlichen war angesichts des zahlreichen Zustroms derselben und ihrer großen Bewunderung der sokratischen Dialogführung kaum nachvollziehbar und ebenso lief die Anklage wegen Asebie ins Leere. Denn entgegen dem Vorwurf der Missachtung der Götter kommt die Frömmigkeit des Sokrates gerade dadurch zum Vorschein, dass er seine Bereitschaft, das Todesurteil hinzunehmen, mit dem Gehorsam gegenüber dem Orakelgott Apollon begründet und dazu auch noch sein *daimónion* anführt, das ihn am Prozesstag weder beim Verlassen des Hauses am Morgen noch beim Betreten des Gerichts zurückhielt (*Apol.* 40b). Abgesehen davon, dass Sokrates seine Verurteilung nicht als ein Übel ansieht und im unbedingten Gehorsam gegenüber den Gesetzen der Stadt jedes Angebot zur Flucht ausschlägt, hält er an seinem Glauben an eine göttliche, das heißt sittliche Weltordnung fest, in der alles Geschehen in der Welt genauso wie das einzelne Menschenschicksal letzten Endes einen vernünftigen Sinn hat: *Ihr müsst nämlich wissen, wenn ihr mich tötet [..], dann werdet ihr nicht so sehr mir Schaden zufügen als vielmehr euch selbst. Denn mir würde keiner schaden, nicht Meletos und auch nicht Anytos – das könnten sie nämlich gar nicht – und ich kann auch nicht glauben, dass es im Sinn einer sittlichen Weltordnung liege (themiton einai*: im Sinne eines festgeschriebenen Gesetzes sei), *dass der bessere Mann von dem schlechteren Böses erleidet.* (*Apol.* 30cf.) In einem Gespräch mit dem Sophisten Hippias soll Sokrates seine persönliche Bilanz über sein bis zuletzt glücklich geführtes Leben folgendermaßen begründet haben: Da er glaube, dass diejenigen am besten lebten, die sich anstrengten, möglichst gut zu werden, am allerbesten aber die lebten, die am meisten fühlten, dass sie besser würden, könne er im Vergleich mit anderen Menschen bestätigen, dass es ihm so ergehe (Xenophon, *Mem.* IV 8, 6f.).

5.5 Sokrates – ein deontologischer Eudämonist

Aufgrund seiner Sichtweise, dass der umfassende Zweck aller menschlichen Handlungen im Glück bzw. sittlich guten Leben bestehe, wird Sokrates von Forscherinnen und Forschern gemeinhin die Position eines teleologischen Eudämonismus zugeschrieben.[11] Auch wenn Sokrates' Handlungen und Lebensführung, wie es einige der zitierten Textzeugnisse nahelegen, teleologisch motiviert erscheinen, verfolgt Christoph Horn hinsichtlich der sokratischen Glücksbegründung einen differenzierteren Ansatz[12], der zweifellos seine Berechtigung hat. Zudem konnten wir bereits in Demokrits Fragmenten an gewissen Vorverweisen auf die kantische Ethik eine ähnliche Haltung erkennen (s. Kap. 3.7, S. 60).

Die Sokrates von Horn zugedachte deontologische Ethikposition, der als Beurteilungskriterium der Pflichtgedanke zugrunde liegt, kann durch die

11 Zum Beispiel: G. Vlastos, *Socrates, Ironist and Moral Philosopher.* Ithaca 1991.

12 Vgl. Chr. Horn, Über einige Schwierigkeiten, die antike Moralphilosophie zu verstehen. Conjectura vol. 16. Caxias do Sul/Rio Grande do Sul 2011, S. 14–33.

Heranziehung einer Textstelle aus dem platonischen *Kriton* (49cf.) gestützt werden, in der Sokrates seine Meinung darlegt, unter allen Umständen seiner Überzeugung treu zu bleiben und erlittenes Unrecht nicht mit neuerlichem Unrecht zu vergelten. Darin findet sich auch die explizite Verwendung des griechischen Wortes *dei* (es ist notwendig, man soll/muss), das später in der substantivierten Form *to déon* im Rahmen der ethischen Reflexionen des Aristoteles zum – mit dem Schönen (*kalón*) gleichgesetzten – „Richtigen, Angemessenen, Erforderlichen" wird.[13] Hier offenbart sich wiederum ein wesentlicher Unterschied zum modernen analytischen Denken, das im Gegensatz zur antiken Sichtweise auf die grundsätzliche Trennung von ästhetischen und moralischen Kategorien abzielt.

Und auch Sokrates weiß bereits, dass er für seine unbeugsame Haltung nur bei wenigen Zustimmung findet (*Kriton* 49c), da sich dafür keine Beweise aus der Logik *a priori* anführen lassen. Sein hohes Ethos und das unbedingte Festhalten an seiner philosophisch-moralischen Tätigkeit ergeben sich aus der göttlichen Mission des Orakelgottes in Delphi. Nach Horns These repräsentiert Sokrates daher eher den Typus eines deontologischen Eudämonisten, für den sich das Glück aus der strikten Befolgung des göttlichen Verbots der Vergeltung und des Unrechttuns ergibt. „Die Idee ist, dass man seine Seele unkontaminiert und unbeschädigt erhalten muss. Sokrates steht damit am Anfang aller Positionen, die innere Konsistenz und Widerspruchsfreiheit zum moralischen Ziel überhaupt erklären."[14]

5.6 Sokrates und der philosophische Eros

Sokrates' Einfluss auf die Nachwelt ist gewaltig.[15] Hier seien abschließend nur kurz einige der charakteristischsten Merkmale der sokratischen Persönlichkeit hervorgehoben. Auch wenn „das äußere Erscheinungsbild des

---

13 Vgl. Wörterbuch der antiken Philosophie. Hg. von Horn/Rapp (2002), S. 100.

14 Horn, Über einige Schwierigkeiten, die antike Moralphilosophie zu verstehen (2011), S. 24.

15 Einige berühmte Werke und Namen derer, die sich auf ihn bezogen, finden sich beispielsweise bei Masek, Geschichte der antiken Philosophie (2012), S. 136ff.

Sokrates beim ersten Anblick dem griechischen Schönheitsideal der *Kalokagathía* [s. Kap. 4.6, S. 76, FN 31], des an Körper und Seele schönen Menschen, widersprach“[16], besaß er offenbar eine ungeheure Anziehungskraft, der man sich schwer entziehen konnte. Bekanntermaßen stand für Sokrates nicht die Vermittlung von Sachwissen im Mittelpunkt seiner Tätigkeit, sondern die Entwicklung eines dialogischen Verhältnisses, in dem er kraft seiner spezifischen Techniken der Elenktik (Widerlegungskunst) und Maieutik (Hebammenkunst) große Wirkung ausübte. Wohl zu Recht kann ihm die Kraft des pädagogischen Eros zugeschrieben werden.[17] Was die Wirkmacht des *Eros* betrifft, so findet sich dazu eine berühmte Stelle im platonischen *Symposion* (203ff.), in der Sokrates die mythologische Erzählung der weisen Priesterin Diotima wiedergibt, die zugleich die Wesensbeschreibung des *philósophos* (Freund, Liebhaber der Weisheit) enthält (s. Kap. 2.1, S. 29f.; Kap. 7.6, S. 130f.). Entgegen der allgemeinen Grundannahme, dass Eros ein Gott sei und infolgedessen stets gut und schön, wird im ersten Schritt klar, dass dieser – als das Ersehnen von Schönem und Gutem, aber stets Entbehrtem – prinzipiell defizitär ist und daher selbst nicht schön und gut sein kann. Er ist vielmehr ein großes göttliches Wesen (*daímon mégas*), ein Vermittler und Ausleger zwischen Mensch und Gott, nicht selbst weise – denn das Attribut *sophós* kommt allein den Göttern zu –, aber auch nicht töricht und unwissend, sondern er bewegt sich gleich dem *philósophos* zwischen Unverstand und Weisheit, immer auf der Suche nach Wissen. „Die Liebe und ihr göttlicher Stifter, Eros, sind keine philosophischen Themen, von denen das Philosophieren selbst unberührt bleibt; wenn von ihnen die Rede ist, kommt philosophisch die Philosophie selbst zur Sprache. Eros ist das der Philosophie zugehörige göttliche Wesen.“[18]

Sokrates repräsentiert beispielhaft diesen Philosophentypus, wenn sich am Ende seiner von der „Was ist X?“ Frage geleiteten Untersuchungen der Tugenden der Zustand der Aporie (griech. *aporía*: Ausweg-, Ratlosigkeit; aus *α privativum* und *póros*: Öffnung, Weg) einstellt, der wiederum die Motivation für neue ethische Reflexionen liefert. Durch diesen prinzipiell unabschließbaren Prüfvorgang, so *Volker Spierling*, wandelt sich die herkömmli-

16 E. Martens, Die Sache des Sokrates. Stuttgart 1997, S. 38.

17 Vgl. Pleger, Sokrates (2020), S. 182.

18 Figal, Sokrates (2006), S. 97.

che äußere Sittlichkeit zu einer verinnerlichten, indem das Individuum sich seiner Selbstverantwortung bewusst wird, „für die Bestheit seiner sittlichen Belange aufgrund der eigenen Denkanstrengung zu sorgen".[19] In ihrer eben erschienenen beachtenswerten Studie *Der Mensch – das moralische Tier* verbindet *Angela Kallhoff* die „Einsicht über die Verantwortungsfähigkeit von Personen als einer moralischen Schlüsselfähigkeit" explizit „mit einer anderen besonderen Fähigkeit, die in der Philosophie der Antike als moralische Fähigkeit par excellence gekennzeichnet wurde. Personen können ‚mit sich zu Rate gehen'."[20] Nach Pierre Hadot war Sokrates „nicht weise, aber er verstand es, weise zu werden", und lieferte zugleich ein einzigartiges Beispiel für „das Paradox und die Größe der antiken Philosophie", die darin besteht, „daß sie sich der Unerreichbarkeit der Weisheit bewußt und gleichzeitig von der Notwendigkeit überzeugt war, den geistigen Fortschritt voranzutreiben".[21] Am Schluss seiner *Memorabilia* (IV 8) rühmt Xenophon Sokrates als *den besten und glücklichsten Mann, [...] so fromm, dass er ohne den Willen der Götter nichts unternahm, so gerecht, dass er niemandem den kleinsten Schaden zufügte, [...] dass er niemals das Angenehme dem Besseren vorzog, [...] auch imstande, andere zu prüfen, Fehlbare zurechtzuweisen und zur Tugend und zu edlerem Menschsein anzuleiten. [...] Wer könnte Gott wohlgefälliger sterben als der Glücklichste?* Der Konflikt des Sokrates mit der athenischen Polis, der mit seinem Tod endet und durch Platons dramatische Kunst in der *Apologie* und im Dialog *Phaidon* verewigt ist, wird jedoch nicht zur Tragödie, die nach Nietzsche an Sokrates zugrunde ging[22], „sondern philosophische Moral, die Moral des seine Glückseligkeit souverän betreibenden Individuums".[23]

---

19 V. Spierling, Ungeheuer ist der Mensch. Eine Geschichte der Ethik von Sokrates bis Adorno. München 2017, S. 41.

20 A. Kallhoff, Der Mensch – das moralische Tier. Berlin 2022, S. 373f.

21 Hadot, Philosophie als Lebensform. Antike und moderne Exerzitien der Weisheit (²2005), S. 165.

22 Vgl. F. Nietzsche, KSA I, S. 83.

23 Niehues-Pröbsting, Die antike Philosophie (2004), S. 183.

6 *Eudaimonía* – Lust oder Askese?

Die philosophischen Richtungen der sog. Sokratiker oder kleineren sokratischen Schulen, namentlich die der Kyniker und Kyrenaiker, gingen unmittelbar aus der sokratischen Philosophie hervor und gaben ihrerseits der hellenistischen Philosophie wichtige Impulse.

6.1 Die Kyniker

Bereits im Altertum wurde diskutiert, ob es sich bei der Schule der Kyniker um ‚echte Philosophie' handle oder doch eher bloß um eine Lebensform (DL VI 103). Dieser Frage liegt einerseits die Überlieferungsproblematik zugrunde, da über die alten Kyniker außer einigen Grundthesen überwiegend Anekdoten überliefert sind, die den Charakter einer ‚gelebten Philosophie' nahelegen, in welcher große Übereinstimmung zwischen Theorie und Praxis herrscht. Andererseits kommt hinzu, dass die Kyniker, anders als die übrigen Philosophenschulen, ihre Lehre niemals an einem festen Ort etablierten.

Der Gründer der kynischen Schule war **Antisthenes** (ca. 445–365 v. Chr.), ein großer Bewunderer des Sokrates, der auch in dessen Sterbestunde anwesend gewesen sein soll (Platon, *Phaid.* 59b). Nach Sokrates' Tod führte er seine Lehrgespräche im Gymnasion *Kynosarges*, von dem auch der Name der Kyniker abgeleitet wurde (DL VI 13). Plausibler klingt allerdings die Erklärung, dass diese Bezeichnung auf das griechische Wort *kyon* (Hund) zurückgeht, das der bekannteste Kyniker Diogenes aufgrund seiner dreisten und ungenierten Lebensweise als Beinamen führte.

Über Antisthenes' Leben und seine Lehre sind wir nur durch Kommentare und Zitate anderer antiker Autoren unterrichtet. Neben Auszügen aus Xenophons *Symposion* und Zitaten bei Aristoteles und späteren Gelehrten stellt vor allem Diogenes Laertios eine äußerst aufschlussreiche Quelle dar (s. Kap. 3.2, S. 49f.).

Wie bei Sokrates steht auch bei Antisthenes die sittliche Vervollkommnung des Menschen im Zentrum seines Interesses, indem dieser der sokratischen Überzeugung folgt, der gemäß in Wahrheit nur die *areté* als „sittliche Tüchtigkeit“ für das menschliche Leben Wert besitze, alles andere aber indifferent, wertlos und bisweilen sogar schlecht sei. Einzig durch moralische Tugend sei das höchste Ziel des Lebens, die *eudaimonía*, zu erreichen, wobei die Tugendhaftigkeit wiederum auf der richtigen Einsicht (*phrónesis* DL VI 13) beruhe. „Wenn Tugend glücklich machen soll oder sogar selbst Glück ist, dann muß sie, so folgerte Antisthenes, von den Dingen der Welt so unabhängig wie möglich machen.“[1] Bei Diogenes Laërtios (VI 11) findet sich dazu folgende doxographische Notiz: *Die Tugend sei hinreichend für die Glückseligkeit und habe nichts anderes nötig als die Kraft eines Sokrates. Auch sei die Tugend eine Sache des Handelns und bedürfe nicht vieler Worte und Kenntnisse; der Weise habe an sich selbst genug.* Tugend an sich reiche also vollkommen für das Glück des Kynikers aus, und wer diese besitze, sei wunschlos glücklich. „So erscheint *autárkeia* nicht nur als eine Eigenschaft der Tugend unter anderen und als Mittel zur Erreichung der *eudaimonía*, sondern explizit als ethisches Telos, als Zustand des Weisen selbst.“[2]

6.1.1 Der kynische Weise – ein Philosoph der Tat

„Die Kyniker waren Männer der Tat, nicht so sehr des Denkens.“[3] Antisthenes hebt sich von der theoretischen (v. a. platonischen) Ansicht insofern ab, als Tugend bei ihm mehr bedeutet als die reine Erkenntnis, aus der das richtige Handeln mit innerer Notwendigkeit resultiert. Sie bewährt sich vielmehr durch die Tat, deren Grundlage freilich eine auf richtiger Einsicht gegründete Gesinnung und entsprechende Willensanstrengung darstellt. Die Nennung des Sokrates im Zitat des Diogenes Laërtios soll wohl nahelegen, dass es zu einem glücklichen Leben nicht umfangreiche Theorien brauche und auch eine zur Einsicht hinzukommende Willensstärke noch nicht ausreiche, son-

1 W. Hochkeppel, War Epikur ein Epikureer? Aktuelle Weisheitslehren der Antike. München [3]1988, S. 109.

2 H. Niehues-Pröbsting, Der Kynismus des Diogenes und der Begriff des Zynismus. München [2]2016, S. 190.

3 M. Hossenfelder, Antike Glückslehren. Stuttgart [2]2013, S. 4.

dern vor allem „eine aus eben ihr resultierende Festigkeit“[4] erforderlich sei, die Antisthenes zudem als eine Form des intellektuellen Widerstandes, des Nonkonformismus und zivilen Ungehorsams begreift: *Klugheit ist die sicherste Mauer, die weder zusammenbrechen noch verraten werden kann; solche Befestigungen sind in den eigenen uneinnehmbaren Gedanken zu errichten.* (DL VI 13)

Die Anschauung von der Autarkie der Tugend zur Erlangung des Glücks ist eng mit dem kynischen Ideal der Bedürfnislosigkeit verbunden. Bei einem Symposion, das im Hause des reichen Kallias stattfindet, preist der besitzlose Antisthenes seinen bescheidenen Lebensstil, indem er paradoxerweise erklärt, er sei stolz auf seinen „Reichtum“ (Xenophon, *Symp.* IV 34ff.). Denn dieser, so seine zentrale These, liege nicht in unseren Häusern, sondern in unseren Seelen. Er bemitleide die Toren, die getrieben von Gier und Verblendung trotz ihres (materiellen) Reichtums den Besitz immerfort vergrößern wollen, und prangere Tyrannen an, die des Geldes wegen nicht vor Raub und Mord zurückschrecken. In seiner überspitzten sokratischen Lebensweise lehnt der kynische Weise jedes Streben nach vermeintlichen Gütern, wie Üppigkeit und Luxus, ab, wobei es vor allem gilt, die sinnlichen Begierden und Triebe, die solches Streben erzeugen, zu beherrschen. Von Sokrates unterscheidet sich der Kyniker jedoch dadurch, dass er als Leitfigur den Weisen (*sophós*) anführt und nicht mehr den *philósophos*, der nach Weisheit strebt, ohne ihrer schon teilhaftig zu sein. So beansprucht der kynische Weise für sich bereits im Vorfeld ein bestimmtes Wissen, das ihm bei der Bewährung in der Praxis als Rückhalt dienen kann.

Mit seiner Betonung des *pónos* (Arbeit, Mühe) greift Antisthenes, wiederum in Anlehnung an die Charakterstärke des Sokrates, ein stark voluntaristisches Motiv auf: Erst die Bekämpfung bzw. Überwindung des *pónos*, die ohne konzentrierten, zielbewussten Willen nicht möglich ist, führt zur Verwirklichung der Tugend. Als Idealfigur dieses siegreichen Kampfes gegen den *pónos* und gleichzeitige Verkörperung der *areté* als eines sich beharrlich durch die Tat bewährenden Willensaktes sieht er den mythischen Heros Herakles, der zwölf sprichwörtlich gewordene Heldentaten mit Bravour und Einsatz all seiner Kräfte siegreich vollbrachte (DL VI 2 und 11). Auf Grundlage der Titel bzw.

4 Chr. Eucken, Antisthenes. Die geistige Unabhängigkeit des Individuums. In: M. Erler/A. Graeser (Hgg.): Philosophen des Altertums. Darmstadt 2000, S. 117.

Inhaltsverzeichnisse zahlreicher (verlorener) Werke des Antisthenes (DL VI 15–18) kann angenommen werden, dass dieser in einer seiner Schriften (*Herakles oder über Klugheit bzw. Stärke*) dem Helden als Idealfigur eines Kynikers im Sinne eines vollendeten Meisters und Überwinders aller menschlichen Schwächen ein Denkmal setzen wollte.

6.1.2 Das Glück des Individuums

Anders als bei Sokrates wird die Ethik der Kyniker deutlich individualistischer interpretiert. Auch wenn diese noch keinen vollends verinnerlichten Glücksbegriff, wie wir ihn später bei den hellenistischen Philosophenschulen finden, entwickelt haben, geht es den Kynikern – im Gegensatz zu Sokrates, der das Telos des Glücksstrebens im Rahmen der Polisgemeinschaft sah – um das Glück des Einzelnen. Gleichzeitig wird mehrfach der Begriff des Kosmopolitismus (*kosmopolítes:* Weltbürger) verwendet. Die Haltung eines Kosmopoliten, wenn auch in einem anderen, von der neuzeitlichen Bedeutung erheblich abweichenden Sinn, vertrat exemplarisch Diogenes von Sinope, die wohl bekannteste und schillerndste Figur der kynischen Philosophen (s. u., S. 100f.).

Die individualistische Auffassung des Glücks des Einzelnen spiegelt sich bei den Kynikern auch im Standpunkt des Weisen wider, der sich nicht *von den Gesetzen des Staates, sondern [nur] von dem der Tugend leiten* lässt (DL VI 11). Dazu passen einige durchaus kritische Aussagen des Antisthenes über die demokratische Staatsverfassung. So heißt es bei Diogenes Laërtios (VI 8): *Den Athenern riet er, durch Volksbeschluss die Esel zu Pferden zu erklären. Als sie das unsinnig fanden, meinte er: „Aber genauso macht ihr doch ungelernte Leute zu Feldherren durch bloßes Händeheben."* Es mag zu weit gehen, die Kyniker als Anarchisten zu betrachten; den Athenern erschienen sie allerdings wohl einigermaßen exaltiert und mitunter allzu närrisch, jedoch keineswegs so gefährlich, dass sie meinten, gegen sie vorgehen zu müssen. Man kann hier aber doch auch eine Verschärfung einer Entwicklung erkennen, die bereits bei den Sophisten ihren Ausgang nahm. Denn schon diese übten teilweise Kritik an den Zuständen der attischen Demokratie, der gegenüber später ebenso Platon deutliche Aversionen hegte, allerdings in gänzlich anderer Sichtweise. Obgleich sein Ziel im Grunde dasselbe war, nämlich die Verwirklichung eines schlechthin tugendhaften Lebens, forderte Platon in seinem Hauptwerk *Politeia*[5] in krassem Gegensatz zu den Kynikern noch viel mehr Staat, indem er ein exakt auf Fähigkeiten und Bedürfnisse der Menschen abgestimmtes, hierarchisch strukturiertes und geradezu totalitär geregeltes staatliches Gefüge entwarf, mit dem er in die Geschichte einging.

Was den Staat betrifft, so begann in der Tat seit dem Tode des Perikles der Stern der klassisch-griechischen Welt zu sinken und mit der Kapitulation Athens nach dem Peloponnesischen Krieg im Jahre 404 v. Chr. und der darauf folgenden Hegemonie Spartas war auch das Ende der athenischen Polis nahe. Doch gleichzeitig gelangte in dieser Zeit des politischen Umbruchs das geistige Leben mit Platon, Aristoteles und anderen Philosophenschulen noch zu einer einzigartigen Hochblüte. Ihre moralischen Denkgebäude sind allesamt dadurch verbunden, dass sie Antworten auf die Fragen nach dem richtigen, gerechten und glücklichen Leben suchten, um in der ihnen zusehends fremd gewordenen Welt Orientierung und Halt zu finden.

Die bereits deutlich vollzogene Loslösung der Kyniker von den Grundlagen der athenischen Polis hat zweifelsfrei den hellenistischen Individualismus vorgezeichnet und die von diesen zentral behandelten Themen der Selbstgenügsamkeit, Bedürfnislosigkeit und insbesondere der ausgeprägte Tugendrigorismus scheinen explizit stoische Gedanken zu antizipieren.[6]

Für wie praxistauglich Antisthenes das Ideal der Bedürfnislosigkeit und die daraus resultierende Bereitschaft zum Verzicht hielt, erhellen zwei Aussagen (DL VI 5), die seine Autarkie und Abgeklärtheit hinsichtlich der Lebensbewältigung anschaulich vor Augen führen. Die eine hält folgenden Rat bereit: *Zu einem Schüler, der über den Verlust seiner Aufzeichnungen jammerte, sagte er: „Du hättest eben alles in der Seele und nicht auf Papier festhalten sollen."* In der anderen zeigt sich im menschlichen Streben nach Glück Antisthenes' innere Unabhängigkeit, die selbst im Angesicht des Todes in eine von allem Irdischen befreite Gelöstheit mündet: *Auf die Frage nach dem größten Glück für die Menschen meinte er: „Heiteren Herzens zu sterben!"*

5 Der Titel, der im Deutschen üblicherweise mit *Der Staat* wiedergegeben wird, wäre wohl angemessener mit „Verfassung" zu übersetzen, da unser moderner Begriff von „Staat" keineswegs auf antike Verhältnisse übertragen werden kann.

6 Vgl. Hossenfelder, Antike Glückslehren (2013), S. 2.

6.1.3 Diogenes – der rasende Sokrates

Dank der Märchenerzählungen von Wilhelm Busch[7] kennen wohl viele einen alten Kyniker, ohne sich wahrscheinlich darüber im Klaren zu sein, dass dieser Mann der Exponent einer prominenten griechischen Philosophengruppe war. **Diogenes** von Sinope (einer Stadt in Kleinasien am Schwarzen Meer; ca. 400–323 v. Chr.) war Antisthenes' bedeutendster Schüler und brachte, soweit wir den Quellen vertrauen können, den Kynismus erst zur vollen Entfaltung. Platon soll einmal auf die Frage, was er von Diogenes halte, gesagt haben: *Er ist ein verrückt gewordener Sokrates* (*Sokrátes mainómenos*). (DL VI 54) Gleichsam als Entgegnung auf die hier verwendete Krankheitsmetapher – das griechische Verbum *maínomai* (rasend, verrückt sein) ist zugleich ein medizinischer Ausdruck für eine psychische Erkrankung – lässt sich das Selbstverständnis des Kynikers heranziehen, der sich in der Rolle des Arztes sah, der die Menschheit von einer Illusion heilen wollte.[8]

In der Tat repräsentierte Diogenes eine Radikalisierung der sokratischen Lebensform, indem er sein Streben nach Autarkie mit bissigem Spott und sarkastischer Ironie bis zur Verhöhnung und Verachtung der menschlichen Sitten und Konventionen übersteigerte. Er verkörpert den Kynismus in seiner reinsten Form. Was den Vergleich mit Sokrates betrifft, so liefert dazu *Karl-Wilhelm Weeber* einen bedenkenswerten Aufruf zur Reflexion, ob nicht im direkten rücksichtslosen Spott des Diogenes deutlich mehr Humanität enthalten sei als in der feinsinnigen sokratischen Ironie, die gerade durch ihre subtilere Ausdrucksweise ihre „Opfer" intellektuell gedemütigt zurücklasse und darüber hinaus auch keinerlei Wege aus der Aporie (Hilflosigkeit, Argumentationslosigkeit) aufzeige.[9]

---

7 Vgl. W. Busch, Diogenes und die bösen Buben von Korinth. In: Fliegende Blätter und Münchner Bilderbogen 1859–1871.

8 Vgl. Niehues-Pröbsting, Der Kynismus des Diogenes (2016), S. 372; vgl. Dion von Prusa 8, 4–8 (Diogenes oder Von der Tugend. In: Sämtliche Reden. Üs. v. W. Elliger, Zürich/Stuttgart 1967, S. 149f.). Der griechische Rhetor Dion von Prusa, der dem Kynismus nahestand, lässt in seinen *Diogenes-Reden* den Protagonisten teils in direkter, teils in indirekter Rede sprechen.

9 Vgl. K.-W. Weeber, Diogenes. Botschaften aus der Tonne. Darmstadt 2012, S. 33f.

Wenn wir das, was Diogenes mit seinem schonungslosen Spott ausdrückt, auch heute noch mit dem Wort Zynismus[10] verbinden, darf dabei nicht übersehen werden, dass die gegenwärtige Verwendung des Begriffes keineswegs ausreicht, um die Haltung der Kyniker angemessen zu beschreiben. Diese vertraten mit ihren – wenn auch oft extremen – moralischen Standpunkten im Grunde eine weitaus weniger arrogante und anmaßende Haltung, als es gemeinhin den Anschein hat. Es wäre verfehlt, Diogenes' Zynismus mit purer Menschenverachtung gleichzusetzen, denn jener beabsichtigte keineswegs, seine Mitmenschen zu erniedrigen, sondern wollte sie, obgleich zumeist mit radikalen Mitteln, dazu bringen, über ihr Leben und allfällige falsche Zielsetzungen zu reflektieren, um diese gegebenenfalls zum Positiven zu verändern. Man könnte ihm als einem „radikalen Humanisten"[11] sogar ein gewisses philanthropisches Anliegen attestieren, insofern als er seinen Mitbürgern durch sein praktisches Beispiel zeigen wollte, wie man glücklich leben könne. Dass er dabei mit seiner öffentlich zur Schau getragenen und mitunter skandalös übertriebenen, tabulosen Offenheit oft auf Ablehnung stieß, ist freilich nachvollziehbar.

6.1.4 Der Kynismus als „existentialistische" Protestbewegung

Ab dem 4. Jahrhundert n. Chr. setzte unter christlichen Autoren im Allgemeinen eine zunehmende Geringschätzung der praktischen Leistungen der Philosophie ein. So finden sich beim Kirchenvater *Johannes Chrysostomos* Polemiken gegen Diogenes oder auch Sokrates, deren ethische Praxis im Vergleich mit der christlichen Moral als minderwertig eingeschätzt wurde. Die Geschichten der Kyniker traten dadurch immer mehr in den Hintergrund, bis in den neuzeitlichen Philosophiegeschichten oft nur mehr kurze Abrisse ihrer Lehre zu finden waren. Dies änderte sich schlagartig mit dem im Jahre 1983 von Peter Sloterdijk veröffentlichten Werk *Kritik der zynischen Vernunft*, mit dem der angesehene deutsche Kulturphilosoph zur Verteidigung des in

10 In der heutigen Umgangssprache bezeichnen *Zynismus* sowie das abgeleitete Adjektiv *zynisch* vor allem eine Haltung, Denk- und Handlungsweise, die durch beißenden Spott geprägt ist und dabei oft bewusst die Gefühle anderer Personen oder gesellschaftliche Konventionen missachtet (vgl. Brockhaus/Wahrig, Deutsches Wörterbuch 1984, S. 918).

11 Dammer, Philosophen als Pädagogen (2015), S. 52.

Vergessenheit geratenen und seines Erachtens zu sehr ideologisierten und weit unterschätzten antiken Kynismus ausholte. Sloterdijk tritt vehement für eine Rehabilitation der Denkweise der Kyniker ein, indem er den kynischen Protest als essenziell bedeutsam und „existentialistisch“[12] wertet: „Der antike Kynismus ist, am griechischen Ursprung zumindest, prinzipiell frech. In seiner Frechheit liegt eine entdeckungswürdige Methode. Zu Unrecht wird dieser ‚dialektische Materialismus‘, der auch ein Existentialismus war, neben den großen Systemen der griechischen Philosophie – Plato, Aristoteles und der Stoa – als bloßes Satyrspiel, als halb lustige, halb schmutzige Episode betrachtet und übergangen.“[13]

Heute erscheint die Botschaft der Kyniker aktueller denn je. Denn in einer von massiver Klimaänderung und dem zunehmenden Verlust natürlicher Ressourcen geprägten Welt, in welcher der Ruf nach Alternativen immer lauter wird, weisen diese kompromisslosen antiken Denker mit ihrer auf Zweckökonomie und Konsumminimierung ausgerichteten Botschaft demonstrativ auf die Problematik einer falsch verstandenen Beherrschung und Vereinnahmung der Natur durch die Menschen hin. Auch das kynische Glücksrezept gründet sich auf diesen reduktionistischen Prinzipien, wonach nur solche Bedürfnisse entwickelt werden sollten, die man jederzeit selbst erfüllen könne, und demnach alle anderen, unverfügbaren Güter gleichgültig und wertlos seien.

Aus Diogenes' Hauptschrift stammt laut Diogenes Laërtios der Satz, er habe Münzen umgeprägt. Die Aussage zielt möglicherweise auf eine Erzählung ab, der zufolge Diogenes aus seiner Heimatstadt Sinope fliehen musste, weil er oder sein Vater dort Falschmünzerei betrieben haben (DL VI 20f.). Ob diesen Berichten ein historischer Wahrheitswert zugeschrieben werden kann, sei dahingestellt. Weitaus bedeutsamer ist allerdings der metaphorische Gebrauch des Ausdrucks *paracharáttein to nómisma* (die Münze umprägen), der gleichsam zum Programm des Kynikers für sein nonkonformistisches, ‚gegen den Strom‘ geführtes Leben wurde: Nach allem, was wir über Diogenes wissen, lehnte dieser die tradierten, allseits anerkannten Normen und Konventionen ab, indem er sie kurzerhand für ungültig erklärte, und

12 Vgl. P. Sloterdijk, Kritik der zynischen Vernunft. Frankfurt am Main [22]2022, S. 208.

13 Sloterdijk, Kritik der zynischen Vernunft ([22]2022), S. 101.

forderte die Rückkehr zu einem einfachen, unverfälschten und naturnahen Leben. Mit dieser Umwertung aller Werte wollte er die Menschen von den sie umgebenden Zwängen und der Entfremdung von sich selbst befreien und ihnen ihre einst besessene Freiheit wiedergeben. Der Kynismus ist „die gelebte Konsequenz“[14] der von den Sophisten diskutierten gegensätzlichen Auffassung von *nomos* und *physis*. „Dabei wird das Geld, die geprägte Münze, zum Symbol für das künstliche Gesetz, was sich im Griechischen, in dem das Wort für Münze, *nómisma*, von *nomos* abgeleitet ist, geradezu aufdrängt.“[15]

Der Überlieferung zufolge kam Diogenes als mittelloser Flüchtling – in den damaligen Zeiten ein nicht ungewöhnliches Migrantenschicksal – nach Athen und richtete sich sein Wander- und Betteleben in einem Fass ein. Er trug, Sokrates nachahmend, den *tríbon*, einen abgetragenen faltbaren Philosophenmantel (DL VI 6 und 22), der ihm zugleich das Bett ersetzte, und zog zumeist mit Stock und Rucksack und ohne feste Bleibe als ein der kynischen Lebensweise entsprechender Wanderprediger umher. ‚Umgemünzt‘ wurde von Diogenes auch die Freiheit, die als ehemals wichtiger politischer Wert im damaligen Athen durch den Aufstieg der Makedonenherrschaft unter Philipp II. im Schwinden war. Echte Freiheit, so Diogenes, sei nur die innere, geistige Freiheit des Menschen, der sich von mannigfachen äußerlichen Abhängigkeiten sowie falschen Begierden vollständig löst. So sei er mit seiner Philosophie auch gegen die Launen der Glücksgöttin *Tyche* gewappnet, denn einem Besitzlosen könne nichts genommen werden (DL VI 63). Schließlich gehöre alles den Göttern und da die Weisen Freunde der Götter sind und der Besitz der Freunde gemeinsam ist, gehöre alles den Weisen (DL VI 37). Mit dieser – formal einer logischen Schlussfigur nachgebildeten – Aussage könnte Diogenes nebenbei bemerkt auch sein Spiel mit der Dialektik getrieben haben.

8.1.5 *Áskesis* und *autárkeia* – die Bedürfnislosigkeit der Kyniker

Den Kynikern genugte es nicht, ihre innere Unabhängigkeit von den Trieben und Begierden zu erlangen, vielmehr mussten diese gänzlich unterdrückt bzw. ständig aufs Neue bekämpft werden. Wenn nur derjenige glücklich werden könne, der allein nach der Tugend strebe, bedeute dies, mit allen

14 Niehues-Pröbsting, Die antike Philosophie (2004), S. 103.

15 Ebd., S. 103f.

verfügbaren Kräften danach zu trachten, sich gegen triebhafte Regungen zu immunisieren und auf sämtliche künstliche, zivilisatorisch produzierte Bedürfnisse zu verzichten. Diogenes forderte, wie es heißt, ausdrücklich zu einem Leben am Existenzminimum auf: *Die Armut ist eine unwillkürliche Lehrmeisterin und Erzieherin zur Philosophie; denn wovon diese mit Worten zu überzeugen sucht, dazu nötigt jene durch die Macht der Tatsachen.*[16] Die schon von Antisthenes empfohlene Bedürfnisminimierung wurde von Diogenes laut den überlieferten Anekdoten auf höchst drastische und originelle Art und Weise in Form von asketischen Übungen praktiziert. Bereits bei Gorgias (s. Kap. 4.5, S. 75) begegnete uns der Ausdruck „Übung der Seele" als Bezeichnung seiner Bildungsmethode. Mit der Ethik der Kyniker setzte sich der Ausdruck *áskesis* ([intensive] Übung) nun allgemein durch. Das Verbum *askeín* bedeutet „etwas intensiv bearbeiten, ausüben", auch „sich üben/gewöhnen, etwas zu tun" und bringt somit den Aspekt einer intentionalen, regelmäßigen Anstrengung zum Ausdruck. Das lateinische Äquivalent ist *exercitatio*, im philosophischen Sinne die *exercitatio animi*. In der römischen Kaiserzeit wurde dafür der Begriff *meditatio* (griech. *meléte*) gebräuchlich. Im Unterschied zu Mittelalter und Neuzeit werden in der antiken Philosophie unter *áskesis* geistige *und* körperliche Übungen subsumiert, und so heißt es bei Diogenes: *Die eine ist ohne die andere unvollkommen, denn gute Kondition und Kraft sind gleichermaßen unerlässlich für Geist und Körper.* (DL VI 70) Zur Abhärtung soll sich der Kyniker beispielsweise im Sommer im glühend heißen Sand gewälzt, im Winter hingegen eiskalte Bildsäulen umarmt haben (DL VI 23). Mit Hilfe solcher asketischer Übungen sollte die mentale Ausrichtung auf das Prinzip der *autárkeia* durch ein entsprechendes körperliches Training gefestigt werden, um auf diese Weise die erforderliche individuelle Anspruchslosigkeit und Widerstandsfähigkeit zu erzielen. So heißt es auch, dass man ohne Übung überhaupt nichts recht machen könne. *Diese ist aber imstande, jedes Hindernis zu überwinden. Freilich sollten die Leute anstatt der unnützen die naturgemäßen Anstrengungen bevorzugen; dann würden sie im Leben glücklich; stattdessen fühlen sie sich aus lauter Unverstand unglücklich.* (DL VI 71) Schließlich soll Diogenes davon überzeugt gewesen sein, mit einem Höchstmaß an Bedürfnislosigkeit dem Zustand der reinen Glückseligkeit der Götter möglichst nahe zu kom-

16 Hossenfelder, Antike Glückslehren (2013), S. 23.

men: *Den Göttern ist es eigentümlich, keinerlei Bedürfnisse zu haben, den Gottähnlichen aber, nur wenig zu benötigen.* (DL VI 105)

Die Auffassung von Askese im Sinne einer rigorosen Selbstbeschränkung entwickelte sich teilweise bereits bei späteren Kynikern, wurde aber erst durch den Einfluss der christlichen Gnadenkonzeption zur strikten Enthaltsamkeit, zur Weltentsagung.[17] Bei Diogenes ist allerdings noch keineswegs die Flucht aus der Welt intendiert, im Gegensatz dazu dient sein Konzept der Bedürfnisreduktion einzig der Selbstbehauptung *in* der Welt. *Arthur Schopenhauer* (1788–1860) unterstreicht dies, wenn er der transzendenten Zielsetzung christlicher Mönche das immanente Lebensideal der Kyniker gegenüberstellt, „nämlich ‚möglichste Glücksäligkeit in diesem Leben'[18], wozu sie den Weg der Reduktion der Bedürfnisse auf das Minimum wählen, anstatt das – letztlich unmögliche – Maximum an Befriedigung anzustreben".[19] Außerdem zeigen auch zahlreiche Anekdoten, dass Armut und Güterverzicht für die Kyniker keinerlei Einbußen an Sinnlichkeit und Genussfähigkeit mit sich zu bringen schienen. Im Gegenteil seien gerade Genügsamkeit und Selbstbeschränkung dazu angetan, eine besonders genussvolle Lebensweise herbeizuführen: *Die Verachtung der Lust ist, wenn man sich einmal darin geübt hat, selbst die größte Lust* (DL VI 71) oder *Der Schlaf auf der Erde ist die angenehmste Ruhe* (Epiktet, *Diatr.* 1, 24, 7).

Der stoische Philosoph Epiktet hat auf die Frage, wie es denn möglich sei, als Kyniker in völliger Armut und Bedürfnislosigkeit ein glückliches Leben zu führen, mit dem Hinweis auf das Beispiel des Diogenes von Sinope geantwortet, den er in einer seiner berühmten Diatriben[20] zu Wort kommen lässt: *Wo ihr es nicht vermutet und suchen wollt, dort liegt das wahre Gut. […] Kehrt ein in euch selbst und macht euch klar, was ihr unter einem wahren Gut versteht. Ihr werdet finden, dass es nicht der Leib sein kann, der so vielen Leiden unterworfen ist, sondern*

17 Vgl. Horn, Antike Lebenskunst (2014), S. 32.

18 A. Schopenhauer, Sämtliche Werke, 2. Aufl., *Die Welt als Wille und Vorstellung*, 2. Bd., hg. v. A. Hübscher, Wiesbaden 1949, S. 170 (zit. nach Niehues, Der Kynismus des Diogenes [2016], S. 192).

19 Niehues, Der Kynismus des Diogenes (2016), S. 192.

20 *Diatribe* heißt eigentlich „Zeitvertreib". Diatriben sind „Lehrgespräche" (lat. *dissertationes*) in fiktiver Dialogform mit moralphilosophischem Inhalt, gehalten in lockerem, mitunter satirisch gefärbtem Ton.

nur die freie Seele. Diese bildet aus, für sie sorgt, in ihr sucht euer Gut. Doch wie kann man ohne Besitz und ohne Kleidung, ohne Dienerschaft, obdachlos und heimatlos, zufrieden leben? Seht mich an: Ich bin ohne Haus, ohne Heimatstadt, ohne Besitz, ohne Sklave. Ich schlafe auf dem Boden. Ich habe keine Frau, keine Kinder, kein Palästchen, sondern nur die Erde und den Himmel und einen schäbigen Mantel. Und was fehlt mir? Bin ich nicht ohne Schmerz, ohne Furcht, bin ich nicht frei? Wann hat einer von euch gesehen, dass ich etwas begehrte, aber nicht erlangte, wann, dass ich etwas zu meiden suchte, ihm aber dennoch verfiel. Wann habe ich einen Gott oder einen Menschen angeklagt, wann jemandem Vorwürfe gemacht? Hat mich etwa je einer von euch mürrisch dreinblicken sehen? Und wie trete ich denen entgegen, die ihr fürchtet und bewundert? Nicht wie Sklaven? Wer glaubt nicht, wenn er mich erblickt, seinen König und Herrn zu sehen? (Epiktet, *Diatr.* 3, 22, 45–49)

6.1.6 Der „Kosmopolit" Diogenes und Alexander der Große

Um der persönlichen Freiheit willen lehnte Diogenes auch alle sozialen Bindungen ab: die Familie, die Ehe und den Staat. *Als jemand sein Herkunftsland wissen wollte, erhielt er zur Antwort: Ich bin Kosmopolit.* (DL VI 63) Gewiss kann hier noch nicht die neuzeitliche Idee des Kosmopolitismus gemeint sein, und es wäre völlig verfehlt, daraus eine positive Haltung gegenüber der Vorstellung einer Völkergemeinschaft und eines Weltreiches, wie es Alexander der Große zu verwirklichen suchte, abzuleiten.[21] Im Gegenteil zeigen gerade die berühmten Anekdoten über die Begegnungen mit dem großen Herrscher, wie Diogenes unter Berufung auf seine Autarkie nicht nur den Niedergang der Polis übersteht, sondern sogar auch dem Mächtigen selbst die Stirn bietet, indem er ihm mit prägnant-schlagfertigen Antworten unmissverständlich klarmacht, was er von ihm hält. Als sich Alexander bei Diogenes mit den Worten *Ich bin Alexander der Große* vorgestellt haben soll, habe dieser selbstbewusst erwidert: *Und ich Diogenes der Hund.* (DL VI 60) Die wohl bekannteste Anekdote, und zugleich eine der meistdiskutierten der Philosophiegeschichte, ist die folgende: Als der Makedonenherrscher einmal vor den in der Sonne dösenden Diogenes trat und ihm einen Wunsch freistellte, entgegnete dieser nur: *Geh mir aus der Sonne.* (DL VI 38) Alexander konnte diese bescheidene Bitte, in der gleichzeitig der schärfste Zynismus zum Ausdruck kommt, einzig

21 Vgl. Niehues-Pröbsting, Der Kynismus des Diogenes (2016), S. 188f.

und allein als einen persönlichen Affront verstehen. In dieser Antwort kulminiert Diogenes' Verachtung und Geringschätzung des Herrschers; gleichzeitig bleibt er sich selbst treu, indem er das Unterstützungsangebot brüsk zurückweist und so seine absolute Autarkie bewahrt. „Die äußere Macht des mächtigsten Herrschers der Antike wird übertroffen durch die Macht, die in der Unabhängigkeit des Weisen liegt, der keine Bedürfnisse hat, die er nicht selber befriedigen könnte."[22]

Man könnte es als Ironie des Schicksals sehen, dass der Philosoph im hohen Alter, vermutlich 323 v. Chr., also im selben Jahr wie Alexander der Große, starb. „Sein gleichzeitiger Tod mit Alexander ist der prägnanteste Ausdruck individueller Selbstbehauptung vor der machtvollsten Verkörperung politischer Gewalt, die primär als Bedrohung empfunden wird."[23] Allerdings gibt es zu Diogenes' Todesjahr keine sicheren Angaben und überdies kursieren mehrere Versionen bezüglich seines Todes, so auch die wunderliche Erzählung, er habe einfach den Atem angehalten. Als geradezu visionären Hinweis auf die umwälzenden geschichtlichen Ereignisse, die unmittelbar bevorstanden, lässt sich die Aussage bezüglich seines Bestattungswunsches deuten: *Auf die Frage, wie er bestattet werden wolle, meinte er: „Mit dem Gesicht nach unten", und als man den Grund wissen wollte: „Weil in Kürze sowieso das Unterste zuoberst gekehrt sein wird."* (DL VI 31f.)

6.1.7 Antitheoretisches Glücksmodell

Abschließend kann festgehalten werden, dass die Ethik der Kyniker einerseits dem klassischen Moraldenken verhaftet blieb, insofern als diese danach strebten, das Glück an die Verwirklichung einer äußeren Ordnung zu knüpfen und mit ihren praktischen Beispielen die Welt und das Verhalten der Menschen tatsächlich zu beeinflussen.[24] Andererseits unterscheidet sich ihre Auffassung des Lebensglücks wesentlich von der aller anderen philosophischen Schulen und Richtungen der Antike. Der Kyniker war davon überzeugt, dass man zu einem glücklichen Leben nicht über die Theorie – durch Aneignung eines seiner Einschätzung nach ethisch irrelevanten und existenziell

22 Niehues-Pröbsting, Die antike Philosophie (2004), S. 179.

23 Niehues-Pröbsting, Der Kynismus des Diogenes (2016), S. 187

24 Hossenfelder, Antike Glücklehren (2013), S. 3.

unnützen Wissens – gelange, sondern durch direkte praktische Umsetzung der ethischen Ideale, indem man lernt, die Bedürfnisse auf die von Natur aus gegebenen zu reduzieren, diese auf möglichst einfache Weise zu befriedigen und sich zudem von allen einengenden Konventionen zu befreien, um ein Leben in völliger Freiheit zu führen. „Seine Einstellung machte ihn gelassen gegenüber den Wechselfällen des Lebens in dem Bewusstsein, dass ‚für die entscheidenden Dinge des Lebens eben keine Theorie zu haben' ist, sondern dass es darauf ankommt, ‚das Wagnis der Existenz wach und heiter auf sich zu nehmen'[25]",[26] resümiert *Karl-Heinz Dammer* mit Bezug auf Sloterdijk.

Dabei ist die kynische Ethik keineswegs antihedonistisch, sondern durchaus offen für Lustgewinn, sofern dieser nicht überhandnimmt und die Autarkie gefährdet. Hier nähert sie sich dem Hedonismus Aristipps (s. u.), dem es ebenso darauf ankommt, von der Lust nicht besessen zu werden.[27] Dass sich in so manch öffentlicher und Anstoß erregender Zurschaustellung der Befriedigung ihrer sinnlichen Bedürfnisse die Gefahr verbarg, nicht nur Handlungen der Kyniker als provokant und schamlos zu beurteilen, sondern auch ihre Lehre als teils inkonsistent, teils sogar verlogen aufzufassen, ist nicht von der Hand zu weisen und war wohl der Grund für ihre weit verbreitete Ablehnung. Dennoch hat das kynische Erbe mit dem Entwurf eines einzigartigen lebenspraktischen Glücksmodells, in dem der Weg zur *eudaimonía* allein über *áskesis* und *areté* führt, die Zeiten überdauert und gewinnt gerade heute wieder zusehends an Beachtung. In diesem gänzlich antitheoretischen Wirken der Kyniker, das vornehmlich mit der Kritik an der Nutzlosigkeit reiner Theorie einhergeht, sieht *Hans Blumenberg* deren besondere Stärke: „Unter den Schulen der hellenistischen Zeit ist die der Kyniker am ehesten disponiert, sich an die Stelle der spottenden Magd zu setzen und die Theoretiker aller anderen Denominationen aus dieser Position verächtlich zu machen."[28] Die „spottende Magd" ist Teil einer von Platon (*Theait.* 174a) überlieferten Geschichte vom Brunnensturz des Sternenguckers Thales, die zu

25 Sloterdijk, Kritik der zynischen Vernunft (1983), S. 303 (zit. nach Dammer, s. FN 26).

26 Dammer, Philosophen als Pädagogen (2015), S. 55.

27 Vgl. Niehues-Pröbsting, Der Kynismus des Diogenes (2016), S. 193.

28 H. Blumenberg, Das Lachen der Thrakerin. Eine Urgeschichte der Theorie. Frankfurt am Main 2010, S. 13.

den meisterzählten Anekdoten hinsichtlich des Selbstverständnisses von Philosophie zählt. Thales, der bei der Betrachtung des Sternenhimmels in einen Brunnen stürzte, wurde deswegen von einer thrakischen Magd verspottet, der jegliches Verständnis für die von Thales betriebene Naturphilosophie fehlte. Philosophisches Wissen, so die Lehre dieser paradigmatischen Erzählung, bleibe, sofern es nicht für die Mitmenschen verständlich gemacht wird, nutzlos und überdies sei der Philosoph für den praktischen Lebensvollzug nur unzureichend gerüstet. Bei Diogenes (DL VI 27f.) wird, so *Heinrich Niehues-Pröbsting*, allerdings weniger die Nutzlosigkeit der Theorie kritisiert als vielmehr die „Diskrepanz zwischen Lehre und Leben"[29], die dem kynischen Philosophieverständnis, das von der Übereinstimmung von Theorie und Praxis geprägt ist, widerspricht. Im antiken Kynismus erfüllt sich somit in reinster Form einer der wichtigsten Ansprüche der antiken Philosophie, insofern als hier die praktische Lebensweise einen integrativen Bestandteil der philosophischen Morallehre darstellt, Philosophie also tatsächlich Lebensform ist.

6.2 Die Kyrenaiker

Die kyrenaische Philosophie erhielt ihren Namen nach der Heimat ihres Gründers **Aristippos** von Kyrene (ca. 435–355 v. Chr.). Wie bei den Kynikern erschöpft sich die Überlieferung aus zweiter Hand im Wesentlichen in Anekdoten über dessen Lebensart, wobei zudem nicht klar zu trennen ist zwischen dem, was Aristipp selbst zugeschrieben werden kann, und dem, was seinen Nachfolgern angehört. In seinem erkenntnistheoretischen Denken ist Aristipps Nähe zum Phänomenalismus und Subjektivismus der Sophisten unverkennbar, wenn er aufgrund der unzuverlässigen menschlichen Sinneswahrnehmungen einen konsequenten Agnostizismus gegenüber den Dingen der Außenwelt vertritt. Das bei den Kynikern so wichtige Wissen um die Natur ist hier nur insofern nützlich, als es der Unterscheidung von Gut und Übel dient. Von absoluter Evidenz sind für die Kyrenaiker daher nur die jeweils individualistischen *páthe* (Pl. zu *pathos*: Empfindung), rein subjektiv wahrnehmbare Gefühle von Lust und Schmerz, Affektionen unseres Be-

29 Niehues-Pröbsting, Die antike Philosophie (2004), S. 208.

wusstseins, hervorgerufen durch Einwirkung äußerer Faktoren. Die Ansicht, alles Gut und Übel liege in der Wahrnehmung, wird später ebenso von Epikur vertreten. Eine Grundlage zu dieser Theorie findet sich bereits im Satz des Demokrit (DK 68 B 188): *Zwischen Lust und Unlust [verläuft] die Grenze, welche das Zuträgliche vom Unzuträglichen scheidet.* (s. Kap. 3.4, S. 53)

6.2.1 Die Lust als höchstes Gut

Aus dieser erkenntniskritischen Position zieht Aristipp entsprechende Konsequenzen für seine Ethik. Da unsere individuellen Lust- und Schmerzempfindungen das einzig verlässliche Wissenskriterium darstellen, können folglich nur diese allein die Richtschnur für unser Handeln bilden; Lust und Unlust sind daher das jeweils höchste Gut bzw. das größte Übel. Das höchste Telos für unser Handeln, die Lust, wird „nicht metaphysisch a priori deduziert"[30], sondern rein empirisch bestimmt, und dabei sind drei Lust-Unlust-Zustände zu unterscheiden. Als höchstes Gut bestimmte Aristipp die Lust als eine glatte Bewegung, die zur Wahrnehmung aufsteigt (DL II 85), die Unlust dagegen als raue und schmerzvolle Bewegung (DL II 86); als dritte Form nahm er einen mittleren Zustand an, nämlich die Freiheit von Lust sowie Unlust (Sextus Empiricus, *Math.* 7, 199).

Das natürliche Telos des Menschen kann aber immer nur die einzelne, gegenwärtige Lust sein – an diesem Punkt setzt der wesentliche Unterschied der kyrenaischen Ethik im Vergleich zu anderen antiken Moralkonzepten an: Nicht die *eudaimonía*, die bestenfalls aus einer Summe zahlreicher – bereits vergangener oder möglicherweise in der Zukunft eintretender – Lustmomente besteht, ist für die Kyrenaiker das höchste Ziel, sondern nur die jeweilige einzelne Lustempfindung. Indem die Kyrenaiker als einzige der antiken Philosophen die Lust zur obersten Maxime des Handelns machten, bauten sie den Eudämonismus zu einem Hedonismus (*hedoné:* Lust, Freude) um. Bei Diogenes Laërtios heißt es dazu: *Sie lehren auch, dass das höchste Gut vom Glück verschieden sei. Denn das höchste Gut sei die einzelne Lust, das Glück dagegen die Zusammenstellung aus den einzelnen Lüsten, denen sowohl die vergangenen als auch die zukünftigen zugezählt würden. Und die einzelne Lust sei um ihrer selbst willen wählenswert, das Glück nicht um seiner selbst willen, sondern um der einzelnen*

---

30 Hossenfelder, Antike Glückslehren (2013), S. 41.

Lüste willen. (DL II 87f.) Eine *eudaimonía* mit kumulativen Glückserlebnissen sei wohl schwer zu erreichen (DL II 90), daher kann sie für Aristipp nicht als höchstes Gut gelten und wird, zumal sie für ihn auch jeglichen Selbstwertes entbehrt, zu einem abgeleiteten Gut herabgestuft. „Sie wird nicht um ihrer selbst willen erstrebt, sondern nur um der einzelnen Lust willen.“[31]

6.2.2 Das „Empfindungsglück“ der Kyrenaiker

Das ständige Luststreben der Menschen erzeugt jedoch gleichzeitig den Wunsch, die *eudaimonía* zu erreichen. So argumentiert Hossenfelder aus der Position des Kyrenaikers: „[...] *weil* wir die einzelne Lust als das höchste Gut immer wollen, *deshalb* wollen wir auch die Eudämonie.“[32] Hier bleibt allerdings die Frage offen, wieso Aristipp nicht den später von Epikur vollzogenen und weitaus plausibleren Weg wählte, nämlich Glück und Lust gleichzusetzen, um auf diese Weise die *eudaimonía* als oberstes Ziel zu behalten. „Die Kyrenaiker nehmen stattdessen eine Position ein, die der modernen Bevorzugung des Empfindungsglücks gegenüber dem Erfüllungsglück noch am nächsten kommt.“[33] Ihr Standpunkt ist demzufolge ein rein hedonistischer, denn offenbar ging es ihnen vorrangig darum, möglichst viel Lust im jeweiligen Augenblick zu genießen. Der Einfluss der sokratischen Ethik macht sich hierbei insofern bemerkbar, als Aristipp hinsichtlich der Abwägung von Lüsten mit der richtigen Einsicht (*phrónesis*) als einem mäßigenden Regulativ argumentiert. Um eine möglichst große Summe von Lust und gleichzeitig auch *eudaimonía* zu erreichen, gilt es, eine gewisse Lust-Unlust-Bilanz zu entwickeln, um nicht für geringere Lust größere Unlust einzutauschen. Außerdem hindert uns die Einsicht daran, unser Herz an Dinge zu hängen, deren Wert auf falschen Einschätzungen beruht (DL II 90); diese allein kann uns vor Quellen der Unlust, wie beispielsweise Neid, Aberglaube, Leidenschaft oder Ruhmsucht, bewahren (DL II 86), sie ist es aber auch, die uns davor schützt, unsere innere Freiheit zu verlieren und zu Sklaven der Lust zu werden. Ein berühmtes Bonmot Aristipps über sein Verhältnis zur Hetäre Laïs lautet: *Ich besitze, werde/bin aber nicht besessen (écho, all' ouk échomai); denn das Lustverlangen*

31 Hossenfelder, Antike Glücklehren (2013), S. 43.

32 Ebd.

33 Horn, Antike Lebenskunst (2014), S. 70.

souverän zu beherrschen ist das Beste, nicht die Abstinenz. (DL II 75) Die Einsicht hindert den Weisen auch daran, jegliche soziale Bindungen einzugehen. Ehe, Gesellschaft, Staat, Vaterland bedeuten ihm nichts, da im Grunde jede gefühlsmäßige Bindung seine innere Unabhängigkeit gefährden könnte.

Zusammenfassend kann man festhalten, dass sich aus den genannten Positionen kein schlüssig abgerundetes Bild der kyrenaischen Ethik ergibt. Aristipp ist es offenbar nicht gelungen, die beiden Grundelemente seiner Lehre, die sensualistische Erkenntniskritik und die sokratische Einsicht, logisch zu verbinden, da doch ein gewisser Widerspruch in der Frage bleibt, wozu die Menschen noch der *phrónesis* (Einsicht) bedürfen, wenn ohnehin unabhängig davon das einzig sichere Kriterium in den Gefühlsempfindungen, den *páthe* (Pl. zu *pathos*) liegt. Das Lustprinzip ist weder mit der inneren Freiheit noch mit der Einsicht kompatibel verbunden, und so bleibt die Ethik der Kyrenaiker im Wesentlichen zum einen individualistisch bis egoistisch, zum anderen utilitaristisch bis opportunistisch geprägt. Jedenfalls ist ein deutlicher Abfall vom sokratischen Grundprinzip, dem autonomen *lógos*, festzustellen, indem sich die Vernunft zur Dienerin der Lust erniedrigt. Die mangelnde Konsistenz der kyrenaischen Lehre setzte sich auch bei den Nachfolgern Aristipps fort, unter denen sich ebenfalls widersprüchliche Standpunkte bildeten. Letztlich verblasste sie unter dem Aufkommen der epikureischen Philosophie und wurde größtenteils in deren Ethik integriert.

Nichtsdestotrotz muss man den Kyrenaikern zugestehen, mit ihrem individuellen, subjektiven und psychologisch ausgelegten Hedonismus dem Glücksbegriff der Moderne am nächsten gekommen zu sein. Zweifellos wird in unserer heutigen schnelllebigen Gesellschaft das Empfindungsglück favorisiert, im Sinne eines relativ leicht zu erreichenden ‚episodischen' Glückserlebnisses, gegenüber einem ‚übergreifenden', womöglich mehrere Lebensabschnitte umfassenden, jedoch sicherlich mit größeren Anstrengungen verbundenen, länger währenden Glückszustand.[34] Zudem ist unser heutiges Glücksverständnis in hohem Maße individualisiert, sodass wir es als selbstverständlich ansehen, dass es vorrangig der Autorität jeder einzelnen Person vorbehalten ist, über die jeweilige Form des Glücklichseins zu befinden.

34 Vgl. Seel, Versuch über die Form des Glücks (1999), S. 62ff.

Im Gegensatz dazu mag es befremdlich erscheinen, dass uns die größten Philosophen der klassischen Antike, Platon und Aristoteles, den Weg zum Glück einzig über die Philosophie weisen.

6.3 Anhang: Eudoxos von Knidos

Gleichsam im Übergang von Praxis zu Theorie begegnet uns der Philosoph **Eudoxos** von Knidos (ca. 398–345 v. Chr.), ein vielseitig gelehrter Mann, der zeitweilig auch Platons Akademie angehörte. Neben seinen Studien in Mathematik, Astronomie, Geographie und Medizin beschäftigte er sich auch mit ethischen Fragen und sah wie Aristipp in der Lust das höchste erstrebenswerte Gut. Zur Begründung seiner hedonistischen Auffassung entwickelte er mehrere Argumente (Arist. *EN* X 2, 1172b9ff.): Alle Lebewesen, vernunftbegabte wie vernunftlose, erstrebten die Lust und vermieden die Unlust, daher sei die Lust als höchstes Gut anzusehen. Sie erweise sich dadurch als Letztziel, dass niemand weiterfragen könne, zu welchem Zweck man Lust empfinde. Außerdem mache diese, hinzugefügt zu einem beliebigen anderen Gut, dieses noch wünschenswerter. Darüber hinaus gibt Eudoxos jedoch keinerlei Ratschläge für eine lustvolle Lebensweise. Er hatte offenbar auch selbst kein Interesse an einem von Lust beherrschten Leben, ganz im Gegenteil war er bekannt für seinen edlen Charakter, seine Besonnenheit und Integrität (Arist. *EN* X 1172b15ff.). Aristoteles merkt dazu an, dass es Eudoxos offensichtlich vorrangig um eine theoretische Abhandlung ging, wohl in Auseinandersetzung mit Platon, da dieser das von Eudoxos verwendete Argument, dass sich jede weitere Frage zur Bevorzugung der Lust erübrige, in seinem *Symposion* anführt, allerdings bezogen auf die Eudamonie: *Durch den Besitz des Guten sind die Glücklichen glücklich, und hier bedarf es keiner weiteren Frage mehr, zu welchem Zweck jemand glücklich sein wolle, sondern die Antwort scheint ein Ende zu haben.* (Platon, *Symp.* 205a)

Von dieser Überlegung ausgehend könnte Eudoxos seine Kriterien für das höchste Gut wie folgt entwickelt haben: i) Es müsse von allen Lebewesen angestrebt werden. ii) Es müsse ein intrinsisch wertvolles Gut, ein Gut an sich sein. iii) Alle anderen Güter müssten auf dieses zurückgeführt werden.[35] Seine Argumentation erscheint bei genauerer Betrachtung jedoch inkonsistent. Wenn sich der Gütercharakter aller Güter aus dem höchsten Gut, also der Lust, ableitet, dürfte Eudoxos nicht behaupten, dass Lust andere Güter wählenswerter mache und sich demnach vergrößere, denn dies würde bedeuten, dass es auch andere genuine Güter gebe und Lust, als ein Gut unter mehreren, nicht als das höchste, unüberbietbare, einzig intrinsische Gut gelten könne. Kritisch muss aber auch Eudoxos' grundlegende Argumentation betrachtet werden, der zufolge das, was für alle gut sei und wonach alle strebten, das Gute sei. Hierin könnte man ein Beispiel eines „naturalistischen Fehlschlusses", des Schließens vom Sein auf das Sollen, erkennen. Die Tatsache, dass etwas in sich erstrebt wird, sei es auch von „allen Lebewesen", wie er sagt, ist allerdings noch kein Beweis, dass es immer und überall *erstrebenswert* ist bzw. von allen erstrebt werden soll.[36] Dass Lust unter gewissen Umständen auch schlecht sein kann, findet sich bereits beim frühen Platon (*Gorg.* 499d), eine Beobachtung, die auch auf den historischen Sokrates zurückgehen könnte.[37] Die Frage bezüglich eines „naturalistischen Fehlschlusses" ist insofern nicht einfach zu beantworten, als sich die Antike dieses Problems noch gar nicht bewusst war und diese Sichtweise zudem in eine bestimmte Weltdeutung zu integrieren ist, der zufolge allen Dingen ihr Platz in einem *kosmos* (Ordnung, Schmuck) zugedacht ist. In diesem kann es auch nur *ein* höchstes Gut geben, das für alle Lebewesen verbindlich ist, da andernfalls unentscheidbare Normkonflikte entstünden, die die konsistente Ordnung gefährden könnten. Dabei bleibt die Problematik bestehen, dass man selbst ein Teil der als *kosmos* beschriebenen Welt ist. Hossenfelder meint dazu: „Es ist fraglich, ob eine solche Beschreibung denkbar ist, ohne dass man den Kosmos und die in ihm enthaltenen Wertungen gleichzeitig bejaht."[38]

Sokrates hat jedenfalls nach der Überlieferung Xenophons (*Mem.* IV 2, 31ff.) schon vor Eudoxos das Glück als ein nicht ambivalentes Strebensziel be-

---

35 Vgl. M. Hossenfelder, Epikur. München ^{4}2017, S. 30f.

36 Dabei kommt die Mehrdeutigkeit des griechischen Verbaladjektivs *hairetón* zum Ausdruck, das sowohl „erwählt" als auch „wählbar" und „wählenswert" heißen kann.

37 Vgl. Horn, Antike Lebenskunst (2014), S. 215f.

38 Hossenfelder, Epikur (2017), S. 32f.

stimmt und davon die vielen uneindeutigen Güter, wie Gesundheit, Schönheit, Kraft, Reichtum, Macht, Ansehen u. ä., unterschieden. Zudem lässt Eudoxos eine Erklärung vermissen, wie der Zielcharakter der Lust mit dem Gutsein anderer Dinge in Verbindung steht. Hier stellt Platon ausdrücklich klar, dass das höchste Ziel dasjenige sei, um dessentwillen man alles andere tue; anders ausgedrückt, alle anderen Ziele sind dem höchsten Strebensziel als bloße Mittel untergeordnet. In diesem Sinne spricht Sokrates zu Kallikles: *Scheint dir das auch so, dass das Ziel aller Handlungen das Gute ist, und dass um seinetwillen alles andere getan werden muss, aber nicht jenes um der anderen willen?* (*Gorg.* 499e)

Doch auch wenn Eudoxos offenbar gerade mit der Verwendung des platonischen Arguments, dem zufolge die *eudaimonía* als fraglos höchster Wert anzusehen ist, eine Gegenposition zu Platon entwirft, in der die Lust als höchstes Ziel bestimmt wird, eint beide die metaethische Betrachtungsweise: Sie verweisen auf die Funktion, „die das höchste Gut im Zusammenhang rationaler Begründung ausübt: dass nämlich bei ihm alles Fragen nach Rechtfertigung ein absolutes Ende findet."[39]

Darüber, was Eudoxos über die Eudämonie dachte, gibt es keine Zeugnisse. Hossenfelder hält es für denkbar, dass es in seiner Argumentation wenig Platz für *eudaimonía* im komplexeren Sinne eines erfüllenden, guten und gelingenden Lebens gab, da ansonsten seine erste Bedingung, alle Lebewesen strebten nach Lust, nicht erfüllbar gewesen wäre, denn vernunftlose Wesen könnten a priori nicht über den Begriff der Eudämonie verfügen.[40] Auch wenn dieser Gedanke, wie Hossenfelder selbst anmerkt, reine Spekulation ist, könnte hier eine von Eudoxos – auch unwillentlich – präjudizierte Ansicht zum Vorschein kommen. Der Hedonist (wenn in seinem Fall auch nur in Theorie), der wie auch schon Aristipp unserem heutigen Verständnis eines Empfindungsglücks am nächsten kommt, würde uns hier erklären, dass die unbedingte Voraussetzung für die Erlangung der wahren Eudämonie im Sinne des Erfüllungsglücks vernünftige Einsicht sei!

Epikur wird in der nächsten Generation, so könnte man sagen, dieser hier entwickelten Annahme zustimmen und darauf seine Ethik aufbauen.

39 Hossenfelder, Epikur (2017), S. 33.

40 Vgl. ebd., S. 35.

7 *Eudaimonía* – Platons Weg zur Glückseligkeit

Platon (428/27–348/47 v. Chr.), der alle übrigen Schüler des Sokrates an persönlicher und philosophiegeschichtlicher Bedeutung überragt, ist der erste griechische Philosoph, über dessen Leben und Werk wir umfassende Kenntnis haben. Besonders aufschlussreich ist sein autobiographischer *Siebenter Brief*, an dessen Authentizität lange gezweifelt wurde, der aber inzwischen von der Forschergemeinde weitgehend als echt anerkannt wird. Angesichts der grundlegenden Vorbehalte Platons gegenüber der schriftlichen Fixierung seiner Lehre, die er in kritischer Selbstreflexion im *Siebenten Brief* (341c–e) und an einer weiteren Stelle im *Phaidros* (275ab) äußerte, ist es als umso größerer Glücksfall anzusehen, dass wir aufgrund einer die Jahrhunderte überdauernden Überlieferung und Rezeption durch christliche Autoren im Besitz sämtlicher platonischer Werke sind.

Wie es für Söhne aus aristokratischen und hochgestellten Familien üblich war, sollte auch Platon, ein geistig wie körperlich hochbegabter Jüngling, aus einer der ältesten und wohlhabendsten Familien Athens stammend, die politische Laufbahn einschlagen. Er wurde jedoch alsbald Zeuge schlimmer politischer Verwerfungen, die nach der Errichtung eines Schreckensregimes der 30 Tyrannen in der Verurteilung und Hinrichtung seines von ihm hoch verehrten Lehrers Sokrates gipfelten. Dass er den augenscheinlichen, in höchstem Maße ungerechten Justizmord an Sokrates miterleben musste, löste im jungen Platon eine schwere Erschütterung aus und war der ausschlaggebende Grund für seine Entscheidung, sich fortan ausschließlich der Philosophie zuzuwenden, geleitet von der Frage nach der Gerechtigkeit und nach einem gerechten Staatswesen. Das bezeugt eine berühmte Stelle aus seinem autobiographischen *Siebenten Brief*: *Und so sah ich mich gezwungen, nur noch die wahre Philosophie anzuerkennen und festzustellen, dass man allein von ihr ausgehend vollständig erkennen könne, worin Gerechtigkeit im Staat und im Privatleben bestehe und dass wahrhaftig das Menschengeschlecht nicht aus dem Unglück herauskäme, bis entweder der Stand der echten und wahren Philosophen im Staat zur*

Herrschaft gelangt, oder bis die Inhaber der Regierungsgewalt in den Staaten infolge einer göttlichen Fügung sich zur ernstlichen Beschäftigung mit der echten Philosophie entschließen. (326ab) Platons Denken blieb jedenfalls zeitlebens an die Ethik gebunden, die ihrerseits wiederum von seinem leidenschaftlichen, nie abgelegten Interesse an der Politik geprägt war. Er gründete um 387 v. Chr. in Athen eine hierarchisch organisierte schulische Gemeinschaft Gleichgesinnter, die „Akademie", benannt nach dem Heiligtum des attischen Heros *Akádemos*, in welcher er seine wissenschaftliche Arbeit in Lehre und Forschung bis zu seinem Tode betrieb.

7.1 *Areté* als intellektualistische seelische Vollkommenheit

Wie Sokrates vertritt auch Platon einen intellektualistischen Standpunkt, wenn er meint, dass derjenige, der das Wissen vom Guten habe, auch gut sei bzw. gut handle und folglich niemand freiwillig, sondern jeweils nur aus Unwissenheit Schlechtes tue. Für diese These gibt es in sämtlichen Schaffensphasen Platons zahlreiche Belege (z. B. *Apol.* 25e; *Hipp. Min.* 376b; *Prot.* 345df., 352bff., 358cff.; *Gorg.* 509e; *Men.* 77bff.; *Pol.* II 382a, III 413a, IV 444aff., IX 589c; *Soph.* 228c.; *Tim.* 86df.). Vor allem aber teilt Platon mit Sokrates die Überzeugung, dass die Sorge des Menschen um das Heil seiner Seele am wichtigsten sei, wobei er sich dieser sittlichen Aufgabe mit großem Eifer widmete und seine Anstrengungen mit beträchtlichem Pathos weiter vertiefte, insofern als er dem Seelenheil durch die Hinwendung ins Metaphysische gleichsam religiösen Charakter verlieh.

In Platons Frühdialogen dominiert die Ansicht, die nach allgemeiner Auffassung auch Sokrates zugeschrieben werden kann, dass allein die Tugend *(areté)* für das Glück bestimmend sei (*Euthyd.* 282cff.). Der Begriff der *areté*, der von Anbeginn der vorliegenden moralphilosophischen Untersuchungen eine besondere Rolle einnahm und sich in der Sophistik zu einem zentralen Thema der Ethik entwickelte (s. Kap. 4.2, S. 65ff.), gewinnt unter Platon eine noch tiefere Sinndimension, die weit über das hinausgeht, was wir heute unter diesem bisweilen antiquiert anmutenden Terminus verstehen. Platon definiert *areté* als „intellektualistische seelische Vollkommenheit einer Person" oder, an anderer Stelle, als „den optimalen Funktionszustand der menschlichen Seele“[1], der zugleich die unabdingbare Voraussetzung für ein glückliches Leben bildet. Damit schließt er auch an die ursprüngliche Bedeutung von *areté* als „Bestheit“ an, wenn er beispielsweise in seinem Hauptwerk *Politeia* (I 352dff.), Vergleiche mit der optimalen Tauglichkeit von Pferden, Rebscheren oder Augen zieht. Aus weiteren ausführlichen Untersuchungen Platons resultiert die „Bestheit“ des Menschen bzw. der menschlichen Seele im Sinne ihrer funktionalen Exzellenz letztlich aus dem Zustand der Gerechtigkeit (*Pol.* IV 433a).

7.2 Allgemeines Glücksstreben und Tugendwissen

Das allgemeine Glücksstreben wird an mehreren Stellen in Platons Werk verdeutlicht: Alle Menschen stellen sich die Frage nach dem glücklichen Leben (*Gorg.* 500c); niemand will unglücklich sein (*Men.* 78a); Eltern wollen das Glück für ihre Kinder (*Lysis* 207e); und weise Gesetzgeber sind darauf bedacht, alle Menschen einer Polis glücklich zu machen (*Pol.* IV 419aff.; *Nom.* I 631b, V 743c). Im *Euthydemos* stellt Sokrates fest, dass es wohl niemanden gebe, der sich nicht wünsche, glücklich zu sein (278e). Darauf folgt eine Aufzählung von Gütern, wie zum Beispiel Gesundheit, Schönheit, Macht und Ehre, deren Qualität jedoch jeweils von der *areté* abhängt; das heißt, sie sind nicht a priori gut, sondern erhalten ihren positiven Wert erst durch den aus dem Tugendwissen abgeleiteten richtigen Gebrauch (*Euthyd.* 278eff, 292b). Beispielsweise ist Beharrlichkeit im Kampf allein noch keine Tugend, sondern wird erst zur Tapferkeit, wenn sie aufgrund des Tugendwissens dem Guten entsprechend konkret verwendet wird (*Phaid.* 69af.). Im *Euthydemos* (279c) wird von Sokrates in diesem Zusammenhang auch der Begriff der *eutychía* erwähnt, der im Gegensatz zur *eudaimonía* das Glück im Sinn eines glücklichen äußeren Zufalls bezeichnet (s. Kap. 2.3, S. 36ff.). Angesichts ständig wechselnder Bedingungen und schwankender äußerer Einflüsse stelle die *eutychía* einen Einwand gegen die Zielvorstellung eines vollkommenen Glücks dar, da letztlich doch nur das unter den jeweils gegebenen Umständen bestmögliche Leben realisiert

1 Chr. Horn, Art. Tugend. In: Chr. Horn/J. Müller/J. Söder (Hgg.): Platon Handbuch. Leben – Werk – Wirkung. Heidelberg [2]2020, S. 351ff.

werden könne. Dieses Argument versucht Sokrates sogleich zu widerlegen, indem er verschiedene Beispiele aus der Praxis anführt: So würden mit vorzüglicher Performanz begabte Flötenspieler genauso das Glück genießen wie erfahrene Steuermänner, die den Gefahren auf hoher See trotzen, oder wie erprobte Feldherren und kundige Ärzte glücklich seien (*Euthyd.* 279e4ff.). Alle diese verfügten nämlich über *sophía,* das entsprechende Können und Wissen, und seien damit vom Zufall unabhängig. Diese Begründung greift wohl etwas zu kurz, da beispielsweise ein Steuermann, auch wenn er für seine Aufgabe bestens präpariert wäre, aufgrund widriger Bedingungen, in denen menschliche Kräfte allein nicht ausreichten, durchaus in Bedrängnis geraten könnte. Sokrates bzw. Platon, deren Standpunkte wir hier immer als übereinstimmend annehmen, können daher wohl nicht leugnen, dass das menschliche Leben grundsätzlich immer wieder auch von glücklichen und unglücklichen Zufällen bestimmt ist. Daraus folgt, dass das handlungsanleitende, technische Wissen (*téchne*) hinsichtlich einer Kunstausübung wohl deren Gelingen und Erfolg garantieren kann, jedoch nur unter gewöhnlichen Umständen.[2] Nach Christoph Horn ist das gute Gelingen einer Handlung (*eutychía*) einerseits von Tugend und Einsicht abhängig, andererseits wird der Einsichtige dadurch glücklich, dass er dem *daimon*, dem „göttlichen Schutzgeist" in seinem Inneren, gehorcht (*eudaímon Tim.* 90c).[3]

Das Tugendwissen ist also die notwendige Voraussetzung für den „richtigen Gebrauch von Ressourcen, denen als solchen das Gutsein nicht zukommt, da sie sowohl zum Guten wie zum Schlechten gebraucht werden können".[4] Darin ist zugleich die Kenntnis des Guten, des letzten Ziels des menschlichen Lebens, implizit vorhanden. Dazu rufen wir uns nochmals die zentrale sokratische These in Erinnerung, der zufolge die Tugend allein zum Glück ausreiche. Die Verknüpfung der beiden Ansichten bringt jedoch nicht die gewünschte Klarheit, da gemäß dieser Argumentation das Tugendwissen, sofern es einerseits das Wissen vom Guten und vom Glück ist, andererseits aber zugleich das Gute selbst, schwerlich Wissen von sich selbst sein kann (*Pol.* VI 505bf.). Aufschluss könnte folgende Passage aus dem *Euthydemos* (282a) bringen:

2 Vgl. U. Wolf, Die Suche nach dem guten Leben. Frankfurt am Main ²2013, S. 73ff.

3 Vgl. Horn, Antike Lebenskunst (2014), S. 66.

4 Stemmer, Art. Tugend. In: HWPh Bd. 10, Sp. 1538; vgl. *Symp.* 180ef., 183d.

Da wir nun alle danach streben, glücklich zu sein, und da wir offenkundig durch den Gebrauch der Dinge, und zwar durch den richtigen Gebrauch, glücklich werden, wobei es das Wissen ist, das die Richtigkeit und das gute Gelingen sicherstellt, muss jeder Mensch dafür sorgen [...], so weise wie möglich zu werden. Die *sophía* soll hier – anders als jegliches grundsätzlich instrumentalisierbare Fachwissen, wie beispielsweise das der Medizin oder Feldherrenkunst – als nicht ambivalentes Gut fungieren, hat jedoch insofern auch instrumentellen Charakter, als allein durch sie das letzte Strebensziel, die *eudaimonía*, erlangt wird. „Die *sophía* wird also gewollt, weil sie zur *eudaimonía* führt, obwohl beide eindeutig und invariabel sein sollen."[5] Es sei hier nur am Rande angemerkt, dass hinsichtlich des platonischen Verhältnisses von Tugend und Glück in der Forschung keineswegs Übereinstimmung herrscht und gerade in neuerer Zeit kontroverse Standpunkte vorgebracht sowie auch bisherige Meinungen in Frage gestellt bzw. revidiert werden.[6]

Aus der Überlieferung haben wir Kenntnis, dass schon der historische Sokrates ständig auf der Suche nach gültigen Definitionen von Tugenden war, indem er seine Gesprächspartner mit insistierenden Versuchen der Klärung und Bestimmung des Tugendwissens unablässig provozierte und in größte Bedrängnis brachte. Um an der intellektualistischen Kernthese seines Lehrmeisters, der zufolge Gutsein und gutes Handeln allein aus vernünftiger Einsicht resultiert, festzuhalten, trifft Platon nun eine grundlegende Unterscheidung zwischen intrinsischen und instrumentellen Gütern (*Pol.* II 357bff.). Manches ist für sich erstrebenswert, wie zum Beispiel Wohlbefinden oder harmlose Vergnügungen, manches wird allein wegen der positiven Folgen gesucht, wie zum Beispiel medizinische Behandlungen oder lukrative Berufe; und schließlich gibt es das von Platon präferierte Streben nach dem Guten sowohl um seiner selbst willen als auch wegen seiner Folgen, wie zum Beispiel Vernünftig- oder Gesundsein. Platon scheint als erster antiker Philosoph eine Strebenstheorie im Sinne einer teleologisch konzipierten Handlungstheorie entworfen zu haben. Die zwei wesentlichen Kernpunkte dabei sind einerseits die Zielorientierung jeder Einzelhandlung des jeweiligen Ak-

5 Horn, Art. Tugend. In: Horn/Müller/Söder (Hgg.): Platon Handbuch (2020), S. 354.

6 Entsprechende Hinweise liefert beispielsweise A. Schriefl: Art. Glück. In: Horn/Müller/Söder (Hgg.): Platon Handbuch (2020), S. 292f.

teurs und andererseits die Summierung der individuellen Einzelzwecke zum übergeordneten Gesamtziel des Glücks. Dieses wird schließlich aus einem möglichst umfassenden Güterbesitz des Individuums evoziert, sofern dessen Streben – um welche Güter es sich auch immer handeln mag – zu einem Ende gelangt, an dem sich jedes Begehren und Wünschen erfüllt hat. Hier ist das von Eudoxos (s. Kap. 6.3, S. 113) verwendete Argument aus dem *Symposion* (205a) anzuführen, dem zufolge sich die Frage nach der Sinnhaftigkeit der Zielsetzung der *eudaimonía* um ihrer selbst willen erübrige. „Zur Semantik des Glücksbegriffs gehört es, dass man nicht sinnvoll weiterfragen kann, weshalb jemand glücklich sein will.“[7]

7.3 Die zentrale Rolle der Gerechtigkeit im Zusammenspiel der Kardinaltugenden

Eingangs wurde bereits darauf hingewiesen, dass nach Platon die „Bestheit“ der menschlichen Seele durch den Zustand der Gerechtigkeit herbeigeführt wird. Letztere stellt zugleich ein zentrales Kriterium für die Glückserfahrung dar. In Platons *Gorgias*, in dem intensiv der Zusammenhang von Ethos und Glück untersucht wird, erklärt Sokrates im Gespräch mit dem Sophisten Kallikles, dass der Gerechte nicht nur gut lebe, sondern auch *eudaímon* sei (507c; s. Kap. 4.8, S. 78). Auf die individualethische Frage nach dem guten Leben und dem erklärten Strebensziel der *eudaimonía* findet sich im Dialog *Kriton* (48cf.) dazu eine noch exklusivere Aussage Sokrates': *Für uns aber ist, [...] gar nichts anderes zu betrachten als [...], ob wir gerecht handeln.* Ebenso heißt es in der *Politeia* (II 358a), dass derjenige, der glücklich sein wolle, die Gerechtigkeit an sich und wegen ihrer Folgen lieben müsse. Ein wenig überraschend kommt in diesem Gerechtigkeitsappell auch ein sozialethischer Aspekt zum Ausdruck und wir müssen uns daher fragen, wie dies von Platon verstanden wurde. Das menschliche Leben, so stellt Platon klar, sei nicht mehr lebenswert, wenn die in Unordnung geratene Seele von Verderbnis bedroht sei (*Pol.* IV 445a). Umso mehr gelte es, an einer gerechten inneren Haltung der Seele zu arbeiten, mit

7 H.-U. Baumgarten, Art. Handlungstheorie. In: Horn/Müller/Söder (Hgg.): Platon Handbuch (2020), S. 171.

dem Ziel, eine bestmögliche seelische Ordnung einer Person herzustellen (*taxis* bzw. *kosmos*: Ordnung; *Gorg.* 504bff.).

Nach Christoph Horn ist es naheliegend, dass Platons Herausarbeitung des Gerechtigkeitsbegriffs als eines Gutes an sich als Reaktion auf die „sophistische Herausforderung" zu begreifen sei.[8] Auch wenn die radikalen Positionen mancher Sophisten (s. Kap. 4.4, S. 73f.), die in zugespitzt provokativer Absicht moralisch gerechtes Handeln generell in Abrede stellten, häufig durch Platon selbst (daher wohl auch in überzeichneter Darstellung) vermittelt werden, erscheint es schlüssig, hier eine Gegenreaktion zu vermuten. Für diese Interpretation spricht auch das von Platon eingeführte berühmte Gedankenexperiment vom *Ring des Gyges* (*Pol.* II 359bff.), des Ahnherrn des Lyders Kroisos, mit dem Platon anschaulich vor negativen Folgen der *pleonexía* (Habsucht) warnen wollte: Durch das Drehen des Ringes werde sein Besitzer unsichtbar, sodass er, unentdeckt und ohne Strafen fürchten zu müssen, jedes beliebige Unrecht begehen könne. Ohne auf Tugendwissen basierende moralische Eigenverantwortung führe jener Umstand mit ziemlicher Sicherheit dazu, dass sich der Ringbesitzer rein egoistisch und vorrangig auf seinen Eigennutz bedacht verhielte. Eine funktionierende Rechts- und Staatsordnung wäre jedoch, sowohl damals als auch heute, so Christoph Horn, ohne uneigennütziges Engagement ihrer Politiker/innen und Bürger/innen kaum vorstellbar. Horn weist in diesem Zusammenhang außerdem auf die moralische Problematik hinsichtlich der Ansprüche künftiger Generationen hin. So gesehen erweise sich eine Tugendethik keineswegs als anachronistisch.[9]

Vor dem Hintergrund relativierender sophistischer Moralvorstellungen und dem Gedankenexperiment vom *Ring des Gyges* musste Platon nun den Nachweis antreten, dass sich gerechtes Verhalten lohne und Gerechtigkeit als intrinsisch wertvolles Gut zu bewerten sei. So tritt bei ihm neben die individuelle Selbstbezogenheit von Gerechtigkeit auch eine gewisse Fremdbezogenheit in dem Sinne, dass der einzelne Mensch nicht nur nach der eigenen inneren Ordnung, nach seiner persönlichen Vervollkommnung und Erfüllung der *eudaimonía* strebe, sondern insbesondere auch nach der intensiven praktischen Ausübung seiner in ihm von Natur aus angelegten spezifischen

8 Vgl. Horn, Antike Lebenskunst (2014), S. 202.

9 Vgl. ebd., S. 119.

Tätigkeit (*érgon*: Werk, Tat) trachte (*Pol.* IV 433a). Nur durch ein optimales Zusammenspiel aller Kräfte kann die bestmögliche gerechte Ordnung in der menschlichen Gemeinschaft konstituiert werden, wie es Platon in der *Politeia*, seinem grandiosen Entwurf eines Idealstaates in zehn Büchern, vorführt. „Die Tugend der Gerechtigkeit setzt aber die intellektuelle Einsicht in diese ideelle Ordnung […] voraus.“[10] Wer diese erkannt hat, könne, so heißt es in der *Politeia* (VI 500c), auch gar nicht anders, als sie ständig nachzuahmen.

Ordnung und Gerechtigkeit im Staat resultieren nach Platon aus dem perfekten Zusammenwirken der drei Stände, dem Herrscherstand mit den Philosophenkönigen, dem Wehrstand mit den Wächtern und dem Nährstand mit Bauern, Gewerbetreibenden und Handwerkern, wobei jeder Einzelne von ihnen „das Seinige tut“ (*Pol.* IV 441e) und sich nicht in die Angelegenheiten der anderen einmischt. Den drei Ständen im Staat sind analog drei menschliche Seelenteile zugeordnet – der denkende (*logistikón*), der muthafte (*thymoeidés*) und der triebhaft begehrende (*epithymetikón*) Teil. Mit diesen drei Seelenteilen korrespondieren wiederum drei Tugenden: die Weisheit (*sophía*) mit dem vernünftigen Seelenvermögen, die Tapferkeit (*andreía*) mit dem muthaften und die Mäßigung/Besonnenheit (*sophrosýne*) mit dem begierdehaften Teil. Genauer betrachtet sind jedoch nur zwei der insgesamt vier Kardinaltugenden (s. u.) je einem Seelenteil zugeordnet, nämlich Weisheit und Tapferkeit (*Pol.* IV 442bf.): „Das Wesen der Seele macht der denkende Teil, die Vernunft, aus, die von der Willenskraft des Mutes dabei unterstützt wird, die unmittelbar auf Befriedigung drängende Begierde zu zügeln.“[11] Ein von Platon entworfenes berühmtes Gleichnis aus dem *Phaidros*, das Bild vom Seelenwagen mit seinen beiden Flügelrossen, veranschaulicht diesen ständig aufs Neue sich ereignenden innerseelischen Konflikt. Während das edle, mutige (*thymoeidés*) Tier aufwärts strebt, bereitet es dem das *logistikón* repräsentierenden Wagenlenker große Mühe, das ungestüme Ross, welches das *epithymetikón* verkörpert und fortwährend zu den Objekten sinnlicher Begierde abwärts zieht, im Zaum zu halten (*Phaidr.* 246a–257a). „Die gute Seele ist also durch den rationalen Seelenteil und sein Wissen dominiert.“[12]

---

10 D. Fenner, Das gute Leben. Berlin 2007, S. 21.

11 Spierling, Ungeheuer ist der Mensch (2017), S. 57.

12 Stemmer, Art. Tugend. In: HWPh Bd. 10, Sp. 1538; vgl. *Pol.* IV 441e, 442c.

Sobald jeder der drei Seelenteile in der Ausübung seiner Tugend – *sophrosýne* ist dabei gleichsam als „Gehorsam" zu verstehen – seine Aufgabe ohne Übergriffe auf die beiden anderen erfüllt (*Pol.* IV 442cf., 443cf.), stellt sich als vierte Tugend die Gerechtigkeit ein. Diese nimmt gewissermaßen die Rolle einer ‚Mastertugend' ein, insofern als sie keine spezifische Aufgabe zu erfüllen hat bzw. keinem eigenständigen Bereich zuzuordnen ist, sondern gemäß der Idiopragie[13]-Formel eine funktionale, harmonische Ganzheit konstituiert.[14] Mit der Nennung der Gerechtigkeit (*dikaiosýne*) als übergeordneter Tugend schließt Platon insofern an die Tradition an, als eine solche schon in den *Frühen griechischen Elegien* des Theognis (v. 147) genannt wird: *In der Gerechtigkeit ist alle Tugend zusammengefasst*, heißt es dort. Zwar findet sich auch bereits in Aischylos' Tragödie *Sieben gegen Theben* (v. 610) für die Charakterisierung eines Sehers die Aufzählung von vier positiven Eigenschaften (besonnen, gerecht, tüchtig, fromm) und eine ähnliche Zusammenstellung – Gerechtigkeit, Mannhaftigkeit, Besonnenheit und Klugheit – in einer Ode des Dichters Pindar (*Isthm. Od.* VIII 24–26), doch erst bei Platon ist die Vierzahl der sog. Kardinaltugenden (von lat. *cardo*: Türangel, Dreh- und Angelpunkt) klar belegt und als strukturelle und funktionalistisch geschlossene Einheit konzipiert. Würde dem fertig entworfenen, *vollkommen guten* (Pol. IV 427e) Staat außer den ihm inhärenten Tugenden der Weisheit, Tapferkeit, Besonnenheit und Gerechtigkeit etwas fehlen, so wäre er nicht vollkommen (Pol. IV 428ff.), und dasselbe gilt aufgrund der strikten Analogie auch für den optimalen Zustand der Seele eines Individuums.[15] In diesem Kontext kann die Gerechtigkeit als intrinsisches Gut, vergleichbar dem Wohlbefinden, geltend gemacht werden.

---

13 Das Wort ist schon bei Platon belegt, allerdings nur an einer einzigen Stelle (*Nom.* 875b) und in gegensätzlicher Bedeutung zur später in der modernen Fachliteratur üblichen: Heute versteht man darunter das Betreiben eigener Angelegenheiten (*ídios*: eigen, *práttein/pragma*: tun/Tat) im Sinne einer gerechten Beschränkung auf den eigenen Zuständigkeitsbereich, wie von Platon in der *Politeia* ursprünglich intendiert.

14 Vgl. D. Hübner, Einführung in die philosophische Ethik. Göttingen ^{3}2021, S. 110.

15 Vgl. Th. A. Szlezák, Platon. Meisterdenker der Antike. München ^{2}2021, S. 352.

7.4 Der Weg der Bildung – Innere Umkehr und intuitive Schau der Idee

Gott ist niemals und in keiner Weise ungerecht, sondern in höchstem Sinne und absolut gerecht; daher wird ihm keiner ähnlicher, als wer von uns ebenfalls möglichst gerecht wird. (Platon, *Theait.* 176c) Um Platons Anschauung einer wechselseitigen Beziehung von Mikro- und Makrokosmos nachzuvollziehen, das heißt in unserem Falle, wie der Gerechte, i. e. der Philosoph, die Ordnung des Universums gleichsam in sich abbilden kann, bedarf es einer kurzen Einführung in die platonische Ideenlehre. Das Verhältnis von sinnlich wahrnehmbarer und rein intelligibler Welt sowie die diesen jeweils entsprechenden Erkenntnisstufen bzw. Seinsweisen erläutert Platon in der *Politeia* durch drei berühmte Gleichnisse – das Sonnen-, das Linien- und das Höhlengleichnis, wobei letzteres wohl einer der bekanntesten Texte der antiken Philosophiegeschichte schlechthin ist (*Pol.* VI 507a–VII 518c). Darin geht es im Wesentlichen um den Weg von Unbildung zu Bildung, wenn auch zu einer sehr exklusiven Bildung, die auf die innere Umkehr abzielt – die „Umwendung" (*periagogé*) des ganzen Menschen –, um auf diese Weise das in ihm angelegte Erkenntnisvermögen zur Entfaltung zu bringen (*Pol.* VII518d). Dazu erinnern wir uns an die Stelle aus dem *Siebenten Brief* (s. o., S. 117f.) mit Platons berühmter Forderung nach Philosophenherrschern, die allein zu einer gerechten Staatslenkung berufen seien. Ganz ähnlich wird dieser Anspruch in einer zentralen Passage der *Politeia* (473cf.) formuliert.

Das Höhlengleichnis bringt zum Ausdruck, dass ein Aufstieg aus der sinnlichen Befangenheit, aus der Welt der *doxa* (Meinung), grundsätzlich möglich, wenn auch nicht für jeden erreichbar ist, da der Weg der Erkenntnis ein langwieriger, mühseliger und schmerzvoller ist. Der anspruchsvolle Bildungsweg beginnt als ein Befreiungsprozess, indem der von seinen Fesseln gelöste Höhlenbewohner allmählich den Aufstieg aus seiner bisherigen Behausung unternimmt und nach den Schatten der Dinge deren Urheber, die Dinge selbst, wahrnimmt. In der Oberwelt angelangt, entwickelt er nach Überwindung anfänglicher Schwierigkeiten schließlich die Fähigkeit, sukzessive mathematische (und ähnliche wissenschaftliche) Gegenstände mithilfe von Begriffsbildung kraft seiner *diánoia* (Denken, Verstand) zu erfassen, einer Verstandestätigkeit, die zwischen Meinung und Erkenntnis steht. Die letztlich von diesen Begriffen ausgehende und nur auf dialektischem Wege zu gewinnende philosophische Einsicht (*nóesis*) ist jedoch nur einigen wenigen vorbehalten, die nach entsprechender Ausbildung und ethischer Läuterung ihrer Seele zur Schau der göttlichen Ideenwelt gelangen: *[....] wie es dem Auge nicht möglich war, sich anders als mit dem ganzen Körper aus dem Dunkel zum Licht zu wenden, so muss auch dieses jeder Seele innewohnende Vermögen und das Organ, womit jeder begreift, mit der gesamten Seele aus dem Werdenden heraus umgelenkt werden, bis es fähig wird, den Blick in das Seiende, ja in das Glänzendste des Seienden auszuhalten. Dieses aber, sagten wir, ist das Gute.* (*Pol.* VII 518c)

Der platonische Begriff der Idee (*eídos, idéa*: Aussehen, Gestalt, Erscheinung) ist nicht einfach zu fassen, da er mehrere Implikationen enthält: neben der semantischen auch eine ontologische, zumal die Idee als Wesensbestimmung einer Sache, als das „wahrhaft Seiende", das „beispielhafte Vorbild" (*parádeigma*) und Gattungsallgemeine alle mannigfaltigen Einzelerscheinungen mit einschließt und gleichermaßen Möglichkeit und Wirklichkeit umfasst. Zudem fungiert die platonische Idee als erkenntnistheoretischer Begriff, insofern der Sokrates der frühen platonischen Dialoge immer nach dem Wesen moralischer Begriffe fragt, nach dem, was erstrebenswert ist, nach dem Guten, dem Schönen, dem Gerechten.

Allerdings könne, so Platon im Gleichnis, die höchste Idee des Guten als die Ursache allen Seins auch nach intensivster langjähriger dialektischer Denkarbeit nicht allein durch menschliche Anstrengung gefunden werden. Deren Erkenntnis werde – wenn auch nur einigen wenigen – letztlich überraschend und unvermittelt in einer überwältigenden Schau zuteil. Nur durch den Akt eines intuitiven Erfassens, eines gleichsam religiösen Erlebnisses erfahre der Mensch diese letzte und höchste Erkenntnis, ohne die alles andere Wissen bedeutungslos sei – denn auch die Gerechtigkeit und die anderen Tugenden erhielten erst durch sie ihren Wert. Wohl bereitet die Wissenschaft den Weg zum angestrebten Ziel, zum Licht und zur Wahrheit, doch das letzte Wort spricht sie nicht. Dieser Aufstieg zur Erkenntnis lässt sich noch an einer weiteren berühmten Stelle in Platons Werk nachvollziehen, anhand der Diotima-Rede über den *Eros* im platonischen *Symposion* (s. u., S. 130ff.; vgl. Kap. 2.1, S. 29f.; Kap. 5.6, S. 93).

Die Ideenlehre wurde noch zu Lebzeiten Platons, vermutlich bereits aus dem Kreis der Akademie, scharf angegriffen, letztlich aber auch vom Philosophen selbst teilweise in Zweifel gezogen. Auf diese Probleme kann hier nicht weiter eingegangen werden, zumal die Aporien, die die platonische Ideenkonzeption aufwirft, aus dem Blickwinkel eines logisch geschulten Geistes nicht zu lösen sind. Sie bleibt jedoch ein grandioser metaphysischer Entwurf, der sowohl den ganzen Menschen und seine Seele als auch den gesamten Kosmos umfasst, und ebenso ist Platons Konzeption der *eudaimonía* untrennbar mit der Erkenntnis der Ideen verbunden.

7.5 Das Glück des Philosophen(-herrschers)

Nach Platon ist es ausschließlich dem Philosophen vorbehalten, durch die Angleichung an den göttlichen Bereich der Ideenwelt selbst göttlich und somit glückselig zu werden. Auch wenn die unteren Teile der dreigeteilten Seele den Weg zum Licht und zur Wahrheit mitvollziehen müssen – ihrem Vermögen entsprechend allerdings wohl nur in der Weise, dass sie den Aufstieg der Vernunftseele (des *logistikón*) nicht behindern –, so ist allein diese zu noetischer (rein geistiger) Erkenntnis und der Erlangung der Glückseligkeit imstande.

Platons Glückstheorie geht hier aber noch einen entscheidenden Schritt weiter. Indem er argumentiert, dass sich das Glück des Gerechten auf die Erlangung des höchsten Gutes gründet, dieses jedoch nichts mit sinnlicher Lust gemein hat, erübrigt sich die Frage, welchen Nutzen alias Lustgewinn dieses Streben mit sich bringe. Mit anderen Worten, nach Platon ist die Gerechtigkeit und die mit dieser verbundene *eudaimonía*, als endgültige Erfüllung des gesamten menschlichen Strebens, eo ipso als intrinsisches Gut aufzufassen. „Das Kennzeichen des höchsten Strebensziels ist es also, das Glücksstreben zu beenden; eine Belohnung durch Vergnügen, Macht, Wissen oder Reichtum würde diese Pointe verderben“, konstatiert Christoph Horn.[16] Dem Philosophen, der zur Idee des Guten gelangt ist und damit zu dem, *was jede Seele anstrebt und um dessentwillen sie alles tut* (*Pol.* VI 505e; vgl. *Gorg.* 468b, 499e), gelingt es, aufgrund seiner Bewunderung und Ergriffenheit in einer möglichst weitgehenden *Angleichung an Gott* (*homoiósis theó*) die Ideenordnung

16 Horn, Antike Lebenskunst (2014), S. 77f.

nachzuahmen (*Pol.* VI 500cf., X 613b; vgl. *Phaidr.* 253af; *Theait.* 176b; *Tim.* 90d; *Nom.* 716d).

Auch Aristoteles wird das höchste Glück im *bíos theoretikós*, in der *vita contemplativa*, der dem Denken und Erkennen gewidmeten philosophischen Existenz sehen, allerdings mit einer deutlichen Unterscheidung zwischen Theorie und Praxis. Bei Platon hingegen vereinnahmt der Philosoph das Glück der ganzen Seele und der gesamten Polis. „Die Vernunft usurpiert Gerechtigkeit und Glück. Die überlegene Urteilskompetenz der Philosophen wird zum Glücksspender für die selbst nicht urteilsfähigen Seelenteile und Stände gemacht.“[17] Doch heißt es bei Platon auch, dass derjenige, der den philosophischen Bildungsweg durchlaufen habe, nur auf Zeit glücklich sein und *im Reinen wohnen* (*Pol.* VII 520d) dürfe, denn er müsse die Verantwortung gegenüber der Polis wahrnehmen, die ihm diesen Aufstieg erst ermöglicht habe. Daher sei er verpflichtet, auch gegen seinen Willen, wieder hinab in die „Höhle“ zu steigen, um auch andere dazu zu bringen, ihre unterirdische Behausung zu verlassen und sich zum *wechselseitigen Nutzen* (*Pol.* VII 520a) aller für ein gemeinsames Vorgehen einzusetzen – auch auf die Gefahr hin, Verachtung und Spott zu ernten, wenn nicht sogar offene Aggression bis zur Androhung des Todes (*Pol.* VII 517a), wie es das Beispiel des Sokrates gezeigt hat. Wer zum Philosophen aufgestiegen sei und seine Herrscherkompetenz auch noch davor etwa fünfzehn Jahre in praktischer Arbeit für die Polis ausgebildet habe, sei nicht nur befähigt, sondern auch verpflichtet, die Regentschaft zu übernehmen. Dabei sei er völlig frei von jeglichem Machtkalkül, wobei Platon betont, dass diejenige Polis, in der *die zur Regentschaft Bestimmten sich am wenigsten danach drängen, zu regieren* (*Pol.* VII 520d), die am besten verwaltete und auch glücklichste sei.[18]

Hier kommt der politische Kontext der platonischen Ideenlehre deutlich zum Vorschein, was durch folgende Zitate aus den *Nomoi* unterstrichen wird: Im Grunde gehe es immer um das Glück der ganzen Polis, nicht nur um das eines Teiles oder einzelner Angehöriger, sondern stets um den gesamten

17 H. Ottmann, Geschichte des politischen Denkens. Bd. 2. Von Platon zum Hellenismus. Stuttgart 2001, S. 65; vgl. Ritter, Art. Glück. In: HWPh Bd. 3, Sp. 682; vgl. R. Rehn, Art. Sonnen-, Linien-, und Höhlengleichnis. In: Horn/Müller/Söder (Hgg.): Platon Handbuch (2020), S. 341.

18 Vgl. B. Zehnpfennig, Platon zur Einführung. Hamburg [4]2017, S. 132.

Staat in guter Verfassung (*eunomoúsa: eu*: gut, *nómos*: Gesetz; *Nom.* 780d); nur durch die Teilhabe an Ordnung und *nómos* könnten sich die Dinge in der Polis zum Guten wenden (*Nom.* 780a).[19] Das Glück des Einzelnen sei eingebettet in das Glück der Polis, deren Geschicke wiederum in der Hand ihrer Herrscher lägen. Platon bezeichnet jene Herrscher, die beseelt von der Schau der Idee des Guten den Staat mit gerechter Umsicht leiteten und sich große Verdienste erwarben, als glückliche (*eudaímones*; *Pol.* VII 540c). Im Kontext der antiken Gesellschaftsordnung ist die Ansicht bemerkenswert, dass die von ihm ausgearbeiteten Bedingungen für eine Herrscherlaufbahn ebenso von Herrscherinnen – zumindest theoretisch, *soweit sie ihre Anlage dazu befähigt* (*Pol.* VII 540d) – erfüllt werden könnten.

7.6 Eros und der Aufstieg zur Erkenntnis

Von diesem Argument lässt sich trefflich zur Untersuchung der einzigen von einer Frau dominierten Textstelle aus dem platonischen *Symposion* überleiten, zur berühmten Rede der weisen Priesterin Diotima aus Mantineia und ihren wirkmächtigen Reflexionen über den *Eros* (s. Kap. 5.6, S. 93). Zunächst sei kurz die Rahmenhandlung dargestellt: Der junge Dichter Agathon lädt zu einem Trinkgelage (das ist auch die genaue Übersetzung des Wortes *symposion*, das ja gewöhnlich mit „Gastmahl" wiedergegeben wird), um seinen Sieg bei einem Tragödienwettbewerb zu feiern. In erotisch aufgeladener Stimmung ist jeder der Geladenen aufgerufen, eine Lobrede auf *Eros*, den Gott der Liebe, zu halten.

Was *Eros* mit dem Aufstieg zur Erkenntnis des absolut Schönen zu tun hat, das für Platon augenscheinlich mit dem absolut Guten identisch ist[20], wird

---

19 Der Begriff der *eunomía* (Wohlgesetzlichkeit) wird schon von Solon (s. Kap. 2.3, S. 37; Kap. 3, S. 45) verwendet: *Das Herz befiehlt mir, dieses den Athenern zu lehren, dass die Ungesetzlichkeit der Stadt die größten Übel beschert, das Wohlgesetz aber schafft Ordnung und Angemessenheit für jeden.* (Solon, *Große Staatselegie* 13 West = 3 Diehl, v. 30–32)

20 Dafür spricht die auffallende Ähnlichkeit mit der Schilderung des Aufstiegs zur Idee des Guten in der *Politeia* (wenn auch dort in deutlich nüchternerer Sprache) mit paralleler Übereinstimmung in der Angabe des Erkenntniszieles (vgl. *Symp.* 211b7–212a7 ≈ *Pol.* 490b1–7).

erst klar, als Sokrates, der spät gekommen ist, nach seinen fünf Vorrednern das Wort ergreift. Doch statt eine Lobrede auf den Gott zu halten, zieht er es vor, zunächst eine Untersuchung über das Wesen des *Eros* anzustellen, indem er auf das, was ihn einst die weise Priesterin Diotima lehrte, zurückgreift. In einem ersten Schritt erklärte Diotima, dass *Eros*, der als das Ersehnen von Schönem und Gutem, aber stets Entbehrtem, prinzipiell defizitär sei, daher selbst nicht schön und gut sein könne. Damit wird zugleich die Grundannahme der früheren Redner, Eros sei ein Gott, hinfällig. Vielmehr ist er ein *daímon*, ein Mittler zwischen Gott und Mensch, zwischen Weisheit und Unverstand, und somit ein *philósophos* (*Symp.* 201e–204b). Der wahre *Eros*, so führte Diotima weiter aus, begehre das Schöne und Gute auf Dauer, was für den der Endlichkeit unterworfenen Menschen nur in vermittelter Form möglich sei, und zwar durch *die Zeugung im Schönen, dem Körper wie der Seele nach* (206b). Zu dieser gebe die Schönheit den ästhetischen Anreiz, doch sei es letztlich nicht sie selbst, die begehrt werde, sondern das, wozu sie anrege, nämlich die Hervorbringung des Guten. Körperlichkeit sei dabei nur die Vorstufe zu Höherem, zu Geistigem, indem der Liebende erkenne, dass Schönheit nicht nur in einem einzelnen schönen Körper präsent sei, sondern letztlich allen schönen Körpern zukomme. Durch diese generalisierende Betrachtung werde die Stufe der Sinnlichkeit verlassen, um sich fortan dem seelisch Schönen, das heißt dem sittlich Guten (entsprechend der Bedeutung von *kalós*, das „schön" *und* „gut" heißen kann) zuzuwenden. Der Liebende vermöge die sittliche Schönheit in Verhaltensweisen, Gewohnheiten und Gesetzen erblicken und schreite sodann fort zur Erkenntnis der Schönheit der Wissenschaften. Hier sei er bereits weit entfernt von einer egoistischen Fixierung auf ein Liebesobjekt und könne sich auf den letzten und entscheidenden Schritt in seinem Aufstieg vorbereiten: auf die Erkenntnis des Schönen selbst:

Wenn also einer […] sich anschickt, jenes Schöne anzuschauen, dann dürfte er das Ziel fast erreichen. Das ist nämlich die richtige Art, an die Dinge der Liebe heranzugehen oder sich von einem anderen (dorthin) führen zu lassen, beginnend mit dem vielfältigen Schönen hier, um jenes Schönen willen immer weiter emporzusteigen wie auf einer Leiter; von einem schönen Körper zu zweien und von zweien zu allen schönen Körpern und von den schönen Körpern zu den schönen Tätigkeiten und von den Tätigkeiten zu den Kenntnissen, um schließlich zu jener Kenntnis zu gelangen, welche die Kenntnis keines anderen als jenes Schönen selbst ist, damit er am Ende einsieht, was das

Schöne selbst ist. An diesem Punkt des Lebens, mein lieber Sokrates, sagte die Fremde aus Mantineia, wenn überhaupt irgendwo, ist das Leben für den Menschen lebenswert, im Schauen des Schönen selbst. (*Symp.* 211bff.) Auch wenn die einzelnen aufeinander folgenden Schritte des dialektischen Aufstiegs, gleichsam als Stufen der Sublimierung der Liebe zum Schönen, unentbehrliche methodische Schritte auf dem Weg der Erkenntnis seien, sei die zuletzt gewonnene Einsicht nicht mit den Kategorien der vorangegangenen zu erfassen; dazu sei der Schritt vom Verstandesdenken zur reinen Vernunfttätigkeit, von der *diánoia* zur *nóesis* (s. o., S. 126f.) erforderlich, ein Akt, welcher letztlich der Verfügung des Menschen entzogen sei und auch nicht weiter verbalisiert werden könne. Die Einsicht werde gleichsam als Geschenk demjenigen zuteil, welchem die absolut reine, für sich seiende, beziehungslose und der Zeit enthobene Form des Schönen unvermittelt aufleuchte (vgl. *Siebenter Brief* 341d). Erst dann werde das Leben lebenswert, der Erkennende sei *theophilés* (gottgeliebt, *Symp.* 212a6) und nehme Anteil an der Unsterblichkeit der Götter. Auch wenn hier nicht explizit die Wörter *eudaímon* bzw. *eudaimonía* vorkommen, wird der Glückszustand in der Passage 211d–212a hinreichend dargelegt. Parallel dazu finden wir die Schilderung der Ideenerkenntnis in der nahezu gleichlautenden Passage der *Politeia* (*Pol.* VI 490b). „Beide Texte reden von der Ankunft am Ziel nach langen Mühen, vom Berühren des Erkenntnisobjekts und von der Vereinigung mit ihm und dem Zeugen von wahrer Tugend, von Vernunft und Wahrheit.“[21]

Wenn es heißt, dass Glücklichsein (*eudaimonein*) als Ziel jeder Strebensethik evident ist und keiner weiteren Erklärung bedarf, da es für jeden *das größte Verlangen* (*ho mégistos eros*) ist, in den dauerhaften Besitz des Guten zu gelangen (*Symp.* 204e–205d; s. o., S. 122), setzt das Erreichen der wahren *eudaimonía* allerdings die vollkommene Beherrschung der Begierden voraus. Der einzelne Mensch muss die wandelbaren Lust- und Glückserfahrungen der unteren Seelenteile überwinden, um mit seiner der Idee verwandten Vernunftseele eben diese zu berühren und sich mit ihr zu vermischen. Platon spricht hier von einem Liebesakt und meint mit der Vereinigung wohl die Einswerdung von Erkennendem und Erkanntem in der Weise, „dass die erotische Vereinigung von Seele und Idee die Seele bereichert um Wahrheit und

21 Szlezák, Platon (2021), S. 291.

wahre Arete, dass also ihre Erkenntnis der Arete nun selbst Ideencharakter hat".[22] Doch wie auch schon in der Schilderung des Erkenntnisaktes der *Politeia* ist es dem Menschen als endlichem Wesen nicht gegeben, die Vollkommenheit des Glücks auf längere Dauer zu genießen. *Eros*, der als Sohn von *Poros* (~ Reichtum) und *Penía* (Mangel, Armut) zwischen diesen gegensätzlichen Bereichen oszilliert, läuft ständig Gefahr, das, was er gewonnen hat, zu verlieren (*Symp.* 203e4).

7.7 Platons Seelenvorstellung und sein elitärer Glücksbegriff

Platon ist es in einzigartiger Weise gelungen, die Konzeption der Ideen mit seiner Seelenvorstellung zu verbinden. Zweifellos von der orphisch-pythagoreischen Mystik beeinflusst[23], geht er von der Unsterblichkeit der Seele aus, die sich in einem nur mythologisch beschreibbaren Kreislauf von Wiedergeburten am Leben erhält. So nimmt die Seele bei ihm eine eigentümliche Mittelstellung zwischen der Welt des Werdens und dem ewigen, allein wahrhaftigen Seienden ein: Wenn auch von göttlicher Abstammung und den Ideen verwandt, ist sie doch selbst keine Idee, sondern diesen nur aufgrund ihrer Erkenntnisfähigkeit von allen anderen weltlichen Dingen am ähnlichsten. Während aber die Ideen, stets unwandelbar, einer transzendenten Welt angehören, ist die Seele jeweils für eine bestimmte Zeit in einen vergänglichen Körper gebannt, der für sie gewissermaßen zum Grab wird (*Gorg.* 493a). Denn dieser verstrickt sie andauernd in seine mannigfachen Begierden, stürzt sie in Schuld und Verwirrung und lässt sie die vor ihrer ‚Einkörperung' geschaute

22 Szlezák, Platon (2021), S. 364.

23 Der Ursprung der Seelenwanderungslehre ist nicht klar feststellbar, jedenfalls florierte schon im 6. Jahrhundert v. Chr. in der griechischen Welt eine Reihe von religiösen Bewegungen, getragen von der Hoffnung auf ein besseres Leben nach dem Tode, allen voran die Orphik. Sie berief sich auf den mythischen Sänger Orpheus, der mit seinem Gesang die Götter so sehr rührte, dass er die Erlaubnis bekam, in die Unterwelt hinabzusteigen, um seine von einem Schlangenbiss getötete Frau Eurydike zurückzuholen. Nach einem Bericht des Historikers Herodot (*Hist.* II 123) soll Pythagoras die Seelenwanderungslehre von den Ägyptern übernommen haben. Heute wird sie häufig mit Motiven in Zusammenhang gebracht, die im schamanistischen Kulturkreis Asiens beheimatet sind.

Herrlichkeit des ewigen Seins vergessen, wenn nicht zur rechten Zeit die Kraft des *Eros* in ihr wachgerufen wird. Diese weckt in ihr die Sehnsucht nach ihrer wahren Heimat, dem ewigen Reich, und bringt sie dazu, sich von den Lüsten und Trieben des Körpers möglichst freizumachen und zu reinigen, um sich mit ganzer Kraft dem wahrhaft Seienden zu nähern. Das Ziel der Seele ist die in der *Politeia* hervorgekehrte „Umwendung der Seele" (s. S. 126); die Erkenntnis des Schönen, Guten, Gerechten bedeutet für Platon, selbst schön, gut und gerecht zu werden und dem Göttlichen möglichst nahezukommen. Dieser metaphysisch begründete Zustand ist für Platons Glücksbegriff maßgeblich. Nur diejenigen, die in ihrer gesamten Persönlichkeit kraft ihrer *areté* so gefestigt sind, dass sie ihr ganzes Leben hindurch in all ihren Handlungen der Vernunft folgen, können letztlich zur Ideenschau vordringen und die *eudaimonía* erfahren. Wenn bei Platon das Glück desjenigen Menschen, der in den Genuss der Erkenntnis des Ewigen kommt, alle Formen des Genusses zeitlicher Güter übertrifft, wenn also einzig der Philosoph in der Lage ist, wahre Glückseligkeit zu erleben, bleibt der Einwand, dass damit die Befürworter aller anderen Lebensformen kategorisch vom Glückserlebnis ausgeschlossen sind, indem für diese auch nicht einmal ein Ansatz eines Diskurses über Glücksansprüche eröffnet wird, da die Urteilsfähigkeit allein der Kompetenz der Philosophen zugeschrieben ist.[24] Man muss hier wohl bekennen, dass eine solche Glückstheorie den Menschen der Moderne bzw. Postmoderne einigermaßen unattraktiv und allzu elitär erscheinen mag.

Doch wäre es, auch wenn evident ist, dass Platons Vorstellung von *eudaimonía* einen gänzlich konträren Entwurf zum heute favorisierten Empfindungsglück der Kyrenaiker (s. Kap. 6.2.2, S. 111ff.) darstellt, schlechthin verfehlt, in seinen Untersuchungen direkte Vergleiche mit heutigen Auffassungen anzustellen. Sein Begriff von Glück – hier wäre wohl auch das deutsche Wort Glückseligkeit angebrachter – hat eine weitaus umfassendere, tiefer gehende und die gesamte Existenz betreffende Bedeutung. Wenn wir uns nochmals Platons Biographie ins Gedächtnis rufen, so suchte dieser aufgrund politisch-gesellschaftlicher Umwälzungen und persönlicher schicksalhafter Erfahrungen, geleitet von dem Streben nach Gerechtigkeit, nach einem Lebensmodell, das den Menschen Stabilität und Unabhängigkeit von der all-

24 Vgl. Ottmann, Geschichte des politischen Denkens. Bd. 2 (2001), S. 64.

gemeinen Wechselhaftigkeit des Lebens verschaffen sollte.[25] Dabei verknüpfte er die Frage nach dem gerechten Leben mit philosophischer Erkenntnis, indem er mit seiner metaphysischen Konzeption den Weg zur intelligiblen Ideenschau wies. Es sei hier die Frage gestattet, ob uns nicht gerade ein solch idealistischer, wenn auch höchst anspruchsvoller Appell zum Philosophieren, den wir heute allenthalben vermissen, in gewisser Weise herausfordern könnte, nach denkbaren Möglichkeiten einer „inneren Umkehr" zu suchen.

Und doch findet sich in Platons Spätwerk ein Text, der dafür sprechen könnte, dass der Philosoph möglicherweise selbst seine intellektualistische Glücksethik aus früheren Schriften zumindest teilweise revidiert bzw. eine Tendenz zu lebensnäheren Konzepten entwickelt hat.[26] Am Ende des Dialogs *Philebos* (59d–64b) wird von Sokrates das glücklichste Leben als ideale Mischung aus Vernunft und Einsicht und – einigermaßen überraschend – *auch* mit Rehabilitierung der Lust beschrieben, indem dieser seinem Gesprächspartner empfiehlt: *Andere Lustgefühle indessen, wahre und reine, wie du sie genannt hast, sieh nur als uns ziemlich verwandt an, und zu diesen diejenigen, die mit der Gesundheit und dem besonnenen Leben zusammenhängen, überdies noch alle, welche der Tugend wie einer Göttin überallhin folgen – diese mische ruhig bei!* (63e) Auch ein weiteres Zitat aus Platons *Nomoi* (II 657c) legt nahe, dass dem Philosophen in seinen späteren Jahren Glück ohne Lust offenbar unvollständig erschien: *Wollen wir also nicht zuversichtlich behaupten, dass für Musenkünste und Chorspiele der rechte Gebrauch in folgender Art besteht? Wir freuen uns, wenn wir uns glücklich fühlen, und wir fühlen uns glücklich, wenn wir uns freuen. Ist's nicht so?*

25 Vgl. U. Wolf, Handlung, Glück, Moral. Berlin 2020, S. 226.

26 Vgl. Schriefl: Art. Glück. In: Horn/Müller/Söder (Hgg.): Platon Handbuch (2020), S. 293f.

8 *Eudaimonía* – Das gelingende Leben

Schon für Platon und seine Akademie ist die Gliederung der Philosophie in die Themenbereiche Physik, Ethik und Dialektik belegt (Cicero, *De fin.* IV 3–4). **Aristoteles** (384–322 v. Chr.), sein berühmtester Schüler, der mit seinem Denken eine grundsätzliche Abkehr von der metaphysischen Ideenkonzeption seines Meisters vollzieht, nimmt selbst in seiner *Metaphysik* (VI 1, 1025b25) eine Einteilung seiner Philosophie in drei große Grundbereiche vor: *Jedes Denken ist zum Handeln oder zum Schaffen oder zum Betrachten befähigt* (*pása diánoia e praktiké e poietiké e theoretiké*). Während die theoretischen Disziplinen auf die Erkenntnis der Wahrheit ausgerichtet sind, verfolgen die herstellenden Wissenschaften, wie die Rhetorik oder Poetik, das Ziel, mit ihren Produkten auch auf die Welt einzuwirken. Ebenso intendieren die praktischen Disziplinen, Politik und Ethik, Veränderungen der Wirklichkeit, jedoch nicht in Gestalt real existierender Endprodukte (wie z. B. die vollendete Tragödie der Dichtkunst), sondern als Resultate vollzogener Handlungen und Entscheidungen. Das entscheidende Kriterium dieser Handlungen ist das Gelingen, das in der erfolgreichen Verwirklichung eines Zieles besteht: *Hierbei ist es gleichgültig, ob das Tätigsein selbst Ziel des Handelns ist oder etwas darüber hinaus [...].* (*EN* I 1, 1094a16–18)[1] Das Gelingen der Handlung führt wiederum, so Aristoteles, zu einem guten und glücklichen Leben, und somit könnte das Thema der aristotelischen Ethik ganz allgemein mit der Untersuchung menschlicher Handlungen und der eines gelingenden, glücklichen Lebens umschrieben werden.[2]

Aristoteles stellt jedenfalls von vornherein klar, dass Ethik und Politik, wie auch schon bei Platon, eng miteinander verbunden und seine ethischen

1 Die Werke des Aristoteles werden nach der von Immanuel Bekker zwischen 1831 und 1837 erstellten Ausgabe zitiert: z. B. *EN* I 1, 1094a16–18 für das erste Kapitel des ersten Buches, Seite 1094, linke Spalte der Bekker-Seite, Zeilen 16–18.

2 Vgl. Chr. Rapp, Aristoteles zur Einführung. Hamburg [6]2020, S. 18f.

Untersuchungen somit Teil der *politischen Wissenschaft* sind (*EN* I 1, 1094a27). Die Herrschenden, so Aristoteles, hätten die Aufgabe, aufgrund einer gerechten Verfassung ihren Bürgern zu ermöglichen, ein tugendhaftes und glückliches Leben zu führen (*EN* I 1, 1094af.; I 13, 1102a; II 1, 1103b). „Somit ist die politische Wissenschaft die höchste Wissenschaft, die zur Durchsetzung des besseren Lebens beitragen kann, und hat insofern dasselbe Ziel für die Polis, das die Ethik für jede einzelne Person verfolgt."[3]

Was die drei unter dem Namen des Aristoteles überlieferten Ethiken betrifft, die *Eudemische Ethik*, die *Nikomachische Ethik* und die *Große Ethik* (*Magna Moralia*), so sind sowohl die Frage nach deren Echtheit als auch die Herleitung der Titel bis heute nicht restlos geklärt. Weder wissen wir genau, auf wen mit dem Namen *Eudemos* verwiesen wird, noch ob sich hinter *Nikomachos* der Vater oder der Sohn verbirgt, und die Echtheit der *Großen Ethik*, einer Kompilation der beiden anderen, wird heute mehrheitlich bestritten. In der modernen Aristoteles-Forschung steht jedenfalls dessen Meisterwerk aus der späteren Zeit, die *Nikomachische Ethik*, im Vordergrund[4], an der auch wir uns im Folgenden überwiegend orientieren.

Vorerst soll jedoch noch kurz Aristoteles' *Protreptikos (Mahnrede)* vorgestellt werden, eine höchst interessante Schrift, deren fragmentarische Überlieferung dem Neuplatoniker Iamblichos zu verdanken ist, nachdem sie bereits von Cicero in seiner Schrift *Hortensius oder über die Philosophie* den gebildeten Kreisen Roms präsentiert worden war. Diese Lektüre soll später auch für *Augustinus* (354–430 n. Chr.) ein Schlüsselerlebnis auf dem Weg seiner Hinwendung zur Philosophie gewesen sein (*Confessiones* 3, 4, 7–8). Aristoteles behandelt bereits in dieser Schrift die Frage, ob eine philosophische Lebenshaltung für das rechte Leben und das Lebensglück notwendig sei, und findet für den Entwurf seines intellektualistisch-kontemplativen Lebensideals emphatische Worte: *So gibt es also für den Menschen nichts Göttliches oder Seliges außer jenem Einen, das allein der Mühe wert ist, nämlich das, was in uns an Verstand und*

3 W. Detel, Aristoteles. Eine Einführung. Stuttgart 2021, S. 115.

4 Im berühmten Fresko (s. Buchcover) des Malers Raffael „Die Schule von Athen" (1510/11), auf dem im Sinne der Renaissance das antike Denken als Ursprung der Philosophie, Kultur und Wissenschaften verherrlicht wird, hält der sich im Zentrum neben Platon befindliche Aristoteles unter seinem Arm die *Nikomachische Ethik*, wohl als Zeichen ihrer enormen Bedeutung und Nachwirkung.

Geisteskraft vorhanden ist. Von dem, was unser ist, scheint dies allein unvergänglich, dies allein göttlich zu sein. Kraft unseres Vermögens, an dieser Fähigkeit teilzuhaben, ist unser Leben, obwohl von Natur aus armselig und mühsam, so herrlich eingerichtet, dass der Mensch im Vergleich zu anderen Lebewesen ein Gott zu sein scheint, denn mit Recht sagen die Dichter: „Der Geist ist nämlich der Gott in uns" und „Menschliches Leben birgt einen Teil eines Gottes in sich". […] Also soll man entweder philosophieren oder vom Leben Abschied nehmen und von hier weggehen; denn alles Übrige scheint nur ein törichtes Geschwätz und leeres Gerede. (*Protreptikos* 96d–99) Diese Gedanken ziehen sich durch das gesamte aristotelische Werk, wenn Aristoteles in seiner *Nikomachischen Ethik* nachweist, dass sich das Glück des Menschen in der Vernunfttätigkeit des *bíos theoretikós* (s. u., S. 153ff.) verwirklicht, oder wenn er seine Gotteslehre mit der Beschreibung des „unbewegten Bewegers" im 12. Buch seiner *Metaphysik* präsentiert, mit dem er Geschichte geschrieben hat: *Denn die Tätigkeit des Geistes ist Leben, und jener ist die Tätigkeit; seine auf sich selbst bezogene Tätigkeit ist vollkommenes und ewiges Leben.* (*Met.* XII 7, 1027b26–29)

8.1 Praktische Ethik ohne Metaphysik

Auch wenn in Aristoteles' Darstellung einiges an Platons Positionen erinnert, ist seine Ethikkonzeption im Grunde antiplatonisch. Die aristotelische Ethik ist eine Ethik ohne Metaphysik und sie erhebt keinerlei Forderung nach einer gänzlichen Umkehr von allen gewohnten Ansichten. Es ist in der Tat bemerkenswert, dass der große Metaphysiker Aristoteles seine ethischen Betrachtungen ohne jeglichen Rückgriff auf metaphysische Begründungen entwickelte. Im Gegensatz zu Platons ontologisch fundierter Ethik, der zufolge die volle Verwirklichung der Tugend nur durch die philosophische (vergöttlichte) Ideenschau erfolgt, muss nach Aristoteles das höchste Gut und die Erlangung der *eudaimonía* für den Menschen und seine Praxis verfügbar sein. *Die Tugend, die es zu untersuchen gilt, ist natürlich die menschliche* [und nicht die göttliche]*; denn wir fragten ja auch nach dem menschlichen Gut und dem menschlichen Glück.* (EN I 13, 1102a14f.) Aristoteles leitet die Grundgesetze der Sittlichkeit aus dem ureigensten Wesen des Menschen her, wobei er davon überzeugt ist, dass es weitgehend von jedem Individuum selbst abhängt, ob es glücklich wird oder nicht. Seine Ethik unterscheidet sich insofern von allen anderen Wissenschaften, als sie ihren Endzweck nicht in der Erkenntnis der Tugend sieht, sondern vielmehr in deren *enérgeia* (Verwirklichung, Tätigkeit, Wirksamkeit) (s. u., S. 144f.): *Der Teil, mit dem wir es hier zu tun haben, ist nicht wie die anderen rein theoretisch – denn wir untersuchen die Tugend nicht, um zu wissen, was sie ist, sondern damit wir gut werden, da die Untersuchung ja sonst keinerlei Nutzen hätte [...].* (*EN* II 1, 1103b26ff.) Es kommt also darauf an, sittlich und tugendhaft zu *handeln*, und demgemäß untersucht Aristoteles in seiner *Nikomachischen Ethik* menschliche *Handlungen* (*praxeis*, Pl. zu *praxis*), aus denen das Glück bzw. Unglück des Menschen maßgeblich entspringt.

Es werden aber auch äußere Güter, soziale Aspekte und günstige Umstände, wenn auch nur von instrumentellem Wert, zu den relevanten Glücksfaktoren gezählt.[5] Sind gewisse positive externe Faktoren nicht gegeben, schließt Aristoteles wahres Glücklichsein dezidiert aus: *Es gibt ferner gewisse Güter, deren Fehlen die reine Form des Glücks beeinträchtigt, etwa vornehme Geburt, wohlgeratene Kinder oder Schönheit; denn es dürfte niemand vollständig glücklich sein, wenn er ein ganz abstoßendes Äußeres oder eine niedrige Herkunft hat oder ganz allein im Leben steht und kinderlos ist. Noch weniger kann man von Glück sprechen, wenn jemand ganz schlechte Kinder oder Freunde besitzt oder gute durch den Tod verloren hat. Wie gesagt, gehören also zum Glück auch solche günstigen Umstände, weshalb denn manche die Gunst der äußeren Umstände auf eine Stufe stellen mit dem Glück.* (*EN* I 9, 1099b2ff.) An einer anderen Stelle werden Vermögen, Gesundheit, Ehre und Ähnliches sogar als „Teile des Glücks" genannt (*EN* V 3, 1129b18).

Da Aristoteles mehrfach überlieferte Spruchweisheiten zitiert – beispielsweise die Verse Hesiods, in denen die Vorzüge eines klugen Mannes beschrieben werden (*EN* I 4 1095b10ff.)[6], oder ein Epigramm vom Letotempel in Delos: *Das Werthafteste ist die Gerechtigkeit, das Beste ist/die Gesundheit,/das Erfreulichste aber ist, das zu erlangen, was/man liebt* (*EN* I 1, 1099a27f.; s. u., S. 147 und Kap. 2.3, S. 36) –, ist anzunehmen, dass er sich mit Glückspositionen seiner Vorgänger aus früherer Zeit auseinandergesetzt hat, gemäß einer Methode, die wir auch aus anderen seiner Werke kennen. In einer berühmten Passage

5 Vgl. Horn, Antike Lebenskunst (2014), S. 79.

6 Hesiod, *Werke und Tage* 293–297: *Der ist von allen der Beste, der selber alles bedenkt;/ tüchtig ist aber auch jener, der einem guten Rat vertraut./Wer aber weder selbst denkt noch sich zu Herzen nimmt,/was er von anderen hört, der ist ein unnützer Mensch.*

(*EN* VII 1, 1145b) erfahren wir von seiner akribischen Vorgangsweise hinsichtlich der Vorgängerpositionen. Dort heißt es, zunächst müsse man die Phänomene (*phainómena*), in heutiger Sprechweise die empirischen Daten, klar und sachgerecht abgrenzen, um hernach zutage getretene Probleme durchzugehen. Dazu sind diesbezügliche Gedanken und anerkannte Meinungen (*éndoxa*) aller oder zumindest der meisten Vorgänger zu prüfen, bis nach Beseitigung der Schwierigkeiten anhand der, modern ausgedrückt, empirischen Evidenz und der Aufarbeitung des ‚Forschungsstandes' die bewährtesten und plausibelsten Ansichten hervortreten. Hinzuzufügen ist aber auch Aristoteles' Einwand, dass von der Ethik, auch wenn sie sich bestimmter wissenschaftlicher Methoden bedient, im Allgemeinen kein exaktes Wissen erwartet werden kann, da Ausnahmen immer möglich sind und daher nur Sätze, die *in der Regel* (*hos epi to poly*) wahr sind, formuliert werden können (*EN* I 1, 1094b21). So greift Aristoteles auch auf die Meinung des berühmten athenischen Staatsmannes und Dichters Solon zurück, der zufolge niemand vor dem Ende seines Lebens als glücklich bezeichnet werden könne (s. Kap. 2.3, S. 38ff.). Aristoteles drückt dies mit einem *vollen Menschenleben* aus: *Denn eine Schwalbe macht noch keinen Frühling, und auch nicht ein Tag. So macht auch ein Tag oder eine kurze Zeit keinen selig und glücklich* (*EN* I 6, 1098a18ff.); er spricht aber auch von Einwänden und Aporien, die Solons Aussage aufwirft (I 11, 1100a18 u. 21). Als Beispiel für einen Sturz ins Unglück nennt er das Schicksal des Priamos, des trojanischen Königs, der im Alter den Fall Trojas mit ansehen und den Schmerz über den Verlust vieler Söhne, allen voran die Tötung Hektors, ertragen musste, um schließlich am Ende selbst einen gewaltsamen Tod zu erleiden. *Wer ein solches Schicksal erlebt hat und so elend gestorben ist, den wird niemand glücklich preisen.* (*EN* I 10, 1100a 7ff.)

Aristoteles' Ansicht, dass die Vernunft allein noch keine ‚Glücksgarantie' leiste, da sie keinerlei Schutz vor unvorhersehbaren Schicksalswendungen bieten könne, enthält einerseits die Zurückweisung der platonischen Immunisierung des Philosophen gegen äußere Widrigkeiten, andererseits eine gewissermaßen vorweggenommene und eher harsch formulierte Kritik an der stoischen Haltung des Weisen, der auch unter schlimmsten äußeren Zuständen sein Glück behaupten würde (s. Kap. 9.1.1, S. 162f.): *Diejenigen aber, die behaupten, ein Mensch, der gefoltert wird und in großes Unglück geraten ist, sei glücklich, wenn er nur gut ist, reden bewusst oder unbewusst Unsinn.* (*EN* VII 14, 1153b19ff.)

Damit hat Aristoteles wohl die Anhänger einer praktischen Lebensweise auf seiner Seite und räumt zugleich dem natürlichen Lustempfinden einen Platz ein, auch wenn er demgegenüber dafür plädiert, das Glück nicht zu sehr zu relativieren, denn am Ende ergebe sich immer noch die größte Beständigkeit durch moralische Rechtschaffenheit und tugendhaftes Handeln: *Denn bei keiner menschlichen Leistung gibt es eine solche Beständigkeit wie bei den Tätigkeiten der Tugend [...] Was wir suchen, wird sich also beim Glücklichen finden, und er wird sein ganzes Leben hindurch so sein; denn stets oder doch mehr als alles andere wird er das Tugendgemäße tun und betrachten, er wird die Schicksalsschläge aufs Edelste und in jeder Hinsicht ganz angemessen ertragen.* (*EN* I 11 1100b12ff.) „Auch wenn der Weg moralischer Rechtschaffenheit nicht vor Unglück schützt –", so resümiert *Otfried Höffe*, „jeder andere Weg führt eher in den Abgrund."[7]

8.2 Das Gute als das Ziel allen Strebens

Schon der kraftvolle Eröffnungssatz der *Metaphysik*, in der Aristoteles seine Ontologie, die sog. „Erste Philosophie" mit dem „unbewegten Beweger" an der Spitze, entwickelte, postuliert eine allgemeine anthropologische Grundkonstante: *Alle Menschen streben von Natur aus nach Wissen.* (*Met.* I 1, 980a21) Analog dazu attestiert Aristoteles am Beginn seiner *Nikomachischen Ethik* allen Menschen das zielstrebige Verlangen nach einem Gut: *Jedes praktische Können und alle wissenschaftliche Tätigkeit, ebenso alles Handeln und Vorhaben zielt, wie es scheint, auf irgendein Gut ab. Man hat darum das Gute treffend als dasjenige bezeichnet, was das Ziel alles Strebens darstellt.* (*EN* I 1, 1094a1f.)

Doch wie lässt sich dieses Gut näher bestimmen? Das Gute im Sinne einer platonischen Idee ist von Aristoteles jedenfalls nicht gemeint: *Besser ist es vielleicht, beim Guten das Allgemeine zu betrachten und zu fragen, wie es gemeint sei, mag uns eine solche Untersuchung auch schwerfallen, da es ja befreundete Männer waren, die die Ideen eingeführt haben. Zur Rettung der Wahrheit aber dürfte es allem Anschein nach besser, ja geradezu notwendig sein, auch Eigenes aufzugeben, zumal wir ja Philosophen sind. Denn wenn uns auch beides lieb ist [die Freunde und die Wahrheit], so ist es doch heilige Pflicht, vor allem der Wahrheit den Vorzug zu geben.*

---

7 O. Höffe, Aristoteles. München [4]2014, S. 224.

(*EN* I 4, 1096a11ff.) An diesen berühmt gewordenen Zeilen fällt der warmherzige Ton auf, in dem Aristoteles seine prinzipiellen Vorbehalte gegenüber der Theorie Platons, des berühmten Vorgängers und Freundes, formuliert. Zugleich greift er in seinen Worten eine Passage aus Platons *Politeia* auf, in der dieser seine von Kindheitstagen an gepflegte ehrfürchtige Liebe zu Homer bekundet, unmittelbar daran jedoch, gemäß seiner grundsätzlichen Ablehnung der Dichter im Staat, folgende Aussage anschließt: *Man darf einen Mann nicht höher schätzen als die Wahrheit. Vielmehr muss, was ich zu sagen habe, gesagt werden.* (*Pol.* X 595bc) Daraus ist später das geflügelte Wort *Amicus Plato, sed magis amica veritas* („Platon ist ein Freund, aber eine größere Freundin ist die Wahrheit") entstanden, erstmals im 13. Jahrhundert beim mittelalterlichen Philosophen *Roger Bacon* belegt.[8] Im Anschluss entwickelt Aristoteles seine Einwände gegen die platonische Ideenlehre, deren stärkstes Argument darin besteht, dass es im Falle der Existenz einer gemeinsamen Idee des Guten nur eine einzige Wissenschaft vom Guten geben dürfte, was tatsächlich aber nicht der Fall sei: *Nun gibt es aber in Wirklichkeit eine Vielzahl von Wissenschaften, sogar in dem Falle, wo die Aussage „gut" unter eine Kategorie fällt. So ist beispielsweise die Wissenschaft des rechten Augenblicks im Kriege die Strategie, bei der Krankheit die Heilkunst, die Wissenschaft vom rechten Maß in der Ernährung die Heilkunst und beim Sport die Gymnastik.* (*EN* I 4, 1096a32ff.) Daraus folgt weiter, dass das Gute im Sinne einer einzigen Idee für das Handeln gänzlich unbrauchbar wäre (*EN* I 4 1096b 32ff.).

8.3 Das Glück als das höchste aller Güter und das spezifische *érgon* des Menschen

Nun herrscht unter den Menschen weitgehende Einigkeit über die Benennung des angestrebten Ziels und höchsten aller Güter, denn sie alle bezeichnen es als das Glück (*eudaimonía*), sowohl die breite Masse als auch die Gebildeten,

8 Vgl. H. Flashar, Aristoteles. Lehrer des Abendlandes. München 2013, S. 74f.

und unterstellen dabei, gut leben und gut handeln/sich wohl befinden[9] *wäre dasselbe wie glücklich sein* (*EN* I 2, 1095a 19ff.). Der Begriff der *eudaimonía*, die sich als Telos aller menschlichen Handlungen im *eu prấttein* (gut handeln) und *eu zen* (gut leben) verwirklicht, entfaltet bei Aristoteles sein volles Bedeutungsspektrum. Seine Ethik ist von einem onto-teleologischen Ansatz bestimmt, das heißt, dass der einzelne Mensch so handeln und leben soll, wie es seiner Wesensnatur entspricht, um auf diese Weise seine artspezifischen Anlagen bestmöglich zu vervollkommnen. Neben den natürlichen Anlagen besitzt der Mensch aber auch ein gehöriges Maß an Freiheit, um das gute Handeln, um das es zuallererst geht, autonom in die Tat umzusetzen. Dabei sucht Aristoteles nach den Bedingungen, die für ein gutes und gelungenes Leben zu erfüllen sind, und kommt zum Schluss, dass sich das Glück aus einer möglichst häufig und intensiv vollzogenen Leistung im Streben nach dem spezifisch menschlichen Guten ergibt, einer Aktivität, die er mit dem von ihm geprägten (vorher nicht belegten) Begriff der *enérgeia* (*en*: in, an, bei; *érgon*: Tat, Handlung, Werk > „am Werk sein"; s. u.) bezeichnet.[10]

Das sog. *érgon*-Argument kehrt bei Aristoteles an mehreren Stellen wieder (z. B. *EN* I 6, 1097b22ff.; II 5, 1106a15ff.). Mit diesem Wort beschreibt er die jeweils spezifische Funktion, Fähigkeit oder Leistung einer Sache bzw. eines Menschen. So wie das Gutsein eines Messers darin liegt, gut zu schneiden, so besteht die dem Auge eigentümliche Funktion, möglichst gut zu sehen, das heißt, jede Sache ist dann in ihrem Idealzustand, wenn sie ihr charakteristisches *érgon* bestmöglich verwirklicht.[11]

Um das spezifische *érgon* des Menschen zu bestimmen, muss die aristotelische Seelenvorstellung herangezogen werden (Arist., *De anima*/*Über die Seele* II 1–5). Ähnlich wie Platon nimmt Aristoteles eine Differenzierung einzelner Seelenteile vor, allerdings in modifizierter Art, da bei ihm allem Lebendigen eine Seele innewohnt, die daher nicht nur mit höher entwickelten emotiona-

9 Der griechische Ausdruck *eu prấttein* kann auf zweierlei Art übersetzt werden: intransitiv: „sich in gutem Zustand befinden" oder transitiv (mit Objekt): „gut (be)handeln, (etwas) betreiben".

10 Vgl. Flashar, Aristoteles (2013), S. 75.

11 Vgl. Rapp, Aristoteles (2020), S. 25.

len und geistigen Fähigkeiten identifiziert werden kann.[12] Die menschliche Seele befindet sich bei Aristoteles in einem Spannungsgefüge zweier unterschiedlicher Kräfte, einem irrationalen (*álogon*: ohne Vernunft) und einem rationalen (*lógon échon*: Vernunft habenden) Teil, die ihrerseits noch einmal in je zwei Bereiche untergliedert sind. Im irrationalen Teil wird zwischen dem vegetativ-ernährenden Vermögen (*threptikón*) und dem begehrenden Streben (*epithymetikón*) unterschieden, der rationale Bereich umfasst einen ‚hinhörenden' und den eigentlich rationalen Teil, die beide offenbar ineinander übergehen. Einerseits ist das ‚oberste', selbst vernünftige Seelenvermögen bestrebt, die Impulse der übrigen Seelenteile zu kontrollieren, andererseits kann auch der für die Emotionen zuständige begehrende Teil auf die Vernunft hören und so dem *lógos* gehorchen. Das Spezifikum des Menschen besteht bei Aristoteles ganz klar in seiner Vernunft(-tätigkeit), wobei es einen wichtigen Unterschied macht, ob der einzelne Mensch nur im Besitz der Vernunft ist oder von dieser auch Gebrauch macht. Hier spielt das interagierende aristotelische Begriffspaar der *dýnamis* (Potenzialität, Möglichkeit) und *enérgeia* (Aktualität, Aktivität, Wirklichkeit) eine Rolle, insofern als es für das *érgon*-Argument darauf ankommt, die Ausübung der Vernunfttätigkeit deutlich zu machen. „Das gesuchte ‚ergon' des Menschen ist daher die Aktivität des vernünftigen und des auf die Vernunft hörenden Teils der Seele."[13] Dabei ist eine ausnehmend gute Qualität der ausgeführten Tätigkeit von Bedeutung, eine Tugend (*areté*) im Sinne einer Vortrefflichkeit: Wie beispielsweise die *areté* des Kitharaspielers im vortrefflichen Spielen seines Instrumentes besteht (*EN* I 6, 1098a10ff.), so kommt die *areté* des Menschen in seinem Menschsein – moderner ausgedrückt, in seiner gelungenen Selbstverwirklichung – dadurch zum Ausdruck, dass dieser sein spezifisches *érgon*, die Vernunfttätigkeit der Seele, ausübt, und zwar nicht nur auf irgendeine Art und Weise, sondern auf eine möglichst gute: *Das oberste dem Menschen erreichbare Gut stellt sich dar als ein Tätigsein (enérgeia) der Seele im Sinne der ihr*

12 Vgl. M. Knoll, Antike griechische Philosophie. Berlin/Boston 2017, S. 279. Knoll plädiert mit Verweis auf Barnes (J. Barnes, Aristoteles. Eine Einführung. Stuttgart 1992, S. 104) für die Übersetzung von *psyché* (Seele) mit dem moderneren – durchaus passenden – Wort „Animator" (Belebendes).

13 Rapp, Aristoteles (2020), S. 27; vgl. *EN* I 6, 1098a16ff.; I 13, 1103a3.

wesenhaften Tüchtigkeit (kat' aretén). Gibt es aber mehrere Formen wesenhafter Tüchtigkeit, dann im Sinne der vorzüglichsten und vollendetsten. (*EN* I 6, 1098a16f.)

8.4 Ethische und dianoëtische Tugenden

Die Lehre von den Tugenden nimmt in der *Nikomachischen Ethik* einen bedeutenden Raum ein, da wir, so Aristoteles, kein glückliches Leben führen können, ohne an der Entwicklung und Festigung der Tugenden zu arbeiten: *Da aber das Glück eine Art Tätigkeit der Seele im Sinne der vollkommenen Tugend ist, haben wir die Tugend zum Gegenstand unserer Untersuchung zu machen; auf diese Weise werden wir dann wohl auch eine bessere Einsicht in das Wesen des Glücks gewinnen.* (*EN* I 13, 1102a5ff.) Anders als Platon, für den sämtliche Tugenden Formen des Wissens sind, unterscheidet Aristoteles zwischen Verstandestugenden (dianoëtischen Tugenden) und sog. Charakter- oder ethischen Tugenden. Letztere werden in den Büchern II bis V der *Nikomachischen Ethik* behandelt, im Anschluss daran, in Buch VI, widmet sich Aristoteles den dianoëtischen, rein intellektuellen und somit dem obersten Seelenteil entsprechenden Tugenden.

Die **ethischen** Tugenden leiten ihre Bezeichnung vom Begriff *éthos* (mit kurzem e) ab, mit den Bedeutungen „Gewöhnung", „Gewohnheit", „Sitte", „Brauch" – im Unterschied zu *éthos* (mit langem e), das zwar die gleiche Grundbedeutung hat (daneben auch „gewohnter Aufenthaltsort" heißen kann), sich aber danach ausweitet zu „Sinnesart", „Denkweise", „(ruhiger) Seelenzustand" und schließlich den „aus einer gewohnten Lebensweise entstehenden Charakter eines Menschen" bezeichnen kann. Zusammen bilden die beiden Begriffe gleichsam „das Ethos als ein gewachsenes Ganzes von Sitten, Haltungen, Handlungs- und Urteilsmustern einer geschichtlich konkreten Lebensform".[14]

Auch wenn der Begriff des Charakters häufig als ein Zusammenspiel aus angeborenen Wesenszügen des Menschen verstanden wird, macht Aristoteles klar, dass Charaktertugenden nicht von Natur aus gegeben sind. Es sei lediglich eine gewisse natürliche Anlage vorhanden (*EN* VI 13, 1144b1ff.), die die

---

14 Wörterbuch der antiken Philosophie. Hg. von Horn/Rapp (2002), S. 156.

Menschen befähige, sich die Tugenden durch Erziehung und Gewöhnung anzueignen. Aristoteles wird nicht müde zu betonen, dass man allein durch tugendhaftes Handeln, also durch entsprechende Einübung, tugendhaft werde.[15] *Daher sagt man zu Recht, dass man durch das Tun des Gerechten gerecht wird und ebenso durch das Tun des Besonnenen besonnen; ohne ein solches Tun würde wohl niemand gut werden.* (*EN* II 3, 1105b9ff.) Dazu werde man zunächst von Erziehern angehalten, um später selbst in einem voluntaristischen Akt der *prohaíresis* (Bevorzugung, Wählen, Vorsatz) tugendhafte Handlungen anzustreben, da nur die freiwillige Entscheidung ein klares Indiz für eine entsprechende charakterliche Disposition darstellt. Diese wird von Aristoteles als *ein überlegtes Streben nach dem, was in unserer Macht steht,* definiert, *wobei wir aufgrund von Überlegungen eine Wahl treffen und dann entsprechend der vorangegangenen Überlegung danach streben* (*EN* III 5, 1113a12f.).

Bei tugendhaften Handlungen sind außerdem noch die Komponenten „Lust" und „Freude" – das griechische Wort *hedoné* kann beides heißen – von Relevanz, denn laut Aristoteles sind diese in sich freudvoll. Niemand könne als gerecht bezeichnet werden, wenn er nicht Freude habe am gerechten Tun, und niemand als großzügig ohne Freude am großzügigen Handeln. *Das Leben dieser Menschen bedarf keiner weiteren Freude, [...] sondern trägt die Freude in sich selbst,* was von Aristoteles letztlich mit dem Glück gleichgesetzt wird (*EN* I 9, 1099a15ff.). Entgegen der oben zitierten (S. 140) Inschrift von Delos, die eine Trennung bzw. Hierarchie innerhalb der bewerteten Güter vornimmt, kommen die Bestimmungen des ‚Werthaftesten', ‚Besten' und ‚Erfreulichsten' bei Aristoteles allen sittlich *besten Tätigkeiten zu; diese aber oder eine von ihnen, nämlich die beste, nennen wir das Glück* (*EN* I 1099a29ff.). Dass Lust ein integrativer Bestandteil des Glücks ist, wird an keiner Stelle in Zweifel gezogen, sofern es sich um die ‚richtige' Art von Lust handelt und nicht um bloße Bedürfnisbefriedigung. Aristoteles liefert in seiner *Nikomachischen Ethik* zwei voneinander unabhängige Abhandlungen zum Begriff der Lust: A = *EN* VII 12–15, B = *EN* X 1–5. Während A die Lust als eine ungehinderte Tätigkeit beschreibt (*EN* VII 13, 1153a14f.; VII 14, 1153b10 und 16), wird sie in B höherwertig als die Vollendung der Aktivität bestimmt, *wie zur Blüte noch die Schönheit hinzukommt* (*EN* X 4, 1174b33). Die höchste Lust wird in der Beschreibung der aristotelischen

15 Vgl. Höffe, Aristoteles (2014), S. 225.

Lebensformen (s. u., S. 153ff.) die höchste Tätigkeit des Menschen, das reine Denken, zur Folge haben.

Das konstitutive Element der Charaktertugenden, die „Gewöhnung" (*éthos*), führt durch entsprechende Übung zur Ausbildung der *héxis* (Haltung), einer innerlich gefestigten Einstellung gegenüber unseren Leidenschaften. Wer über eine solche verfügt, handelt nicht aus Zufall oder von diversen Stimmungen geleitet, sondern in Übereinstimmung mit einer zu einem festen Bestandteil der Persönlichkeit gewordenen charakterlichen Haltung. Ergänzt wird die Definition der Charaktertugend durch den Begriff der „Mitte" (*mesótes*)[16], der die Mitte zwischen zwei lasterhaften Extremen meint, wobei Aristoteles von einer „Mitte für uns" spricht (*EN* II 5, 1106a29ff.). Damit weist er jeglichen objektiven, statistisch bzw. mathematisch bestimmbaren Mittelwert ebenso ausdrücklich zurück wie das Anstreben eines möglichst leidenschaftslosen Zustandes und plädiert stattdessen für eine emotionale und charakterliche Reaktion, die aus subjektiver Sicht der jeweiligen Situation angemessen erscheint. In dieser Bestimmung der Tugend wirkt – abgesehen von den Analogien im Bereich der diätetischen Medizin – die entscheidende kognitive Bewertung des rechten Maßes aus den Anfängen der Philosophie nach (s. Kap. 3, S. 45). *Es ist aber die Tugend eine auf Entscheidung gegründete Haltung, die in einer Mitte liegt, und zwar in der Mitte in Bezug auf uns, festgelegt durch richtige Überlegung und so, wie der Vernünftige (phrónimos) sie festlegen würde.* (*EN* II 6, 1106b36ff.) Hier begegnen wir der *phrónesis* (Klugheit), einem aristotelischen Ethikbegriff von herausragender Bedeutung, der zwar zu den dianoëtischen Tugenden (s. u., S. 152f.) zu zählen ist, insofern aber eine gewisse Zwischenstellung innehat, als er sich ausschließlich auf den Bereich des praktischen Handelns bezieht. Eine emotional angemessene Reaktion und das Treffen der Mitte, so Aristoteles, resultieren aus der Fähigkeit, zwischen vernünftigen und unvernünftigen Gefühlen zu unterscheiden, und „nur wer über beides, über Klugheit und charakterliche Tugend verfügt [...], lebt in Übereinstimmung mit sich".[17]

16 „Dass diese als typisch aristotelisch geltende so genannte Mesotes-Lehre ihre Wurzeln bei Platon hat [...]" (*Politikos* 284c), wurde von Th. A. Slezák im Anschluss an H. J. Krämer (1959) festgehalten (*Was Europa den Griechen verdankt* [2010], S. 250).

17 Höffe, Aristoteles (2014), S. 224.

Aristoteles führt zwölf ethische Tugenden an (z. B. Tapferkeit, Besonnenheit, Großzügigkeit, Ehr- und Schamgefühl) mit ihren jeweiligen extremen Entartungen des ‚Zuviel' und ‚Zuwenig', des Über- und Untermaßes, wobei er sich explizit auf eine Tabelle bezieht (*EN* II 7, 1107a33). Daraus kann geschlossen werden, dass sich der Philosoph in seinem Lehrvortrag offenbar eines Tafelbildes zur besseren Veranschaulichung bediente. Wie dieses ausgesehen haben könnte, versucht Gernot Krapinger in seiner Ausgabe der *Nikomachischen Ethik* zu rekonstruieren.[18] In diesem Zusammenhang sollte man sich vor Augen halten, dass wir aufgrund einer abenteuerlichen Überlieferungsgeschichte des *Corpus Aristotelicum* heute nur im Besitz der sog. esoterischen (*esoterikós*: innerlich) aristotelischen Schriften sind, das heißt der für den inneren Studienbetrieb bestimmten und nicht zur Veröffentlichung gedachten Aufzeichnungen.[19] So erklären sich viele Rand- und Zwischenbemerkungen, gelegentliche Wiederholungen oder auch etliche inkonsistente Passagen. „Damit ist zugleich deutlich, dass die *Nikomachische Ethik* nicht die glättende Hand eines Redaktors erfahren hat, sondern in der vorliegenden Form den genuinen Wortlaut des Aristoteles wiedergibt."[20]

Auf eine vollständige Aufzählung und Bestimmung der ethischen Tugenden muss in diesem Rahmen verzichtet werden; eine gut lesbare tabellarische Übersicht – inklusive der jeweiligen Entartungsformen – bietet *Hellmut Flashar.*[21] Stattdessen soll hier zur Verdeutlichung der von Aristoteles intendierten „Mitte" exemplarisch die Tugend der Tapferkeit herangezogen werden. Diese stellt die Mitte dar zwischen zu viel Furcht bzw. zu wenig Mut (= Feigheit) einerseits und zu wenig Furcht bzw. zu viel Mut (= Tollkühnheit) andererseits. Nun ist jeder Mensch ständig gewissen Gefühls- und Triebspannungen ausgesetzt, die weder ignoriert noch gänzlich aus dem Seelenleben verbannt werden können. Daher ist es notwendig, „dass er sich zu seinen Affekten in ein richtiges Verhältnis setzt"[22], das heißt, der Mensch muss

18 Vgl. Aristoteles, Nikomachische Ethik. Griech/Dt. Üs. und hg. von G. Krapinger. Stuttgart 2020, S. 623f., FN 78.

19 Vgl. Masek, Geschichte der antiken Philosophie (2012), S. 182f.

20 Flashar, Aristoteles (2013), S. 79.

21 Vgl. ebd.

22 Höffe, Aristoteles (2014), S. 226.

danach streben, mit Hilfe der Vernunft und unter Berücksichtigung der eigenen Individualität sowie der jeweiligen empirisch feststellbaren Umstände eine Entscheidung zu treffen. Wer in einer wenig bedrohlichen Situation von zu großer Furcht erfüllt ist, handelt ebenso falsch wie derjenige, der trotz einer real existierenden Gefahr keinerlei Furcht empfindet. In Hinsicht auf ein tapferes Tugendverhalten mit Zivilcourage sollte man sich daher in ein positives Spannungsverhältnis zu den Werten Standhaftigkeit und Besonnenheit setzen, denn tapfer zu sein bedeutet, angesichts gefährlicher Situationen unerschrocken und standhaft zu reagieren, um diese souverän zu meistern. (*EN* II 2, 5–9)

Aristoteles hält außerdem fest, dass die ethischen Tugenden von einem „charakteristischen Spektrum von Gefühlen auf einer Lust-Unlust-Skala begleitet“ [23] werden. An dieser Stelle muss nochmals an Demokrit erinnert werden, der als Erster den Gedanken des rechten Maßes einer philosophischen Reflexion unterzog und die Verbindung zum ‚Guten‘ herstellte, indem er verschiedene Formen von Lust (*hedoné*) differenzierte und dabei die maßvolle Lust als integrativen Teil des gelungenen Lebens ansah (s. Kap. 3.4, S. 52f.). Bei Aristoteles heißt es dazu: *Denn die Charaktertugend steht in Beziehung zu Lust und Unlust. Wegen der Lust tun wir das Schlechte, wegen der Unlust unterlassen wir das Gute. Daher müssen wir sofort von Kindheit an [...] in bestimmter Weise dazu erzogen werden, dass wir Lust und Unlust dort empfinden, wo wir es sollen; denn das ist die richtige Erziehung.* (*EN* II 2, 1104b9ff.) Hier geht es um die Fähigkeit, mit Lust die ethisch angemessenen Entscheidungen zu treffen (*EN* II 5–6, 1106b–1107a9), denn nur eine an der richtigen Mitte orientierte und mit Freude ausgeführte ethische Handlung ist frei von inneren Konflikten. Hellmuth Flashar fasst Aristoteles’ Standpunkt wie folgt zusammen: „Wer wirklich großzügig oder gerecht im konkreten Handeln ist, handelt mit Freude, und insofern ist Lust die Vollendung des Tätig-Seins und damit ein positiver Wert.“ [24]

Wenn jemand eine richtige Wahl trifft, beim Vollzug der entsprechenden Handlung aber eher Unbehagen verspürt, da ihm Gefühle entgegengesetzte Motive suggerieren, gilt er als willensstark. Wer andererseits trotz richtiger

---

23 Detel, Aristoteles (2021), S. 126.

24 Flashar, Aristoteles (2013), S. 97.

Entscheidung die angemessene Handlung, wenn auch mit innerer Unzufriedenheit, nicht realisiert, ist willensschwach. Derjenige schließlich, der die falsche Wahl trifft und die aus dieser resultierende unangemessene Handlung mit Freude ausführt, ist ganz und gar schlecht. So gelangt Aristoteles zur Darstellung von vier Charakterzuschreibungen (Tugend, Willensstärke bzw. -schwäche, Schlechtigkeit), deren charakterliche Mitte von *Wolfgang Detel* mit Hilfe einer Tabelle anhand der drei Parameter – Gefühle, Handlungswahl und Ausführung der Handlung – dargestellt wird.[25]

In Anlehnung an die sokratisch-platonische These, dass *areté* Wissen sei und zugleich notwendige und hinreichende Bedingung für die Erlangung des Glücks, beschäftigt sich Aristoteles eingehend mit dem Phänomen der *akrasía* (Unbeherrschtheit, Mangel an Selbstkontrolle, [Willens-]Schwäche)[26], indem er dazu eine systematisch-akribische und historisch höchst wirkmächtige Untersuchung vorlegt (*EN* VII 1–11). Er kommt darin zum Schluss, dass der Akratiker – ähnlich wie bei Sokrates – kein ‚richtiges' Wissen besitze, unterscheidet sich jedoch in seiner Erklärung von der sokratischen Position, insofern als er die Affekte, zumeist die Begierde, als Ursache für die *akrasía* sieht. Diese seien es, die mit der Vernunft in Konflikt geraten, sie schwächen oder umgehen können (*EN* VII 5, 1147b13ff.).

Doch auch wenn Aristoteles der sokratischen These, der zufolge alle Tugenden nichts anderes als Formen des Wissens seien, widerspricht, stimmt er Sokrates dahingehend zu, *dass es Tugenden ohne Klugheit nicht gebe* (*EN* VI 13, 1144b20). Auch nach Aristoteles muss derjenige, der die ethische Tugend erlangen und bei Handlungsentscheidungen die rechte Mitte treffen will, wissen, was Glück ist. „Der eigentliche Kern des [...] ethischen Gutseins[.] ist ein Wissen, das Wissen davon, was glückszuträglich und was glücksabträglich ist."[27] Nur der mit der Verstandestugend der *phrónesis* begabte Kluge ist zur richtigen Handlungswahl befähigt, da *er imstande ist, richtig zu überlegen, was für ihn gut oder nützlich ist, aber nicht unter einem begrenzten Aspekt, etwa dem der*

25 Vgl. Detel, Aristoteles (2021), S. 127.

26 Im Wörterbuch der antiken Philosophie (hg. von Horn/Rapp [2002], S. 29) findet sich folgende Erklärung: „*a.* ist ein selbstverschuldeter Mangel an Macht eines Handelnden über sich selbst, der zugunsten kurzfristigen Lustgewinns sein längerfristiges Wohlergehen beeinträchtigt."

27 Stemmer, Art. Tugend. In: HWPh Bd. 10, Sp. 1539.

Gesundheit oder der Kraft, sondern bezüglich des guten Lebens insgesamt (*EN* VI 4, 1140a25ff.).

Was die genaue Übersetzung des Wortes *phrónesis* betrifft, so sehen wir uns ein weiteres Mal mit dem Problem konfrontiert, über keinen adäquaten Ausdruck im Deutschen zu verfügen. Die Wiedergaben mit „sittlicher Einsicht" oder „praktischer Umsicht" erscheinen eher vage, mitunter auch missverständlich. „Klugheit" greift zu kurz, da etwa auch „Gesinnung", „Wille" und „Entschlusskraft" gemeint sind. Dazu könnte möglicherweise trickreiche Cleverness assoziiert werden, welche dezidiert auszuschließen ist. Bei Platon und Aristoteles erscheint die *phrónesis* jedenfalls in verschiedener, kontextabhängiger Bedeutung.[28] Der Begriff findet sich – ähnlich der Betrachtung der Lust (s. o.) – wiederum bereits in mehreren illustrativen Fragmenten Demokrits mit einer der aristotelischen Ethik sehr nahekommenden Konnotation, wie zum Beispiel in DK 68 B 119, einer seiner gehaltvollsten und richtungsweisendsten Aussagen: *Die Menschen haben sich vom Zufall ein Bild gemacht, das ihnen als Ausrede dient für ihr eigenes Unberaten-Sein; in Wahrheit gerät der Zufall selten in Widerstreit mit der Intelligenz* (*phrónesis*)*; kluger Scharfblick bringt das meiste im Leben in Ordnung.* (DK 68 B 119; s. Kap. 3.2, S. 50f.)

Die Untersuchung der „Klugheit" steht bei Aristoteles im Zentrum seiner Abhandlung über die **dianoëtischen** (*diánoia*: Denken, Verstand) Tugenden im sechsten Buch der *Nikomachischen Ethik*. Er führt dort vier weitere Verstandestugenden an – *téchne* (praktisches Können, Fachwissen), *epistéme* (wissenschaftliche Erkenntnis), *sophía* (Weisheit) und *nous* (Denken, intuitiver Verstand)[29] –, die nicht mehr unter dem Aspekt der rechten Mitte bestimmt werden, da es bei ihnen niemals ein ‚Zuviel' im Sinne eines schädlichen Extrems geben kann. *Téchne* und *phrónesis* beziehen sich dabei auf den Bereich des Veränderbaren, wobei Aristoteles hier zwischen *poíesis* (Herstellen) und *praxis* (Handeln) unterscheidet. Wie er anhand der Baukunst demonstriert,

---

28 Vgl. Flashar, Aristoteles (2013), S. 89. Entsprechende Textbelege S. 375, FN 14 und 15.

29 Ausgehend von einem 1923 von Martin Heidegger in Marburg abgehaltenen Seminar entfaltete das sechste Buch der *Nikomachischen Ethik* große Wirkung auf die Hermeneutik des 20. Jahrhunderts, besonders auf Hans-Georg Gadamer. Zu diesem Seminar existiert ein Skriptum, aus dem Heideggers Bemühen um entsprechende Übersetzungen der fünf dianoëtischen Tugenden ersichtlich ist (vgl. Flashar, Aristoteles [2013], S. 90f.).

bedeutet „Herstellen“ immer das Gestalten von etwas, es hat demnach keinen Selbstzweck und wird von der *téchne*, dem technischen Fachwissen, in vernünftiger Weise und mit richtiger Planung zur Produktion von etwas geleitet (*EN* VI 4, 1140aff.). Da jedoch eine solche Tugend keinerlei moralische Komponente aufweist, kann sie auch nicht als Leitinstrument für ethisch wertvolles Handeln herangezogen werden. Daher bleibt nur die *phrónesis* als Richtschnur, um ein sicheres Urteil über das jeweils situativ ethisch Angemessene fällen zu können. Eine treffende Beschreibung dazu liefert *Hans-Georg Gadamer* (1900–2002): „Als das Wesentliche an der Vollzugsweise dieses praktischen Wissens ist [...] festzuhalten, daß es sich hier um so etwas wie Richtigkeit handelt. Richtigkeit meint Richtung, Einhaltung einer Sinnrichtung, auf die das praktische Wissen in Klarheit wie in Wahrheit gerichtet ist. Nur wer das kann, den nennen wir ‚handlungsfähig‘, und diese Handlungsfähigkeit besteht nicht in bloßer Klugheit und Sachwissen allein, sondern auch in Verantwortlichkeit, deren man sich bewußt ist.“[30]

Die Seelenvermögen der übrigen drei dianoëtischen Tugenden – *sophía*, *epistéme* und *nous* – sind auf das Unveränderbare, Ewige gerichtet und werden im Einzelnen eher knapp beschrieben. Die erhabenen Gegenstände, auf die ihr Interesse gerichtet ist, bleiben dabei weitgehend unklar. So heißt es beispielsweise: *Es gibt Dinge, die ihrer Natur nach göttlicher sind als der Mensch.* (*EN* VI 7, 1141b1) Über die Disziplinen theoretischen Wissens klärt Aristoteles in der *Metaphysik* (VI 1) auf, indem er dort drei Bereiche unterscheidet: die sog. „Erste Philosophie“ (heute *Metaphysik*) einschließlich der Theologie, die theoretischen Wissenschaften, zu denen auch die Astrophysik gehört, und die mathematischen Wissenschaften.

8.5 Drei aristotelische Lebensformen

Wenn wir uns die Formulierung aus der *Nikomachischen Ethik* (I 6, 1098a 16f.) in Erinnerung rufen, der zufolge sich die *eudaimonía* im Tätigsein gemäß der besten und vollkommensten *areté* erfüllt, so legt dies nahe, dass das eigentli-

---

30 H.-G. Gadamer, Einführung. In: Aristoteles, Nikomachische Ethik VI. Frankfurt am Main 1998, S. 14.

che Glück des Menschen allein in der Verwirklichung der theoretischen *areté*, der *sophía*, liegt. Aristoteles präsentiert im Anschluss an Platon bereits im ersten Buch (Kap. 3) der *Nikomachischen Ethik* drei unterschiedliche Lebensformen (*bíoi*, Pl. zu *bíos*: Leben) – das genießende Leben (*bíos apolaustikós*), in Abhängigkeit von der Lust (*hedoné*), das Leben im Dienste des Staates (*bíos politikós*), ausgerichtet auf den altadeligen Wert der Ehre und Anerkennung (*timé*), und das Leben in der Hingabe an die Philosophie (*bíos theoretikós*), dem es um die Wahrheit (*alétheia*) geht und das seinen Wert in sich selbst trägt. Schließlich nennt Aristoteles noch eine vierte Option, eine am Wettstreit ausgerichtete, gewinnorientierte Lebensstrategie (*EN* I 3 1096a5ff.; *Polit.* I 9–10). Diese ist aber kaum glückstauglich und muss, sobald der Reichtum vom Mittel zum Selbstzweck pervertiert, schlechthin verworfen werden (*Polit.* VII 1, 1323a36ff.). Ebenso abgelehnt wird das Genussstreben (*EN* I 3, 1095b17ff.). Auch das politische Leben, sofern die *timé* nur als äußere Anerkennung angestrebt wird, ist nach Aristoteles nicht zu billigen. Daher bleiben nur zwei Lebensformen für den Wettstreit um das Glück übrig: das Leben im Dienste des Staates, unter der Voraussetzung, dass es um die eigene Tüchtigkeit geht (*EN* I 3, 1095b22ff.; IV 7, 1124a22f.), und die theoretische Existenz.[31]

Um den über allem stehenden Zielcharakter des Glücks zu klären, orientiert sich Aristoteles an der Frage, welche Güter und Ziele um anderer Dinge willen (und folglich für die Klärung des Glücks ohne Bedeutung) gewählt werden und welche sich als intrinsisch wertvoll erweisen. Er formuliert in der *Nikomachischen Ethik* (I 5) eine in drei Stufen gegliederte Hierarchie von Zielangaben mit der Einteilung in *téle* (Pl. zu *telos*), bloße Zwischenziele, die rein instrumentell verwendet werden (wie z. B. Reichtum), in *téle téleia* (vollendete Ziele) wie Lust, Ehre und Vernunft, die um ihrer selbst willen gewählt werden, und das vollendetste (*teleiótaton*) Ziel, die *eudaimonía*, die stets nur um ihrer selbst und niemals um etwas anderes willen angestrebt wird (*EN* I 5, 1097a15–b6). Otfried Höffe sieht hier eine ähnliche Letztbegründung wie sie der aristotelische „unbewegte Beweger“ in den Naturdingen darstellt: „Damit dort die Naturprozesse und hier das Handeln nicht grundlos sind, muß

31 Vgl. Höffe, Aristoteles (2014), S. 219.

man ein letztes Umwillen annehmen, das im Fall der Natur im unbewegten Beweger, im Fall des Handelns aber im Glück besteht."[32]

Das teleologische Denken ist der gesamten aristotelischen Philosophie inhärent, im Wesentlichen unter dem Aspekt einer immanenten Teleologie, die Aristoteles „Entelechie" nennt (*entelécheia*: „das Ziel [*télos*] in [*en*] sich haben [*échein*]"). Dies ist ein von ihm „geschaffenes Kunstwort und wird [...] geradezu synonym zu *enérgeia* (Tätigkeit, Verwirklichung) gebraucht".[33] Telos als Ende und Ziel, als das letzte, äußerste Gut ist ein konstitutiver Bestandteil der Praxis, denn wir erkennen, so Aristoteles, etwas in seinem Wesen und seiner Natur, wenn sein Werden vollendet ist, sei es ein Mensch, ein Pferd, ein Haus oder was sonst immer (*Polit.* I 2, 1252b32ff.).

Aristoteles benützt den Begriff der Entelechie auch mehrfach in *De anima*, wenn es ihm darum geht, die Lebendigkeit der Seele zu betonen (I 1, 402a10; II 1, 412a10ff.; II 5, 417a21ff.). „Die Seele ist nicht etwas, das ein Lebewesen ‚hat'; sie ist seine volle Wirklichkeit, sein Lebendigsein."[34] Die Seelentätigkeit im Sinne der Verwirklichung der vollendeten Tugend führt zum höchsten Gut, der *eudaimonía*, wobei Aristoteles einen Unterschied macht zwischen dem bloßen Besitz des Besten einerseits und dem Gebrauch, dem Ausüben andererseits, zwischen dem Zustand der Disposition und der tätigen Verwirklichung (*EN* I 10, 1098b31ff.).

Mit der aristotelischen Einsicht, dass die tätige Verwirklichung der Vernunft überhaupt nur in der Polis möglich ist, in der politischen Gemeinschaft der freien Bürger, kehren wir zu den beiden wertvollen und glücksrelevanten Lebensformen zurück, dem *bíos politikós* und dem *bíos theoretikós* (*EN* X 6–9). Der berühmte Satz, dem gemäß der Mensch ein *zóon politikón* ist (*Polit.* I 2, 1253a2f.), schließt ein, dass dieser nur in der Polis die nötigen Voraussetzungen für seine wissenschaftliche, kulturelle und nicht zuletzt sittliche Bildung vorfindet, um dort sein kritisches Urteil zu entwickeln (vgl. *Polit.*, III 11, 1282a5ff.). „Alles, was im G[lück] erstrebt wird, gehört so nicht dem isolierten

32 Höffe, Aristoteles (2014), S. 221.

33 Wörterbuch der antiken Philosophie. Hg. von Horn/Rapp (2002), S. 135.

34 Höffe, Aristoteles (2014), S. 140.

Für-sich-sein [sic!] der Einzelnen an, sondern denen, die in einem ‚bürgerlichen Leben' (*bíos politikós*) zum Stande des Bürgers gekommen sind."[35]

Aristoteles betont überdies auch den Wert der Freundschaft, der immerhin zwei Bücher der *Nikomachischen Ethik* (VIII und IX) gewidmet sind, eine wirkmächtige Abhandlung, die „an Kraft der Beobachtung und Intensität der gedanklichen Durchdringung [...] unübertroffen bleibt".[36] Der Mensch bedarf als Gemeinschaftswesen des Freundes als eines zweiten Ichs, mit dem er Austausch von Worten und Gedanken pflegt (*EN* IX 9, 1169b16ff.), wobei der Umgang mit ‚Edlen' am wertvollsten ist: *Die Freundschaft der Guten aber ist gut und vertieft sich durch den Umgang miteinander. Und sie scheinen auch besser zu werden, indem sie tätig sind und einander korrigieren; denn jeder prägt sich die Eigenschaften der anderen ein, die ihm gefallen, weshalb es auch heißt: „Gutes lernt man von guten Menschen."* (*EN* IX 12, 1172a10ff.) In dieser Passage bezieht Aristoteles die Überlieferung mit ein, indem er eine Zeile (v. 35) aus den Elegien des frühgriechischen Dichters Theognis zitiert. Eine ähnliche Überlegung findet sich im Übrigen bereits bei Demokrit: *Die Freundschaft eines einzigen gescheiten Mannes ist besser als die aller Dummköpfe zusammen.* (DK 68 B 98) Besondere Relevanz bekommt das Thema der Freundschaft noch bei Epikur, dort ist sie allerdings nicht mehr an die Gemeinschaft der Polis gebunden.

Das *teleiótaton*-Kriterium, dem zufolge das Glück ausschließlich als intrinsisches Gut nur um seiner selbst willen erstrebt werden kann, führt zur theoretischen und höchsten Lebensform, in der es neben Mathematik und Astronomie nur mehr um Philosophie, vor allem um die sog. „Erste Philosophie" (einschließlich Theologie), geht. Hier löst sich auch die Spannung, die sich durch das gleichzeitige Vorhandensein von *phrónesis* (Klugheit) und *sophía* (Weisheit) ergeben hat, insofern als die *sophía* die praktische Vernünftigkeit noch übersteigt und den Menschen in die Nähe der Götter bringt. Wenn auch die Herleitung des Wortes *theoría* nicht restlos geklärt ist[37], ist mit Horn und Rapp anzunehmen, dass es in einer tautologischen Zusammensetzung aus *theá* (Schau, Anblick) und *horán* (sehen) – das „Schauen der Schau" – die

35 Ritter, Art. Glück. In: HWPh Bd. 3, Sp. 684.

36 Flashar, Aristoteles (2013), S. 102.

37 Vgl. A. Dunshirn, Griechisch für das Philosophiestudium. Wien 2022, S. 133, FN 142.

Intensivierung der Handlung betont.[38] Ein gewisser Bezug zu *theós* ist insofern denkbar, als mit *theoría* ursprünglich das Anschauen in einem kultisch-sakralen Kontext vor Ort gemeint war, etwa in der Weise, in der ein *theorós* als offizieller Festgesandter der Polis ausgesandt wurde, um Götterfesten bei den Olympischen Spielen oder ähnlichen Veranstaltungen beizuwohnen. Hierbei ist jedenfalls ein interessanter Bedeutungswandel zu erkennen: Noch Solon, so heißt es bei Herodot, soll seine Reisen um der *theoría* willen unternommen haben, frei und unabhängig und von keinerlei auferlegten Zwecken geleitet (*Hist.* I 30). Erst allmählich wandelte sich die Bedeutung hin zu einem geistigen Durchdringen und wissenschaftlichen Erkennen, wobei das ursprüngliche sakrale Verständnis im Ewigen, dem Gegenstand der aristotelischen *theoría*, aufgehoben ist.

8.6 Aristoteles – ein Platoniker?

Wenn Aristoteles in der geistigen Schau die vollkommenste Lebensform sieht, erweist er sich hier trotz seiner grundlegenden Kritik an Platons Ideenlehre als ‚Platoniker': Der Mensch sei imstande, auch wenn es tatsächlich nur wenigen gelinge, kraft seiner Vernunft seine *condicio humana* zu transzendieren, um zumindest für kurze Zeit in den Genuss des vollkommenen Glücks zu gelangen: *Wenn die betrachtende Tätigkeit der Vernunft kein anderes Ziel hat als sich selbst und eine ihr eigentümliche Lust besitzt, dass weiters die Autarkie, die Muße, das Freisein von Mühe offensichtlich mit dieser Tätigkeit verbunden sind, dann wird wohl das vollkommene Glück des Menschen diese Tätigkeit sein. Aber ein solches Leben wäre unmenschlich; denn so wird der Mensch, insofern er Mensch ist, nicht leben, sondern nur insofern er etwas Göttliches in sich hat. Man darf aber nicht auf die Meinung derer hören, die uns raten, als Menschen nur Menschliches zu denken, sondern wir müssen uns, so weit wie möglich, unsterblich machen und alles tun, um unser Leben nach dem Besten in uns auszurichten. Und für den Menschen ist dies das Leben gemäß der Vernunft, da diese ja am meisten den Menschen ausmacht. Also ist dieses Leben auch das glücklichste.* (*EN* X 7, 1177b19–1178a9, gek.) Hier fasst Aristoteles die wesentlichen Kriterien für die Glücksbestimmung der theoretischen Lebens-

38 Vgl. Wörterbuch der antiken Philosophie. Hg. von Horn/Rapp (2002), S. 436.

form zusammen: die Betätigung des vernünftigen Seelenteils, des Besten im Menschen, das keinen weiteren Zweck zu erfüllen hat und außerdem mit Lust verbunden ist. Sie bringt Muße und Autarkie – und doch, so Aristoteles, wäre ein solches Leben unmenschlich, da es höher sei, als es dem Menschen in seinem Menschsein zukomme. Denn auch der glückliche Mensch lebe notwendigerweise unter äußeren Bedingungen, da er der Nahrung bedürfe und auch sonstige körperliche Bedürfnisse habe (*EN* X 9, 1178b33ff.). Wie Aristoteles diese Relativierung verstanden wissen wollte, ist nicht ganz klar. Offensichtlich dient sie zur Rechtfertigung des zweitbesten Lebens, der politischen Lebensform (*EN* X 8), sie könnte aber ebenso als praktikable Mischform angesehen werden, in der auch die körperlich-emotionalen Bedürfnisse des Menschen berücksichtigt werden.[39] Für den Philosophen, der als Mensch in einer Gemeinschaft mit anderen lebt, wird das Glück der *theoría* auf diese Weise an das bürgerliche Leben in der Polis zurückgebunden.

Da hinsichtlich der aristotelischen Bewertung der theoretischen und politischen Lebensform aus dem Textstudium der *Nikomachischen Ethik* keine klare Position abgeleitet werden kann, entwickelten sich in der Forschungsdiskussion zwei verschiedene Deutungsansätze der aristotelischen Glückstheorie, eine „inklusive" versus eine „dominante" Interpretation. Gemäß der ersteren könnte Aristoteles die Meinung vertreten haben, dass ein vollständig glückliches Leben alle wesentlichen Güter, die ihr Ziel in sich tragen, einschließen müsse, die theoretische Aktivität jedoch den wichtigsten Glücksbeitrag leiste. Sollte aber – der „dominanten" Interpretation entsprechend – die Tätigkeit des Geistes allein verantwortlich für die Erlangung der *eudaimonía* sein, wären die Positionen Platons und Aristoteles' viel näher als mehrheitlich angenommen.[40]

39 Vgl. Rapp, Aristoteles (2020), S. 40.

40 Vgl. Horn, Antike Lebenskunst (2014), S. 83ff.

9 *Eudaimonía* – Das Ideal des Weisen

Mit den Philosophenschulen der Stoa und des Epikureismus treten wir in die Ära der hellenistischen Philosophie ein, die von tiefgreifenden politisch-sozialen Veränderungen der gesamten griechischen Welt geprägt war. Der vom deutschen Historiker Johann Gustav Droysen um die Mitte des 19. Jahrhunderts geprägte Epochenbegriff Hellenismus bezeichnet die Zeit vom Tode Alexanders des Großen (323 v. Chr.) bis zur Schlacht bei Actium (31 v. Chr.) und dem Ende des letzten griechischen Reiches in Ägypten. Durch die Eroberungszüge Alexanders des Großen wurde ein kultureller Verschmelzungs-, modern ausgedrückt, Globalisierungsprozess eingeleitet, in dem die noch bei Alexanders Erzieher Aristoteles so hochgehaltene Unterscheidung von Griechen- und Barbarentum zusehends bedeutungslos wurde. Die Polis Athen konnte sich zwar noch längere Zeit als kulturelles Zentrum behaupten, in politischer Hinsicht hatte sie jedoch ihre einstige Vorrangstellung zugunsten neu entstandener großstädtischer Zentren, wie beispielsweise Alexandria oder Pergamon, weitgehend eingebüßt. Angesichts dieser umwälzenden äußeren Ereignisse sahen sich die Menschen in Ermangelung der früheren Bindung an die Polis und der tradierten ethisch-religiösen Werte auf sich zurückgeworfen und suchten in der Rückbesinnung auf ihre eigene Individualität nach innerem Halt und seelischem Gleichgewicht. Diesen politisch-gesellschaftlichen Wandel habe Aristoteles laut Hegel in seiner *Politica* selbst angekündigt: Nach dem Zerfall der griechischen Demokratie (Aristoteles spricht von Politie als der „Bürgerherrschaft") sei nun einer, „ohne Zweifel sein Alexander"[1], hervorgetreten, der einem Gott unter den Menschen gleiche und über den niemand herrschen könne, nicht einmal das Gesetz, da er selbst das Gesetz sei (vgl. Arist., *Polit.* III 13, 1284a10ff.).

1 G. W. F. Hegel, Werke in 20 Bänden. Hg. von E. Moldenhauer und K. M. Michel. Frankfurt am Main 1986, Bd. 19, S. 229.

Von nun an stand für die Menschen jedenfalls das Interesse im Vordergrund, einen möglichst autonomen Standpunkt gegenüber einer als zunehmend fremd empfundenen Wirklichkeit zu gewinnen. Folglich sahen die hellenistischen Philosophenschulen ihre Hauptaufgabe darin, sinnstiftende und gleichsam therapeutische ‚Lebenshilfe-Konzepte' zu entwerfen, die den verunsicherten Individuen auf ihrer Suche nach Neuorientierung Anleitungen bieten konnten. Sie entwickelten eine Ethik im Sinne der Selbstfürsorge und Lebenskunst (*téchne tou bíou, ars vitae*), die sich, geleitet von der Zielvorstellung der *eudaimonía,* die sokratische Frage nach dem richtigen Leben neu stellte.

9.1 Teil 1: **Die Stoa**

Der aus Zypern stammende **Zenon** von Kition (ca. 333–264 v. Chr.), Schüler des Kynikers Krates, gründete um 300 v. Chr. in Athen die stoische Schule, die ihren Namen vom ersten Versammlungsort, der *stoá poikíle,* einer bunt ausgemalten Säulenhalle, erhielt. Man unterscheidet drei chronologisch abgestufte Perioden – die ältere Stoa (ca. 300–130 v. Chr.), die mittlere (ca. 130–50 v. Chr.) und die jüngere Stoa der römischen Kaiserzeit (ca. 50 v. Chr. bis ins 3. Jh. n. Chr.). Führende Persönlichkeiten der alten Stoa waren neben Zenon Kleanthes aus Assos (ca. 331–232 v. Chr.) und Chrysippos aus Soloi in Kilikien (ca. 281–204 v. Chr.), der die Gestalt der stoischen Lehre weiter ausformte und daher auch als zweiter Schulgründer bezeichnet wird. Die herausragenden Philosophen der mittleren Stoa waren Panaitios von Rhodos (ca. 185–110 v. Chr.) und Poseidonios aus dem syrischen Apameia (ca. 135–51 v. Chr.). Panaitios verschaffte der stoischen Philosophie ihren Einzug in Rom, Poseidonios war einer der größten Universalgelehrten der Antike. Die wichtigsten Vertreter der jüngeren Stoa waren Seneca, Epiktet und Marc Aurel, wobei auch dem Redner und Philosophen M. Tullius Cicero als Übersetzer und Vermittler der griechischen Philosophie eine überaus wichtige Rolle zukommt, vor allem hinsichtlich der Rezeption platonischer und stoischer Gedanken, die später gemeinsam mit der christlich-jüdischen Religion das geistesgeschichtliche Fundament des sog. Abendlandes bilden sollten.

In der vorliegenden Darstellung des ethischen Lehrgebäudes der Stoa werden unter Verzicht auf eine detailliertere Zuordnung und Unterscheidung einzelner Standpunkte hauptsächlich die Gedanken der älteren Stoa wiedergegeben. Hinzu kommen zahlreiche Zitierungen aus den Werken Ciceros[2] und den Texten der drei berühmten Stoiker der römischen Kaiserzeit, denen im Anschluss ein gesondertes Kapitel gewidmet ist.

Wir wissen aus antiken Werkverzeichnissen und anderen Quellen, dass sich angesichts der fünfhundertjährigen Geschichte der Stoa eine überaus imposante geistige Schaffenskraft ihrer Repräsentanten in umfangreichen literarischen Produktionen niedergeschlagen hat. Laut Diogenes Laërtios (VII 180) soll allein Chrysippos 750 Traktate verfasst haben. Unglücklicherweise ist jedoch alles bis auf wenige Fragmente verloren gegangen. Was wir über diese Philosophie wissen, stammt aus späteren doxographischen, oftmals höchst fragwürdigen Quellen. Direkt überliefert sind uns lediglich die Texte von Seneca, Epiktet und Marc Aurel. Wer sich heute mit der stoischen Überlieferung befassen will, kann auf verschiedene Textsammlungen zurückgreifen. Eine erste bedeutende Zusammenstellung hat Hans von Arnim (1903ff., Nachdruck 2016) vorgelegt, nach der auch heute noch verbreitet zitiert wird (erkennbar an der Sigle *SVF* für *Stoicorum vetera fragmenta*).

Lange wurde gegen die Schule der Stoa wie auch des Epikureismus der Vorwurf des Epigonentums[3] erhoben, dem zufolge diese aufgrund ihrer starren Dogmatik Mangel an philosophischer Originalität und zu starke Abhängigkeit von den jeweiligen Schulleitern zeigten; mitunter wurde sogar bemängelt, stoische Philosophie werde überhaupt nur als Kommentierung kanonischer Texte betrieben. Alle diese Einwände wurden in neuerer Zeit gründlich revidiert, nicht zuletzt durch das 1950 erstmals erschienene und bis heute unübertroffene Standardwerk von Max Pohlenz.[4] Ihm ist es in eindrucksvoller Weise gelungen, die Systematik und Geschlossenheit des stoischen Denkgebäudes aufzuzeigen, auch wenn dabei festzustellen ist, dass

2 Cicero ist kein ausgewiesener Stoiker, auch wenn er mit dieser Richtung häufig sympathisierte. Er ist hingegen als Eklektiker (*eklégein:* auswählen) anzusehen, der aus verschiedenen Denkrichtungen das ihm am plausibelsten Erscheinende auswählt.

3 Griech. *epígonos*: „später Geborener"; im übertragenen Sinn pejorativ: „unschöpferischer Nachahmer".

4 M. Pohlenz, Die Stoa. Geschichte einer geistigen Bewegung. 2 Bde. Göttingen [8]1992.

die Bereiche der Logik (einschließlich der Erkenntnistheorie) und Physik, wie auch bei Epikur, zugunsten der alles beherrschenden Ethik in den Hintergrund traten.

9.1.1 Wurzeln und Leitbegriffe stoischer Ethik und Glückstheorie

Die stoische Philosophie hat zwei historische Hauptwurzeln: zum einen die Konzeption des Vorsokratikers Heraklit mit seiner Lehre vom *lógos*, der Weltvernunft, die mit dem Weltgesetz, nach dem alles geschieht, identisch ist und an der auch die menschliche Vernunft teilhat; zum anderen der Kynismus mit seiner speziellen „Güterlehre", der zufolge alle äußeren Dinge, wie Reichtum, körperliche Stärke, vornehme Abkunft und dergleichen, für die Erlangung der *eudaimonía* gänzlich gleichgültig sind – allerdings mit einer wesentlichen Einschränkung. Denn so sehr auch die kynische Konzeption mit ihrem Ideal der Autarkie des Weisen auf die stoische Ethik gewirkt hat, ließ sie doch infolge ihres überaus individualistischen Standpunktes die für die Stoa so bedeutsame Dimension des Sozialen gänzlich vermissen.

Die Ethik der Stoiker ist wie alle bisherigen Konzepte – mit Ausnahme der Kyrenaiker (s. Kap. 6.2, S. 109ff.) – eudämonistisch und schließt mit ihrer Telos-Lehre an die sokratische Tugendlehre an, der zufolge die *areté* allein ausreiche, Glück zu erzeugen. Neben dieser sog. Suffizienzthese (z. B. DL VII 127 = *SVF* III 30ff. u. 49ff.; s. Kap. 5.2, S. 86f.) vertreten die Stoiker die Auffassung, Tugend und *eudaimonía* seien in der Sache identisch und unterschieden sich lediglich im Begriff (Identitätsthese; *SVF* III 53f.). Unter der ethischen Tugend – die Stoiker heben die aristotelische Differenzierung ethischer und dianoëtischer Tugenden wieder auf – ist schließlich einzig die „vollendete" oder „aufrechte" Vernunft zu verstehen (Vernunftthese; Cicero, *Tusc.* IV 15, 34 = *SVF* III 198; Seneca, *Ep.* 76, 10 = *SVF* 200a).[5] „Für die Stoa ist insgesamt die These von der Einheit theoretischer und praktischer Vernunft kennzeichnend: Eine vollentwickelte menschliche Vernunft bedeutet einen vollständigen Tugendbesitz."[6] Dass die Tugend nicht nur die wichtigste, sondern auch die einzige Voraussetzung für ein glückliches Leben darstellt und es dem Tugendhaften gelingt, im Zustand der völligen Affektfreiheit auch unter

5 Vgl. Horn, Antike Lebenskunst (2014), S. 86.

6 Chr. Horn, Philosophie der Antike. München 2013, S. 74.

widrigsten Umständen glücklich zu leben, rief bereits in der Antike beträchtliche Zweifel hervor. Cicero legte einem Kritiker der Stoa die Worte in den Mund, eine solche Bestimmung des höchsten Gutes wäre nicht einmal für ein reines Geistwesen geeignet (Cicero, *De fin.* IV 27). Der Aristoteliker Alexander von Aphrodisias (um 200 n. Chr.) meinte, die Stoiker hielten den Menschen offenbar für *das unglücklichste aller Lebewesen* (*De fato* 199, 13).

Angesichts der mehrfach geäußerten Kritik an diesem nahezu unmenschlich erscheinenden Glücksideal ist es umso erstaunlicher, dass ein solch rigider Ansatz dennoch zahlreiche Anhänger gewinnen konnte und auf viele eine überaus hohe Anziehungskraft ausübte, die letztlich bis heute andauert (s. Kap. 10.4, S. 222ff.). Über gedankliche und handlungsanleitende Übungen, lat. *meditationes* und *exercitationes*, mit denen römische Stoiker versuchten, ihren Charakter zu einer gefestigten Haltung zu formen, bis zur heute praktizierten kognitiven Verhaltenstherapie[7] finden sich zahlreiche Rückgriffe auf die stoische Güter- und Affektlehre.[8]

Die weitreichende Wirkung der stoischen Glückstheorie ist wohl größtenteils durch ihren reflektierten und konsistenten Aufbau erklärbar. Im sokratischen Sinne hängt auch für die Stoiker das glückliche Leben von Wissen ab, wodurch der, der es besitze, von jeglichen irrationalen Annahmen befreit sei und von inneren Konflikten verschont bleibe (Cicero, *Tusc.* IV 29–35). Affekte seien keineswegs natürlichen Ursprungs, sondern vielmehr „widernatürliche Bewegungen der Seele“ (DL VII 110; Cicero. *Tusc.* IV 6, 11; 21, 47), die aus einem Defizit an Wissen entstünden und damit aus einem Mangel an *aretḗ*. Im Nichtwissen darüber, dass nur die Tugend glücksrelevant sei, entstünden falsche Werturteile, die die Harmonie der Seele trübten und wie Krankheiten der Vernunft auszurotten seien (Seneca, *Ep.* 116, 1). Nur durch das *Wissen vom Guten, Schlechten und Indifferenten und von dem, was zu wählen und was zu*

7 Die kognitive Verhaltenstherapie geht davon aus, dass (negative) Gefühle oft nicht von äußeren Dingen abhängen, sondern Resultate fehlgesteuerter Wahrnehmungen und Denkprozesse sind. Um etwaige dysfunktionale Gedanken und Konzepte zu verändern, bedarf es einer kognitiven Bewusstwerdung und Umstrukturierung unter Anwendung diverser therapeutischer Verfahren, wie beispielsweise der Desensibilisierung oder Gegenkonditionierung. Dazu leistete die stoische Ethik wichtige „Vorarbeit“.

8 Vgl. A. Schriefl, Stoische Philosophie. Eine Einführung. Stuttgart 2019, S. 120.

meiden ist (DL VII 92), vermeide man alle Affekte und erlange das Glück, das die Stoiker in der völligen Abwesenheit der Affekte, der ***apátheia***[9], sehen. „Dass sie erreichbar sei, dafür schienen ihnen Sokrates und die Kyniker mit ihrem Leben Beispiele zu liefern."[10]

Mit der Lehre, die *areté* sei Wissen, wird darüber hinaus auch begründet, dass es allein am Menschen selbst liege, ob er glücklich werde oder nicht. Da gemäß der stoischen Auffassung *eudaimonía* bzw. *apátheia* nur dann erreichbar sei, wenn wir autark seien, zählen die Stoiker alles, worüber wir nicht verfügen, zu den ***adiáphora*** (Pl. zu *adiáphoron*, eigentlich: unterschiedslos); sie unterscheidet sich damit grundlegend von der aristotelischen Position, der zufolge bestimmte unverfügbare Güter dennoch glücksrelevant sind (z. B. *EN* I 9, 1099a31ff.; s. Kap. 8.1, S. 140). Bei Horn und Rapp findet sich folgende Beschreibung der *apátheia*: „Sie bezeichnet das Freisein des Menschen von den vernunftwidrigen Affekten, die als falsche Sorge um Indifferentes (*adiáphoron*) verstanden werden, wie etwa die Angst um das eigene Leben."[11] Somit erweist sich allein die Tugend als sicherer und unverlierbarer Besitz und ist gleichzeitig Voraussetzung und Garant für ein glückliches Leben: *Denn die Tugenden können ohne das glückliche Leben nicht bestehen und das glückliche Leben nicht ohne Tugenden.* (Cicero, *Tusc.* V 28, 80) Weiters resultiert für die Stoiker aus dem Tugendbesitz die Fähigkeit zur Unterscheidung von Dingen, auf die wir zugreifen können, von anderen, auf die wir keinerlei Einfluss haben. Das Einzige, worüber wir uneingeschränkt verfügen können, so die elementare Botschaft der Stoiker, ist die eigene Einstellung zu den Dingen, während hingegen letztere sich jederzeit unserem Einfluss entziehen können. *Über das eine gebieten wir, über das andere nicht. Wir gebieten über unser Begreifen, unseren Antrieb zum Handeln, unser Begehren und Meiden, und, mit einem Wort, über alles, was von uns ausgeht; nicht gebieten wir über unseren Körper, unseren Besitz, unser Ansehen, unsere Machtstellung und, mit einem Wort, über alles, was nicht von uns ausgeht.* (Epiktet, *Ench.* 1) Es liege ausschließlich an uns (*eph' hemin*), an jeder einzelnen Person selbst, sich als Individuum eigene Zwecke zu setzen, und

9 Griech. *apátheia aus α privativum*: Verneinungssilbe + *pathos* ≈ lat. *affectus*. Vgl. Cicero, *Tusc.* IV 4, 8: *omni animi perturbatione [...] vacare*: „von jeder Leidenschaft frei sein".

10 Hossenfelder, Antike Glückslehren (2013), S. 68.

11 Wörterbuch der antiken Philosophie. Hg. von Horn/Rapp (2002), S. 48f.

hier helfe die Tugend als eine Art „Vollkommenheit der Dinge“, als „harmonische Disposition“ (DL VII 89f.), um sich jederzeit die Erkenntnis zu vergegenwärtigen, dass es außer jener keine Güter gebe und daher keine unverfügbaren Zwecke zu verfolgen seien: Alle anderen vermeintlichen Güter wie Gesundheit, Reichtum oder Reputation seien in keiner Weise glücksrelevant und daher in Wahrheit gleichgültig (*adiáphora/indifferentia*).

Um angesichts der weitgehenden Gleichgültigkeit gegenüber der Außenwelt nicht Gefahr zu laufen, die persönliche Entscheidungs- und Handlungsfähigkeit einzubüßen, wird eine Unterteilung innerhalb der *adiáphora* vorgenommen, in „bevorzugte“, „zurückgesetzte“ und solche, die absolut gesehen weder bevorzugt noch zurückgesetzt sind. Zu den bevorzugten Dingen zählen etwa die Gesundheit, die Stärke, die Schönheit, Reichtum, Ruhm, zu den zurückgesetzten Krankheit, Armut, Schmerz und Ähnliches (Cicero, *De fin.* III 50). Diese Ergänzung ist jedoch nicht, so Malte Hossenfelder, als Widerspruch zur rigorosen Trennung von Verfügbarem und Unverfügbarem zu verstehen. Da das natürliche Triebleben des Menschen nicht geleugnet werden könne, „wird die aufrechte Vernunft dem Trieb gewissermaßen eine Generalvollmacht erteilen, aber nicht mit dem falschen Urteil, daß die von ihm erstrebten Dinge Güter und daher zu verwirklichen seien, sondern mit dem richtigen Urteil, daß sie Adiaphora seien und es deshalb keinen Grund gebe, den Trieb an seinem Streben zu hindern. Nur so lassen sich Affekte vermeiden, denn das natürliche Triebleben steigert sich ohne Mitwirkung nie in den Affekt.“[12] Ob man nun gesund oder krank, reich oder arm werde, sei letztlich bedeutungslos und erzeuge, da die Vernunft weder das eine als ein Gut noch das andere als ein Übel erachte, keinerlei Gefühlsaufwallungen. Auf diese Weise sei der Entstehung von Affekten jegliche Grundlage entzogen. Die Stoiker würden wohl nach den bevorzugten Dingen wie Gesundheit, Wohlstand etc. trachten, ihr inneres Gleichgewicht im Sinne der Apathie sei dadurch jedoch nicht gefährdet, da sie sowohl Erfolg als auch Misserfolg ihres Trachtens mit Gleichmut hinnehmen würden. Hier kann auch ein Unterschied zur kynischen Ethik festgestellt werden. Während die Kyniker danach strebten, das äußere Verhalten der Menschen zu verändern, indem sie absolute Bedürfnislosigkeit verkündeten und auch vorlebten, fokussie-

12 Hossenfelder, Antike Glückslehren (2013), S. 72f.

ren die Stoiker einzig auf die innere Einstellung, das heißt, sie verbieten sich den Reichtum nicht, halten ihn aber bloß für ein „Mittel zur Selbsterhaltung, nach der ihr natürlicher Trieb strebe, dem sich zu widersetzen kein Grund bestehe, da es gleichgültig sei, ob man arm ist oder reich".[13]

Als Begründung für das Streben nach bevorzugten Dingen – auch wenn diese für das Leben der Stoiker letztlich nicht glücksrelevant sind – liefert die stoische Lehre den Begriff der ***oikeíosis*** (Zueignung; *oíkos:* Haus; Adj. *oikeíos*: zum Haus gehörig, jemandem angehörig, eigen) und bezeichnet damit „das sich bei der Geburt einstellende affirmative Verhältnis des Lebewesens zu sich".[14] Jedem Menschen wohne demnach ein primärer Impuls inne, „das erste ihm Eigene" (*próton oikeíon,* DL VII 85), gleichzusetzen mit dem ihm angeborenen Selbsterhaltungstrieb, der dafür verantwortlich sei, dass er das, was ihm zuträglich erscheine, wähle, und das, was ihm schaden könnte, meide. Mit dieser Ansicht stehen die Stoiker in auffallendem Gegensatz zu der epikureischen Lehre, der zufolge sich der Mensch von Geburt an als ein durch das natürliche Luststreben charakterisiertes Lebewesen erweist.

Während sich, so die Stoiker, Pflanzen durch naturgesetzliche, vegetative Prozesse erhalten und Tiere eine von Instinkten und Trieben geleitete innere Selbstwahrnehmung besitzen, müsse der Mensch, sobald er sich als ein mit Intellekt ausgestattetes Lebewesen begreifen könne, seine Selbsterhaltung auf der Basis vernünftiger Überlegungen betreiben. „Anders gesagt, jeder Vernünftige muss seine Vernunft, nicht mehr seine Selbsterhaltung als schlechterdings verbindliches Ziel ansehen."[15] Die *oikeíosis*-Konzeption bildet auch die Grundlage für die stoische Sozialtheorie, der zufolge sich der natürliche Selbsterhaltungstrieb nicht nur auf das eigene Wohlergehen beschränkt, sondern auch positiv auf andere ausgerichtet ist. Gemäß eines natürlichen Sozialimpulses bringe der Stoiker Interesse und Wohlwollen in graduellen Unterschieden Eltern, Kindern, Verwandten, Freunden und Mitbürgern entgegen (Cicero, *De fin.* III 62). Zusätzlich zur Partnersuche, Zeugung von Kindern und der Fürsorglichkeit gegenüber den Nächsten entspringe seiner sozialen Natur ein allgemein altruistisches Verhalten, das auch in der Ver-

---

13 Hossenfelder, Antike Glückslehren (2013), S. 74.

14 Wörterbuch der antiken Philosophie. Hg. von Horn/Rapp (2002), S. 304.

15 Horn, Antike Lebenskunst (2014), S. 223.

antwortung für die Gesellschaft und der Übernahme politischer Funktionen zum Ausdruck komme.[16] Hier zeigen sich wiederum grundlegende Unterschiede zu anderen philosophischen Konzepten; einerseits zu Aristoteles, der zwischen einer theoretischen und einer politischen Lebensform unterscheidet, und andererseits zu Epikur, der von politischem Engagement dezidiert abrät. Dass sich berühmte Stoiker wie Seneca und Marc Aurel geradezu mitten im politischen Machtzentrum befanden, wird im Anschluss anhand biographischer Notizen näher erläutert.

Im Zusammenhang mit der *oikeíosis*-Konzeption ist der Begriff des ***kathḗkon*** (das Zukommende, lat. *officium:* Pflicht[-erfüllung]) für sittliches Handeln von Bedeutung, wobei hier weniger der Aspekt einer kategorischen Verbindlichkeit im Vordergrund steht als vielmehr die Besinnung auf die menschliche Vernunfteinsicht, die die Grundlage für moralisch gerechtfertigte Handlungen bildet (Cicero, *De fin.* III 58). Der stoischen Lehre liegt bereits deutlich der Gedanke der Verallgemeinerung moralischer Regeln zugrunde, was sich aus einem bemerkenswerten Textabschnitt über die Freundschaft (Cicero, *De fin.* III 70) ableiten lässt. Cicero spricht sich dort dezidiert gegen Nützlichkeitserwägungen als Motiv für Freundschaft oder Gerechtigkeit aus und plädiert hingegen ausnahmslos für Unparteilichkeit; niemand dürfe einem anderen das verwehren, was er für sich selbst in Anspruch nimmt: *Denn weder Gerechtigkeit noch Freundschaft*, so Cicero, *können überhaupt bestehen, wenn man sie nicht um ihrer selbst willen erstrebt.*

In der stoischen Morallehre werden verschiedene Arten von Pflichten angegeben: „Pflichten ohne Kontextbedingung“, wie etwa die Sorge für die eigene Gesundheit, oder „kontextbezogene Pflichten“, wie beispielsweise im Bedarfsfall das eigene Vermögen zu opfern (DL VII 109). Cicero (*De fin.* III 20ff.) spricht weiters von „Anfangspflichten“ und „vollkommenen Pflichten“, wobei die ersteren Personen betreffen, die nach stoischer Ansicht noch keine durchgängige Einsicht in das Gute erlangt haben, und letztere sich in vollem Umfang nur auf den Weisen beziehen. Von besonderer Bedeutung ist dabei das in der *oikeíosis*-Lehre enthaltene und von Christoph Horn so bezeichnete „Transsubjektivitätsprinzip“[17]. Da jedem vernünftigen Subjekt bewusst sei,

16 Vgl. Schriefl, Stoische Philosophie (2019), S. 151.

17 Vgl. Horn, Antike Lebenskunst (2014), S. 223.

dass auch alle anderen rationalen Wesen der Selbstbejahung folgen, könne daraus der Schluss gezogen werden, dass alle Vernunftwesen im Sinne des später von Kant formulierten kategorischen Imperativs einem gemeinsamen Gesetz der Pflichterfüllung unterstünden (*SVF* III 314, 329). Die eigene Selbstbeziehung dürfe demzufolge nicht höher angesetzt werden als die Anerkennung der Selbstbejahung aller anderen vernünftigen Subjekte.

Aus dieser Idee der Gemeinsamkeit im Sinne einer kategorischen Verbindlichkeit lässt sich, basierend auf dem Vernunftuniversalismus, auch das Konzept eines **Kosmopolitismus** ableiten (Cicero, *De fin.* III 64; *De leg.* I 23). Somit stellt die stoische *oikeíosis*-Lehre, die ihren Ausgang von der individuellen Selbstfürsorge nimmt und in weiteren Schritten Familienmitglieder, Freunde und politische Gemeinschaften mit einbezieht, letztlich auch die Verbindung zur gesamten Menschheit her. Der Gedanke einer universalen Menschheitsidee repräsentiert einen Fundamentalbegriff der stoischen Sozialethik, der angesichts der unter Alexander obsolet gewordenen Trennung von Griechen und Barbaren noch zusätzliche Brisanz enthält: Wenn alle Menschen innerlich miteinander verwandt sind, wird für sie die ganze Welt, die laut Stoikern vom göttlichen *lógos* (in Anlehnung an Heraklits „Weltvernunft, -ordnung") durchwaltet ist, zur gemeinsamen Heimat. Da nun jeder Mensch als *zóon logikón* an dieser Vernunft, wenn auch in verschiedenen Abstufungen, Anteil habe, könne es in Wahrheit nur *einen* Staat, *ein* Recht, *ein* Gesetz geben (*SVF* III 329 und 323). Daraus entwickelt sich in der mittleren Stoa die Idee der Humanität, die in der späteren Stoa, bei Epiktet und noch deutlicher bei Marc Aurel, verstärkt zum Ausdruck kommt.

9.1.2 Stoische Erkenntnistheorie und deren Folgen für die Ethik

Da die Stoiker ihre Auffassung von Glück vor dem Hintergrund einer durchaus komplexen Theorie entwickelten, ist es geboten, zur Begründung und zu einem reflektierten Verständnis ethischer Leitgedanken einige ihrer physikalischen Theorien heranzuziehen. Für die Erklärung, worin Wissen über die Natur besteht und wie es erworben wird, gibt die stoische Erkenntnistheorie Aufschluss. Der gesamte Kosmos, auch gleichgesetzt mit ‚Gott' oder Zeus, wird von den Stoikern als eine in sich geschlossene, rational geordnete Struktur von Welt und Mensch verstanden, die sich durch zwei universelle Prinzipien konstituiert: einerseits *hyle* (eigentlich: Wald, Holz; Stoff, Materie) als passiver Begriff für das Stoffliche, andererseits *lógos*, das in diesem wirkende aktive Prinzip (DL VII 134). Diese beiden Grundprinzipien stehen jedoch nicht in einem schroffen Gegensatz zueinander, da auch der *lógos* der Stoiker materialistische Eigenschaften aufweist, indem er als *pneuma* (Hauch, Atem), als ein warmer, von feinster feuriger Materie durchströmter Lebenshauch, vorgestellt wird. Aus der pantheistischen Weltauffassung, der zufolge der göttliche *lógos* das gesamte irdische Geschehen durchwaltet, resultiert der stoische **Determinismus** einer *heimarméne* (die verhängte [Partizip Perfekt], erg. *moira:* das Zugeteilte, Los > das verhängte Schicksal; lat. *fatum*) (*SVF* II 915).

Auch in der Seele der Menschen wirkt das *pneuma*, der göttliche Feuergeist des *lógos*, der sie befähigt, die göttliche Vorsehung (*prónoia;* lat. *providentia)* zu erkennen und sich dieser bestmöglich zu fügen. *Denn man kann nicht auf anderem Wege zur Erkenntnis des Guten und Schlechten oder zur Tugend und Glückseligkeit gelangen als so, dass man von der Gesamtnatur und von der Einrichtung der Welt ausgeht.* Daraus leiten sich die sog. stoischen **Telos-Formeln** ab, welche den Menschen mit ihrer Aufforderung zu einem Leben in *sympátheia* (Mitempfinden; *SVF* II 473, 475, 534) – hier: „die aufgrund der Wirkung des alles durchziehenden Atemstroms (*pneuma*) bestehende Harmonie des Alls“ [18] – zugleich den Weg zur *eudaimonía* weisen. In einer Welt, die auf einer vollendeten Vernunftordnung beruht, sei, so die Stoiker, die menschliche Glücksfähigkeit gewissermaßen schon mit angelegt, da der Mensch seit jeher mit der Weltvernunft verbunden sei. Die ethische Hauptforderung Zenons, der das Glück auch als *eúroia bíou* (Wohlfluss, guten Gang des Lebens, *SVF* III 16) bezeichnet, lautet daher, man solle *in Übereinstimmung mit sich selbst leben*, was von Kleanthes als ein Leben *in Übereinstimmung mit der Natur, in Harmonie mit dem Kosmos* begriffen wird (*homologouménos te physei zen; SVF* I 179, 552; III 12). „Zenons ‚Übereinstimmung mit sich selbst‘, die von ihm entsprechend als Leben nach dem Einen Logos […] und im Einklang mit ihm begriffen wird, meint so nichts anderes als die Übereinstimmung mit der Natur.“ [19] Eine solche Forderung könnte aus heutiger Sicht insofern problematisch erscheinen, als mit einer Moralbegründung durch die Berufung auf die Natur ein Musterbeispiel für einen unzulässigen naturalistischen Fehlschluss vom Sein auf

18 Wörterbuch der antiken Philosophie. Hg. von Horn/Rapp (2002), S. 414.

19 Ritter, Art. Glück. In: HWPh Bd. 3, Sp. 686; vgl. DL VII 87.

das Sollen vorläge.[20] Dem ist entgegenzuhalten, dass der stoische Naturbegriff mit seiner theologischen Prämisse einer inhärenten „Allvernunft" vielen unserer heutigen Vorstellungen (etwa der Evolution) gänzlich widerspricht und ein solcher Schluss daher aus den damaligen Gegebenheiten nicht gezogen werden kann. Die Aufgabe des stoischen Menschen lag auch eher darin, sich im Vertrauen auf die göttliche Weltvernunft von dieser leiten zu lassen, anstatt Gedanken an ein unbedingtes Sollen im Sinne eines kategorischen Imperativs zu entwickeln.

Dazu ist eine weitere, letztlich kaum auflösbare Inkonsequenz im stoischen Menschenbild zu nennen – das Problem der Willensfreiheit. Zur Versinnbildlichung der menschlichen Situation bedient sich der Stoiker des Vergleichs mit einem an einen Wagen geketteten Hund: *Wenn er selber folgen will, wird er zugleich gezogen und folgt, verbindet also mit dem Zwang den eigenen freien Willen; sträubt er sich aber zu folgen, wird er ausschließlich dem Zwange unterliegen.* (*SVF* II 975, I 527) Auch wenn wir, so zeigt das Bild, selbst handelnd am äußeren Geschehen beteiligt sind, sind wir nicht imstande, dieses zu ändern; in letzter Instanz liegt es jedoch an uns, wie wir uns innerlich dazu verhalten. Das Vermögen, das den Menschen zu einem aktiven Teil der Natur werden lässt, ist nach den Stoikern das *hegemonikón*, der führende Teil der Seele, mit dessen Hilfe die von außen an ihn herankommenden Vorstellungen (*phantasíai*, Pl. zu *phantasía*) geordnet und weiterverarbeitet werden. Aus dem *hegemonikón* resultiert die Fähigkeit, den Vorstellungen die Zustimmung (*synkatáthesis*) zu erteilen oder sie zu verweigern. Der Zustimmung als einer wichtigen Funktion der Vernunft kommt nach *Anna Schriefl* in der Frage, ob menschliche Freiheit in einem deterministischen Universum möglich sei, eine entscheidende Rolle zu.[21] Der Stoiker Epiktet (s. u., S. 179ff.) sieht in ihr einen Beweis für unsere Handlungsfreiheit: *Kann irgendeiner verhindern, dass du etwas Wahrem zustimmst? Niemand. Kann dich irgendeiner zwingen, etwas Falsches anzunehmen? Keiner. Siehst du nicht, dass du in diesem Bereich die Fähigkeit zur Entscheidung hast, die unbeschränkt, ohne Zwang und ungehindert ist?* (Epiktet, *Diatr.* 1, 17, 22–23)

20 Ein ähnliches Problem – wenn auch mit gänzlich unterschiedlicher Telos-Bestimmung – warf bereits die Anschauung des Eudoxos auf (s. Kap. 6.3, S. 113ff.).

21 Vgl. Schriefl, Stoische Philosophie (2019), S. 49.

9.1.3 Das „Tugendglück" des stoischen Weisen

Das höchste stoische Telos als Endzweck aller Handlungen, das zugleich Selbstzweck ist, besteht in der Zuordnung der menschlichen Vernunft zum alles durchwaltenden göttlichen *lógos*, woraus zugleich die *eudaimonía* resultiert. Beim römischen Philosophen Seneca (*De vita beata* VIII 2) heißt es dazu: *idem est beate vivere et secundum naturam* („Glücklich leben ist dasselbe wie nach der Natur leben"). In seiner Bezugnahme auf die Stoa verwendet *Maximilian Forschner* die Bezeichnung „personale Identität", die der Mensch im Glück erfahren könne, allerdings auf eher antihedonistische Weise, da *hedoné* (Lust, Vergnügen, Sinnesfreude) von den Stoikern als vernunftwidriger Affekt und somit als Hindernis für eine nach den Forderungen des *lógos* ausgerichteten Lebensweise angesehen wurde.[22] Malte Hossenfelder erklärt das von Zenon geforderte „einstimmige Leben" mit der „Übereinstimmung von Wollen und Können, die nach hellenistischer Auffassung eine Bedingung für Eudämonie ist".[23] Im Falle einer misslingenden Harmonisierung dieser grundsätzlich widersprüchlichen Haltungen entstünden innere Spannungen und Erregungen, die aufgrund des Mangels an Affektfreiheit (*apátheia*) ins Unglück führten. Hier sei nochmals daran erinnert, dass in der stoischen Ethik einzig die *areté* für das Glück der Menschen bestimmend ist, wobei die Tugend niemals, wie es bei Epikur der Fall ist, Mittel zum Zweck ist, sondern tatsächlich das Glück konstituiert und deshalb um ihrer selbst angestrebt wird (DL VII 89). Diese Forderung ist jedoch nicht im Sinne des deontologischen Standpunkts Kants zu verstehen, dem zufolge Tugend als Selbstzweck auch ohne Rücksicht auf die Verwirklichung des Glücks zu erstreben sei. Die Stoiker vertraten mit Entschiedenheit einen Eudämonismus, insofern als die *areté* zwar nicht hinsichtlich ihrer Folgen glücksrelevant war, aber eben gerade selbst das Glück ausmachte. Seneca weist auf das Tugendwissen als unverzichtbare Voraussetzung für ein glückliches Leben hin, indem er warnend von Menschen mit pervertierter Vernunft spricht, die nicht imstande sind, wahr zu urteilen: *Denn niemand kann glücklich genannt werden, der keinen Begriff von der Wahrheit hat. Glücklich ist also ein Leben, das auf ein richtiges und sicheres Urteil gegründet ist und daran unveränderlich festhält. Dann nämlich ist der Geist rein und*

22 Vgl. M. Forschner, Über das Glück des Menschen. Darmstadt ²1994, S. 47ff.

23 Hossenfelder, Antike Glückslehren (2013), S. 67.

von allen Übeln frei [...]. (*De vita beata* 5, 2f.) „Die Stoiker behaupten, dass der Rechtschaffene alles das besitzt, was er zu seiner Erfüllung braucht, dass er alles besitzt, [...] um gut zu leben und sein Streben zu erfüllen.“[24] Auch Cicero (*Tusc.* V 13, 39) hielt dazu fest: *Und wenn all das glücklich ist, dem nichts fehlt und das in seiner Art erfüllt und vollendet ist, und dies das besondere Merkmal der Tugend ist, so sind gewiss alle, die die Tugend besitzen, glücklich.*

Eingangs wurde bereits auf die rigorose Strenge und das nahezu übermenschliche Postulat der auf Vernunft und Tugend gegründeten stoischen Glücksethik hingewiesen. Auch wenn schon die Stoiker selbst mitunter einräumten, dass dieses Glück wohl kaum oder nur ansatzweise realisierbar sei, beriefen sie sich konsequent auf die Figur des Weisen, der von ihnen als ideale Verkörperung eines stoischen Philosophen, als Leitbild oder – mit Christoph Horn – als „ein normatives Persönlichkeitsbild“ entworfen wurde.[25] Sie sahen den Zustand des Weisen aber nicht als reine Utopie, sondern zumindest als ein konkretes Strebensziel und gleichzeitig einen darin vorgezeichneten Weg, glücklich zu werden, auch wenn dieses Telos für die wenigsten erreichbar sei. Da nach stoischer Auffassung die Qualität einer Handlung zunächst an der Qualität ihres Beweggrunds zu beurteilen sei, dieser aber wiederum vom Charakter des Handelnden abhänge, können ausschließlich Charaktere gut oder schlecht sein. Folglich ist für die Stoiker nur jener Mensch gut, der über einen stabilen und innerlich gefestigten, guten Charakter verfügt und dementsprechend handelt. Vor diesem Hintergrund wird die Einführung des Idealbildes eines stoischen Weisen klarer: Er fungiert im Sinne eines für die hellenistische Philosophie insgesamt typischen konsiliatorischen Ansatzes (s. Kap. 1.5, S. 19f.) gewissermaßen als Korrektiv, als handlungsanleitendes Vorbild. Über ihn heißt es, er sei im Besitz von Wissen und daher unfehlbar, sein gesamtes Leben sei glücklich und er handle in allen Dingen vollkommen. Er erweise sich als immun gegenüber allen Affekten und Begierden, sei autark und mit den Göttern verbunden (*SVF* III 544ff.). Wie es das Beispiel Senecas (s. u., S. 179) zeigt, bewährt sich seine Freiheit auch angesichts des Todes, den der Stoiker, wenn er es für sittlich gerechtfertigt hält, selbst herbeiführen

24 A. A. Long/D. N. Sedley, Die hellenistischen Philosophen. Texte und Kommentare. Stuttgart 2006, S. 476.

25 Horn, Antike Lebenskunst (2014), S. 58f.

darf. Bei Cicero (*De fin.* V 26, 73) heißt es, dass der Weise selbst auf der Folterbank glücklich sei, was von Aristoteles ausdrücklich zurückgewiesen wurde (s. Kap. 8.1, S. 141). Die Stoiker leiten diesen allzu strengen Rigorismus aus ihrer Überzeugung ab, dass es einerseits keine unterschiedlichen und abgeschwächten Grade der Tugend gebe und andererseits der Tugendhafte völlig frei von inneren, irrationalen Widersprüchen sei, da seine Seele das ganze Leben hindurch mit sich selbst harmoniere.

Zugegebenermaßen ruft die auf der vollkommenen Affektfreiheit beruhende innere Autarkie des Weisen einige Irritationen hervor und wirkt aus heutiger Perspektive bisweilen höchst befremdlich. Wenn wir außerdem bedenken, dass in der stoischen Lehre *sämtliche* Emotionen auf Irrtümern beruhen, indem sie indifferenten Dingen oder Ereignissen Bewertungen zuschreiben, erscheint dies beispielsweise in Bezug auf Mitleid und Trauer kaum nachvollziehbar. Nun werden dem stoischen Weisen zwar auch gute, vernünftige Gefühle zugestanden, insbesondere Wohlwollen und Zuneigung (*euméneia* oder *agápe*), vor allem gegenüber Angehörigen und Freunden (DL VII 116). Dennoch findet sich bei Epiktet auch folgender Ratschlag: *Wenn du dein Kind oder deine Frau küsst, sage dir, dass du einen Menschen küsst. Dann wirst du nicht die Fassung verlieren, wenn er stirbt.* (*Ench.* 3) Oder eine ähnliche gedankliche Anleitung in Form eines inneren Dialogs, die diese Vorstellung noch übersteigert und vielen wohl allzu extrem erscheinen mag: *Sag nie von einer Sache: „Ich habe sie verloren", sondern: „Ich habe sie zurückgegeben." Dein Kind ist gestorben? Es wurde zurückgegeben. Deine Frau ist gestorben? Sie wurde zurückgegeben. „Man hat mir mein Grundstück gestohlen." Nun, auch das wurde zurückgegeben. „Aber es ist doch ein Schuft, der es mir gestohlen hat. Was schert es dich, durch wen es der Geber von dir zurückforderte? Solange er es dir zur Verfügung stellt, behandle es als fremdes Eigentum wie die Reisenden ihre Herberge.* (*Ench.* 11) Diese *meditatio* (mentale Übung) kann sich jedoch trotz oder gerade wegen ihrer radikalen Sichtweise als durchaus sinnvoll erweisen, da sie uns in aller Klarheit und Unerbittlichkeit die Ambivalenz unseres Lebens vor Augen führt. Der Stoiker will uns darauf hinweisen, dass Tod, Verlust und Vergänglichkeit natürliche und jederzeit erwartbare menschliche Konstanten darstellen und es daher gilt, sich innerlich rechtzeitig zu wappnen, auch durch die gedankliche Anteilnahme am Unglück anderer (Epiktet, *Ench.* 26; Seneca, *Ep.* 30, 11). Dadurch kann es gleichzeitig gelingen, unser ganzes Empfinden auf das Glück und die Freude des gegenwärtigen Augenblicks zu konzentrieren, intensive Gefühle von Dankbarkeit und der – heute vielbeschworenen – Achtsamkeit zu entwickeln und ebenso die Angst vor dem unausweichlichen Ende, sei es das einer nahestehenden Person, eines zwischenmenschlichen Verhältnisses oder unser eigenes, zu verringern.

9.1.4 Schlussreflexionen: Stoa und Buddhismus

Ergänzend sollen mögliche Parallelen der stoischen Philosophie mit dem Buddhismus aufgezeigt werden, auf die Anna Schriefl am Ende ihrer fundierten Darstellung verweist.[26] Auch wenn es keine Belege für eine historische Verbindung zwischen Stoa und Buddhismus gibt, erscheinen aufgrund der von Alexander dem Großen bis Indien geführten Feldzüge angesichts einiger auffallender inhaltlicher Übereinstimmungen bereits in der Antike erfolgte Interaktionen und persönliche Begegnungen der Vertreter beider Lehren nicht unwahrscheinlich. Neben ähnlichen Ansichten in ontologischen und erkenntnistheoretischen Fragen ist insbesondere für unser Thema erwähnenswert, dass Unglück und Leid bei den Buddhisten ebenso wie in der Stoa aus falschen Bewertungen und Fehleinschätzungen externer Dinge entspringen.

Gleichsam als Gedankenanstoß zu weiterführenden Reflexionen werden hier zum Abschluss zwei konträre Sichtweisen bezüglich der stoischen Argumentation aus späterer Zeit einander gegenübergestellt. Wie mehrfach angedeutet, wurde das Ideal des stoischen Weisen öfter geradezu als inhuman beurteilt, wie beispielsweise auch in der folgenden, mit maliziös-kritischem Unterton formulierten Überlegung: „Der stoische Weise wird wohl ein Kind aus einem brennenden Haus retten, aber nicht um des Wohles des Kindes willen, sondern um selbst das Rechte zu tun. Sollte sein Rettungsversuch misslingen und das Kind sterben, würde der stoische Weise weder Trauer noch Mitleid empfinden, da er von jeglichen Affekten frei wäre, der Tod ja auch für das Kind kein Übel sei und letztlich durch die Vorsehung begründet würde, die mit dem die Welt beherrschenden göttlichen Logos identisch sei."[27]

---

26 Vgl. Schriefl, Stoische Philosophie (2019), S. 172f.

27 A. A. Long, *Hellenistic Philosophy: Stoics, Epicureans, Sceptics.* Los Angeles 1986, S. 197f. (üs. M.M.).

Eine gänzliche andere Sicht auf die Stoiker vertritt der deutsche Philosoph *Georg Wilhelm Friedrich Hegel* (1771–1831), der die Größe und weltgeschichtliche Bedeutung der Stoa hervorhob und den stoischen Weisen mit folgenden Worten rühmte: „Der Stoiker, der sich allein auf die Vernunft zu stellen sucht, macht sich ‚gleichgültig gegen Alles, was den unmittelbaren Trieben, Empfindungen usf. angehört'. In dieser ‚inneren Unabhängigkeit und Freiheit des Charakters in sich' liegt die Kraft, ‚die den Stoiker ausgezeichnet hat'."[28]

9.1.5 Die drei berühmten Stoiker der römischen Kaiserzeit

Obgleich die stoische Philosophie nach der Zeitenwende keinerlei neue Entwicklungen zeigt, verdankt sich dennoch die große Strahlkraft und Wirkmächtigkeit der Stoa gerade dieser Periode. Denn an Seneca, Epiktet und Marc Aurel konkretisierte sich das Bild des stoischen Weisen jeweils in persona; auf diese Weise erhielt er eine bis heute fortdauernde Immortalität.

L. Annaeus Seneca (ca. 4–65 n. Chr.) ist der erste Stoiker, dessen zahlreiche Schriften direkt überliefert wurden, auch wenn einige verloren gingen. Für unsere Thematik sind vor allem der Dialog *De vita beata* und die *Epistulae morales ad Lucilium*, eine Sammlung von 24 Lehrbriefen, von Bedeutung. „Die *Moralischen Briefe an Lucilius* sind der Form und dem Inhalt nach ein Novum. Sie literarisieren den Brief und machen diese Gattung als ‚Dialog mit einem Abwesenden' oder ‚halbierten Dialog' zu einem Instrument philosophischer Erziehung und Selbsterziehung."[29]

Über Senecas Stil und Sprache schwankte das Urteil bereits im Altertum und Nietzsche kritisierte später in einem spöttischen Vierzeiler die aus seiner Sicht mangelnde philosophische Authentizität scharf: „Das schreibt und schreibt sein unaussteh/lich weises Larifari,/Als gält' es *primum scribere/Deinde philosophari.*"[30] Diese Kritik ist hinsichtlich der von der Silbernen Latinität gekennzeichneten sprachlichen Form nicht ganz unberechtigt, beruht aber in ihrem Kern, wie Christoph Horn mit Recht festhält, auf einem grundlegen-

28 Vgl. G. W. F. Hegel, Werke, Bd. 19 (1979), S. 277ff. (zit. nach Ritter, Art. Glück. In: HWPh Bd. 3, Sp. 688).

29 M. von Albrecht, Seneca. Eine Einführung. Stuttgart 2018, S. 9.

30 F. Nietzsche, KSA III, S. 360f.

den Missverständnis.[31] Die *Epistulae* und *Diálogi* sind von Seneca keineswegs als nüchterne wissenschaftliche Abhandlungen oder Dialoge nach platonischer Art konzipiert; vielmehr handelt es sich um essayartige Darstellungen, die jeweils ein abgegrenztes, nicht zu weit greifendes Thema behandeln und damit den Leserinnen und Lesern einige wenige Grundgedanken mit suggestiver Eindringlichkeit nahebringen. Dabei bedient sich Seneca bestimmter Techniken, vor allem der variierenden Wiederholung, der Verwendung pointiert formulierter, oft sentenzenhaft verkürzter Sätze, reichhaltiger *exempla* und vielerlei rhetorischer Stilmittel, wie etwa Antithese oder Metapher. Formgeschichtlich sind Senecas Schriften an die kynisch-stoische Diatribe (s. Kap. 6.1.5, S. 105, FN 20) angelehnt;[32] inhaltlich präsentieren sich die Texte mit ihren charakteristischen Übungen der *meditatio* und *exercitatio* (s. Kap. 6.1.5, S. 104), die die praktische Intention der Moralphilosophie Senecas unterstreichen. Ein berühmtes Beispiel einer *meditatio* ist der sog. Sklavenbrief (*Ep.* V 47), in dem Seneca seine aufgeklärte, humane und geradezu freundschaftliche Gesinnung gegenüber Sklaven vorführt. In einem fiktiven Dialog wird einem *interlocutor* (Zwischenredner) die Rolle des Verteidigers der verbreiteten Praxis der Unterdrückung der Sklaven zugewiesen, wodurch Senecas progressivem Standpunkt auf geschickte Art und Weise deutlich mehr Gewicht verliehen wird. Seneca kritisiert die in seiner Zeit übliche, menschenverachtende Behandlung der Sklaven scharf und beruft sich dabei auf die Artgleichheit aller Menschen.

9.1.5.1 Senecas Techniken der *ars vivendi*, das Glück im Leben und der Tod

Senecas Ethik versteht sich vor allem als Lebenskunst (*ars vivendi*), deren Ziel darin besteht, das menschliche Leben qualitätsvoller, besser und vor allem glücklicher zu machen. Dennoch kann er auch seinen Platz in der philosophischen Ideengeschichte behaupten, insofern als er sich intensiv mit der Theorie der Affekte, der zentralen Rolle des Willens (*voluntas*) als Antriebsenergie und mit Moralpädagogik auseinandergesetzt hat. Bei den verschiedenen moralischen Übungen werden literarische, dialogische, monologische und

31 Vgl. Horn, Antike Lebenskunst (2014), S. 46f.

32 Vgl. L. A. Seneca, *De vita beata*. Üs. und hg. von F.-H. Mutschler. Stuttgart 2019, S. 97f.

imaginative Techniken unterschieden[33], wobei unter den imaginativen Übungen der *praemeditatio* (das Bedenken im Voraus) eine wichtige Rolle zukommt. Diese dient der seelischen Stärkung und Immunisierung gegenüber widrigen Zufallsereignissen durch imaginative Antizipation ebensolcher sowie der Bekämpfung der Todesfurcht (*Ep.* XIV 91, 4–12). Schon beim Kyniker Diogenes haben wir die diesbezügliche Bedeutung der *áskesis* (s. Kap. 6.1.5, S. 104) kennengelernt: Durch Übung würden diejenigen Vorstellungen dauerhaft, welche das sittliche Handeln fördern (DL VI 70). Die Einübung bestimmter Verhaltensweisen, die zur Formung eines persönlichen Habitus führen soll, gelingt nach Seneca jedoch nur mithilfe der rationalen Einsicht und der philosophischen Schulung des Charakters. *Die Philosophie umfasst zwei Teile: das Wissen und die Seelenverfassung. Denn wer gelernt und begriffen hat, was zu tun und was zu meiden sei, der ist noch nicht weise, wenn sein Charakter nicht ein Abbild des Gelernten geworden ist.* (*Ep.* XV 94, 48)

Auch Seneca hatte das Idealbild des stoischen Weisen vor Augen, doch nicht mehr in der rigorosen Vorstellung eines von allem Menschlichen abgehobenen Zustandes und gleichermaßen unerreichbaren Zieles, denn solch ein Weiser *wird vielleicht wie der Phönix nur alle fünfhundert Jahre einmal geboren* (*Ep.* V 42, 1).[34] So habe sich nach Seneca das Ideal des Weisen bereits tatsächlich verwirklicht, etwa in Sokrates und – im römischen Bereich – im jüngeren Cato, auf welche er sich öfter beruft, um seinen Manifestationen Nachdruck zu verleihen.[35] Jedenfalls scheint das Ideal „nun zumindest annähernd realisierbar, man kann sich auf den Weg begeben, ein *proficiens*, ein Vorwärtsschreitender auf dem Weg zum Ziel (*telos*) des Lebens sein.“[36]

---

33 Diese Einteilung geht auf Paul Rabbow zurück. Vgl. P. Rabbow, Seelenführung. Methodik der Exerzitien. München 1954.

34 Dahinter steht die Vorstellung des ägyptischen Wundervogels Phönix, der nach dem Mythos (Herodot, *Hist.* 2, 73) alle 500 Jahre nach seiner Selbstverbrennung aus der Asche neu entsteht.

35 Vgl. Th. Fuhrer, Seneca. Von der Diskrepanz zwischen Ideal und Wirklichkeit. In M. Erler/A. Graeser (Hgg.): Philosophen des Altertums. Vom Hellenismus bis zur Spätantike. Darmstadt 2000, S. 99f.; vgl. z. B. *Ep.* 95, 69ff.

36 W. Weinkauf in: Die Philosophie der Stoa. Üs. und hg. von W. Weinkauf. Stuttgart 2001, S. 26f.

Seneca lässt keinen Zweifel darüber aufkommen, dass dieses höchste Ziel – wie bei allen anderen antiken Konzepten (mit Ausnahme der Kyrenaiker) – die *eudaimonía* (*vita beata*) ist, die nach objektiv gültigen Maßstäben für ein gelingendes und erfülltes Leben fragt. Auch er sieht die Eudämonie in der Übereinstimmung des menschlichen, von der Vernunft geleiteten Lebens mit der vom *lógos* durchwalteten göttlichen Allnatur, wobei sich Seneca nun mehr mit dem körperlichen und seelischen Wohlbefinden befasst: *Glücklich ist also ein Leben in Übereinstimmung mit der eigenen Natur, das nur gelingen kann, wenn die Seele erstens gesund ist, und zwar in dauerndem Besitz ihrer Gesundheit, sodann tapfer und leidenschaftlich; ferner auf schöne Weise leidensfähig, den Zeitumständen gewachsen, um den ihr zugehörigen Körper [...] besorgt, aber ohne Ängstlichkeit; zudem in Bezug auf die anderen Dinge, die zur Lebensgestaltung dienen, gewissenhaft, doch ohne übertriebenes Interesse für irgendetwas; willens, die Geschenke des Glücks zu nutzen, nicht aber ihnen zu dienen.* (*De vita beata* 3, 3) Dazu betont der Philosoph aber auch, dass nur jener Mensch das Glück erreichen könne, der die Tugend für das einzige Gut halte, die Schlechtigkeit für das einzige Übel und alle anderen Dinge für wertneutral (*indifferentia*) (*De vita beata* 4, 2; 16, 1).

Um die Glückseligkeit und einen ungestörten Seelenfrieden im Sinne der *apátheia* zu erlangen, ist es laut Seneca erforderlich, sich der Kürze des Lebens bewusst zu sein, ein Phänomen, über das er als Erster in der Philosophiegeschichte in seiner Schrift *De brevitate vitae* nachhaltig reflektiert hat. Vor diesem Hintergrund verliere auch der Tod seinen Schrecken, bringe er doch bisweilen den ersehnten Frieden im Falle, dass das Leben seine Würde verloren habe. Mit seinem selbst herbeigeführten Tod erlangte Seneca schließlich endgültig seine alle Zeiten überdauernde Berühmtheit.

Der Philosoph, einst der Prinzenerzieher, fungierte mehrere Jahre unter Neros Regentschaft als sein wichtigster Berater. Die Nähe zum Kaiser brachte es auch mit sich, dass er, bereits seiner Herkunft nach mit Reichtum ausgestattet, ein äußerst luxuriöses Leben führte, was ihm den nicht unberechtigten Vorwurf einbrachte, ein solches wäre mit der rigiden stoischen Philosophie kaum vereinbar. Später allerdings entfremdeten sich die beiden Persönlichkeiten und Seneca zog sich enttäuscht vom Hof zurück. Im Jahre 65 n. Chr. wurde schließlich eine Verschwörung gegen Nero aufgedeckt, worauf der Kaiser seinem ehemaligen Lehrer und langjährigen Vertrauten aufgrund dessen angeblicher Mitwisserschaft den Befehl erteilte, Selbstmord zu begehen. Tacitus hat Senecas Ende in seinem Geschichtswerk (*Annalen* XV 60ff.) überliefert, indem er mit feiner, ironisch gebrochener Stilisierung des stoischen Ethos die näheren Todesumstände schildert. Allein dadurch, dass sich Seneca einem ungerechten Urteil unterwirft, und noch deutlicher in der gelassen-heiteren, ruhigen Art des vollzogenen Selbstmords zeigt sich dessen Nähe zu Sokrates. Wenn der stoische Philosoph seinen ihn umgebenden Freunden sagt, er hinterlasse ihnen statt des verwehrten Testaments das Bild seines Lebens (*imago vitae* – in Anlehnung an die Tradition römischer Ahnenverehrung), „so werden die Freunde und Schüler zu geistigen Erben und ‚Nachkommen' […] Damit ist ein entscheidender gemeinsamer Zug von Seneca und Sokrates festgehalten: Es geht darum, dass Philosophie ins Leben eingehe."[37] Seneca setzte vor den Tod „ein mutiges ‚Ja' zum Leben"[38] und schied schließlich so aus dem Leben, wie er es selbst einst in seinen Briefen geschrieben hatte: *Dies leistet die Philosophie, dass man angesichts des Todes heiter und in jeder beliebigen Fassung mutig und fröhlich ist und sich nicht aufgibt, obwohl die Kräfte schwinden.* (*Ep.* IV 30, 3)

Über das Leben **Epiktets** (ca. 50–135 n. Chr.) wissen wir vergleichsweise wenig. Er kam als phrygischer Sklave an den Hof Neros, eignete sich dort stoisches Gedankengut an und begann nach seiner Freilassung selbst die Lehren der Stoa zu verkünden. Durch ein Dekret des Kaisers Domitian aus Rom verbannt, gründete er unter bescheidenen Umständen eine Philosophenschule im westgriechischen Nikopolis, die alsbald Berühmtheit erlangte und von ihm bis zu seinem Tod geleitet wurde. Unter seinem Namen sind zwei Schriften in griechischer Sprache überliefert – die *Diatriben* (Unterredungen) und das *Encheiridion* (Handbüchlein der Moral).[39] Allerdings schrieb er diese wie sein großes Vorbild Sokrates nicht selbst, seine Lehrtätigkeit wurde jedoch wortgetreu von seinem Schüler Arrian festgehalten und der Nachwelt überliefert. Während von den *Diatriben* erhebliche Teile verloren gingen, blieb das *Encheiridion*, eine gedanklich verdichtete Zusammenfassung der *Diatriben*,

---

37 Albrecht, Seneca (2018), S. 67.

38 Mock, Vom guten Leben (2012), S. 53.

39 Das griechische Wort *encheiridion* kann auch „Handwaffe" oder „kleiner Dolch" bedeuten, wodurch die Assoziation mit der Metapher vom Wort als Waffe geweckt wird.

vollständig erhalten. Diese Schrift ist nebenbei bemerkt das einzige stoische Werk, das im 6. Jahrhundert n. Chr. vom Neuplatoniker Simplikios kommentiert wurde; ansonsten beschäftigte sich die antike Kommentarliteratur ausschließlich mit den klassischen Werken von Platon und Aristoteles.[40]

9.1.5.2 Epiktets praktizierte Moralpädagogik

Epiktets philosophisches Interesse ist weit mehr als das anderer Stoiker der moralischen Praxis zugewandt. Am Beispiel der Lüge demonstriert er seine vehemente Kritik am Auseinanderdriften von Wissenschaft und Ethik: *Der erste und notwendigste Bereich der Philosophie ist der von der Anwendung ihrer Lehre, wie zum Beispiel nicht zu lügen. Der zweite handelt von den Beweisen, zum Beispiel, aus welchem Grund man nicht lügen darf. Der dritte begründet und zergliedert diese Beweise, zum Beispiel: Woraus ergibt sich, dass dies ein Beweis ist? Was ist überhaupt ein Beweis? Was ist eine logische Schlussfolgerung? Was ist ein Widerspruch? Was ist wahr? Was ist falsch? Der dritte Bereich ist also notwendig wegen des zweiten und der zweite wegen des ersten. Der notwendigste aber, bei dem man verweilen soll, ist der erste. Wir aber machen es umgekehrt. Wir verweilen beim dritten Bereich und all unser Eifer gilt diesem, während wir den ersten gänzlich vernachlässigen. So kommt es, dass wir lügen, obwohl wir geläufig beweisen können, dass man nicht lügen darf.* (*Ench.* 52) Darin kommt die nach Meinung Epiktets falsche Bewertung der von den Altstoikern – v. a. von Chrysippos – überlieferten philosophischen Disziplinen Logik, Ethik und Physik (wenn auch hier in anderer Reihenfolge) zum Ausdruck, die auch rund 2000 Jahre später, so *Willy Hochkeppel*, erstaunlich aktuell erscheint. „Unser ungeheuer angewachsenes analytisches, empirisches und technisches Wissen hat uns moralisch um keinen Deut besser gemacht. [...] Wir können überzeugender denn je ‚beweisen', dass Kriege verheerend, unsinnig und unmenschlich sind, doch seit dem Zweiten Weltkrieg wurden hundertfünfzig Kriege geführt, die fünfundzwanzig Millionen Tote kosteten; wir verstehen die Kreisläufe der Natur besser denn je zuvor, aber wir leben und handeln gegen die Natur; über den Menschen, über uns

40 Vgl. Schriefl, Stoische Philosophie (2019), S. 31.

selbst, haben wir Erhebliches dazugelernt, aber wir haben kaum Lehren daraus gezogen.“ [41]

Neben seiner Kritik an der überlieferten, seines Erachtens zu sehr auf die Theorie beschränkten philosophischen Systematik plädiert Epiktet für eine praktische Moralpädagogik: „Man müsse sich bemühen, erstens seinen natürlichen Antrieb, zweitens seine Absichten und drittens sein Denken zu disziplinieren.“[42] Grundlage der Lehre Epiktets ist die Unterscheidung (*dihaíresis*) von Dingen, über die wir gebieten, die in unserer Macht (*eph' hemin:* bei uns) stehen, und solchen, über die wir keinerlei Verfügungsgewalt haben (vgl. *Ench.* I 1; s. o., S. 164f.). Nur jener Mensch, der sich vom Streben nach äußeren Gegebenheiten (Körper, Besitz, Ansehen, öffentliche Ämter u. Ä.) frei macht und ausnahmslos das begehrt, was seiner Kontrolle unterliegt, „gewinnt Freiheit, innere Ruhe (*ataraxia* und *apátheia*), die feste Gesundheit der Seele (*eustátheia*) und den guten Fluss des Lebens (*eúroia*), mit einem Wort, die Glückseligkeit (*eudaimonía*)“. [43] Epiktet verwendet auch häufig den von Aristoteles übernommenen Begriff der *prohaíresis* (Vorzugswahl, Entscheidung, Absicht; s. Kap. 8.4, S. 147) und meint damit eine besondere Fähigkeit, die Gott den Menschen verliehen habe und mit deren Hilfe es gelingen solle, die Vorstellungen des Verstandes kritisch zu prüfen und ein Urteil über den Wert der Dinge zu fällen. So stelle beispielsweise der Tod an sich kein Übel dar, lediglich eine gewisse Meinung (*dogma*), die sich Menschen vom Tod bilden, rufe Schrecken hervor. Daher sei nur die Furcht vor dem Tod zu fürchten, nicht der Tod selbst (*Ench.* 5; *Diatr.* II, 1, 13). Ungeachtet äußerer, mitunter widriger Umstände verhelfe die *prohaíresis*, mit der sich der Mensch auf sein Inneres besinnt, zu wahrer Autarkie und letztlich zur *eudaimonía*. Epiktets Lehrtätigkeit fokussiert daher auf unablässige Selbstbeobachtung bzw. -erziehung (*Diatr.* II, 21, 8ff.), mit der er sich und seine Anhänger zum *pragma*, der sokratischen Einheit von Erkenntnis und Handeln, und zu einem sittlich vollkommenen Leben schlechthin motivieren will (*Diatr.* II, 19).

41 Hochkeppel, War Epikur ein Epikureer? (1988), S. 170. Diese noch vor der Jahrtausendwende formulierten Einsichten Hochkeppels haben angesichts des 2022 begonnenen Krieges Russlands gegen die Ukraine eine neue, bedrückende Aktualität erhalten.

42 Horn, Antike Lebenskunst (2014), S. 16; vgl. z. B. *Diatr.* II 17, 14ff.

43 K. Steinmann: Nachwort. In: Epiktet, Handbüchlein der Moral. Üs. und hg. von K. Steinmann. Stuttgart 2004, S. 101.

Um abschließend auf das Fortleben und die ungebrochene Aktualität der Gedanken Epiktets hinzuweisen, unternehmen wir mit dem bekannten britischen Journalisten und Romanautor *Matt Haig* einen Sprung über die Jahrtausende, wenn dieser in einem seiner Bestseller schreibt: „Epiktet ist mein absoluter Lieblingsphilosoph. [...] Der Trost, den Epiktet bietet, könnte nicht größer sein".[44]

Marc Aurel (121–180 n. Chr.), der dritte und vermutlich berühmteste Stoiker der römischen Kaiserzeit, der sog. „Philosoph auf dem Kaiserthron", übernahm sein hohes Amt zu einer Zeit, die von Kriegen, Epidemien und Wirtschaftskrisen überschattet war. Auch wenn er sich als Herrscher stets bewährte und aufgrund seiner humanen Haltung und *philanthropía* (Menschenliebe) außerordentlich geschätzt wurde, war sein Charakter von einer äußerst resignativen Grundstimmung gekennzeichnet, zumal er auch in seinem privaten Umfeld bittere Enttäuschungen hinnehmen musste. Mit seiner Annahme der gemeinsamen Abstammung und Verwandtschaft aller Menschen verkörperte er geradezu die stoische Idee des Kosmopolitismus, indem er eine auffallend humane Haltung der Nächstenliebe propagierte und dafür eintrat, Standesunterschiede aufzuheben sowie die soziale Kluft zwischen Herren und Sklaven zu überbrücken. Dies zeigt auch die tiefe Verehrung, die er für den phrygischen Freigelassenen Epiktet empfand. Neben seiner Propagierung der Idee der Humanität hinterließ uns Marc Aurel, dessen Denken seit frühester Jugend von stoischer Philosophie geprägt war, ein höchst wertvolles Dokument, das in der gesamten Weltliteratur einzigartig ist.

9.1.5.3 Marc Aurels Aufforderungen an sich selbst und das stille, flüchtige Glück

Seine in griechischer Sprache verfassten zwölf Bücher *Eis heautón* (An sich selbst), die den deutschen Titel *Selbstbetrachtungen* tragen – „Aufforderungen" oder „Ermahnungen" wären treffendere Ausdrücke –, geben uns in der Form von festgehaltenen „Selbstgesprächen" einen höchst persönlichen Einblick in sein tiefstes Inneres. An der sprachlich-stilistischen, von Aphorismen geprägten Form mit wiederholten Andeutungen und zahlreichen Wiederholun-

44 M. Haigg, *The Comfort Book*. Gedanken, die mir Hoffnung machen. München 2021, S. 180f.

gen lässt sich erkennen, dass das Werk mit ziemlicher Sicherheit nicht zur Veröffentlichung bestimmt war.

Philosophische Übungen verschiedenster Art spielten bereits bei Seneca und Epiktet eine wichtige Rolle. So meinte etwa Letzterer, philosophische Einsichten müssten im rechten Augenblick „griffbereit" (*prócheiron;* lat. *in promptu, ad manum*) sein: *Worauf soll ich aufmerksam sein? Zunächst auf jene allgemeinen Grundsätze. Diese soll man stets zur Verfügung haben* [*prócheira echein*] *und ohne sie sich weder schlafen legen noch aufstehen, weder essen noch trinken noch mit Leuten Umgang pflegen.* (*Diatr.* IV 12,7) Ähnliche Empfehlungen zur Meditationsübung werden wir auch noch bei Epikur finden (DL X 135). Der französische Philosoph Pierre Hadot (s. Kap. 1.3, S. 16), der die antike Ethik im Anschluss an den deutschen Altphilologen *Paul Rabbow* (1867–1956) im Wesentlichen als praktische Lebenskunst im Sinne einer Seelenleitung und Selbstsorge verstand, beschäftigte sich in seinen Forschungen vorrangig mit Marc Aurels philosophischen Reflexionen: „Die Meditation kann die Form einer schriftlichen Übung annehmen, die dann einen wirklichen Dialog mit sich selbst darstellt: *Eis heauton.*" [45]

Zu Marc Aurels unablässiger Auseinandersetzung mit den stoischen Dogmen und seinem persönlichen Ringen um das sittlich Geforderte kommen auch Übungen zur Erforschung des Gewissens dazu. Auch wenn der Begriff des Gewissens (*syneídesis;* lat. *conscientia*) im griechischen Denken eine lange Vorgeschichte hat – er begegnete uns bereits in der frühgriechischen Philosophie bei Demokrit (s. Kap. 3.6, S. 56ff.) –, so zeigt er sich erst in der stoischen Ethik voll entwickelt. Gerade Marc Aurels Schrift enthält zahlreiche meditative und prüfende Reflexionen über das eigene Ich, die eigene Seele und die Gesinnung derselben sowie über Handlungen und deren Motive und Ziele. Die Seele des Menschen geht dabei mit sich selbst ins Gericht, gibt sich Rechenschaft über all ihr Tun und Lassen und kommt dadurch zu Erkenntnissen und Urteilen über sich selbst und neuen Vorsätzen zum guten Handeln. Nur in dieser fortwährenden stillen Arbeit und Zurückgezogenheit vollziehe sich die eigene sittliche Läuterung und Vervollkommnung, die für die Erlangung des Seelenfriedens, wie Marc Aurel die *eudaimonía* versteht, er-

45 Hadot, Philosophie als Lebensform (2011), S. 72.

forderlich sei. *Du kannst immer glücklich sein, wenn du nur willens bist, den rechten Weg zu gehen und nach diesem dein Meinen und Handeln auszurichten.* (*SB* V 34)

Auch für den Typ der imaginativen Übung (*praemeditatio*) finden sich Beispiele, etwa die Betonung der eigenen Unbedeutsamkeit und Vergänglichkeit (lat. *vanitas*) angesichts des großen Flusses des Lebens. So sei zu bedenken, *wie viele nicht einmal deinen Namen kennen, wie viele ihn in kürzester Zeit vergessen werden, wie viele, die dich jetzt vielleicht loben, dich sehr bald schmähen werden und dass weder die Erinnerung noch der Ruhm noch überhaupt sonst etwas der Rede wert ist.* (*SB* IX 30) Mit der stoischen Anschauung von der Bedeutungslosigkeit des menschlichen Daseins angesichts des unermesslichen ewigen Weltenkosmos begründet der Philosophenkaiser auch die Überwindung der Todesfurcht. Dass er trotz seines Fatalismus und der Verachtung alles Irdischen keinen Hang zu Bitterkeit oder Eskapismus zeigte, ist bemerkenswert. Marc Aurels Haltung blieb zeitlebens vom stoischen Ideal der Zusammengehörigkeit der Menschheit bestimmt, verbunden mit einem Heroismus der Pflichterfüllung, bis zuletzt auf dem Platz auszuharren, wohin ihn das Schicksal gestellt hat. Im Bewusstsein der Flüchtigkeit des Menschenlebens und im gleichzeitigen Vertrauen auf den göttlichen Geist kommt sein tiefes, melancholisch grundiertes Bekenntnis zur stoischen Philosophie zum Ausdruck: *Die Dauer des Menschenlebens ist nur ein Punkt, das Sein aber in dauerndem Fluss, die Wahrnehmung trüb, das Gefüge des ganzen Lebens schnell verwesend, die Seele unstet, das Schicksal unergründlich, der gute Ruf ein eitles Geschwätz. Kurz, alles Körperliche im Fluss, alles Seelische Schall und Rauch, das Leben aber ein Kampf und ein Aufenthalt eines Fremden, der Nachruhm Vergessenheit. Was kann da noch helfen? Einzig und allein die Philosophie. Eben dadurch, dass man den göttlichen Geist in seinem Innern vor Misshandlungen und Schaden bewahrt, Lust und Leid besiegt und weder planlos handelt noch mit Lug und Heuchelei, unabhängig davon, ob ein anderer etwas tut oder nicht tut; dass man ferner das, was einem widerfährt und zuteil wird, hinnimmt [...]; zuletzt dass man den Tod mit heiterem Gemüt erwartet, als wäre er nichts anderes als eine Auflösung der Elemente, aus denen jedes Lebewesen besteht. Wenn es aber für die Elemente nichts Schlimmes ist, dass sich jedes einzelne von ihnen unablässig in ein anderes verwandelt, warum sollte man dann die Umwandlung aller missgünstig ansehen? Das entspricht ja der Natur, und nichts, was der Natur entspricht, ist schlecht.* (*SB* II 17)

In den letzten Zeilen Marc Aurels finden sich deutliche Anklänge an die Sichtweise Epikurs, des Gründers der zweiten großen hellenistischen Philosophenschule. Er beschreibt den Tod in ähnlicher, allerdings deutlich radikalerer Art und Weise, insofern als sich bei ihm alles Irdische, einschließlich der menschlichen Seele, mit dem Tod endgültig in seine atomistischen Bestandteile auflöst. Mit dieser Anschauung wollte Epikur eines der vermeintlich größten Übel für die Menschheit, die Furcht vor dem Tode, überwinden, wofür er auch selbst ein beeindruckendes Zeugnis ablegte. Als sein Ende nahte, soll er seinem Tode heiter und gelassen entgegengeblickt haben, indem er sich zur Linderung der Schmerzen infolge seines Nierenleidens in ein warmes Bad gesetzt, starken Wein getrunken und bis zuletzt mit Freunden philosophiert habe (DL X 15f.).

9.2 Teil 2: **Epikureismus**

Wie die Stoiker suchen auch die Epikureer in ihrer Weltsicht unter allen Umständen die innere Freiheit der Menschen und deren Unabhängigkeit von allem Äußeren zu bewahren, um so die Grundlage ihrer Glückseligkeit zu schaffen. Während aber die *eudaimonía* nach der stoischen Ethik nicht nur vom Menschen selbst abhängt (denn das lehrt auch Epikur), sondern auch allein auf dem sittlichen Handeln beruht, sieht Epikur das Wesen aller Glücksgefühle im Genuss und in der Lust, beziehungsweise in vollkommener Leid- und Schmerzlosigkeit. Ein weiterer Unterschied zur stoischen Ethik besteht darin, dass diese gemäß ihrer Anschauung der Verbundenheit aller Menschen in höchstem Maße sozial ausgerichtet war, während Epikur das einzelne Subjekt von der Umwelt, insbesondere der politischen Gemeinschaft, isoliert und eine Moral eines ausgeprägten Individualismus verkündet, der nur durch das Ideal der Freundschaft mit seinesgleichen gemildert wird.

Epikur (341–271/70 v. Chr.) stammte aus Samos und machte sich bereits früh mit verschiedenen philosophischen Richtungen, darunter vor allem mit der atomistischen Lehre Demokrits, vertraut. Um 306 v. Chr. ließ er sich in Athen nieder und gründete seine Philosophenschule in einem Garten (*képos*) außerhalb der Stadt. Dazu eine topographische Randbemerkung: Schon Platon hatte seine Akademie vor den Toren Athens gegründet, ca. drei Kilometer – für damalige Verhältnisse eine beachtliche Distanz – vom Zentrum entfernt. Darin könnte man eine gewisse ‚Akademisierung', eine Ausdifferenzierung von Philosophie und Wissenschaft erkennen, wie sie in der platonischen Ideenlehre ihren Niederschlag fand. Ebenso entfernte sich Epikur von den öffentlichen Schauplätzen der Stadt; sein Beweggrund stand jedoch in diametralem Gegensatz zu Platon und lag in der grundlegenden Individualisierung seiner Ethik, verbunden mit einem völligen Rückzug aus der Politik. Seine Schule des „Gartens", ein einzigartiges Projekt in der Geschichte der antiken Philosophie, kann man sich als hierarchisch organisierte Lebens- und Freundesgemeinschaft Gleichgesinnter und miteinander Philosophierender vorstellen, in der Menschen jeden Geschlechts, jedes Standes und auch solche von ausländischer Herkunft willkommen waren (DL X 3, 5, 25). Es existierten jedoch keinerlei kommunistischen Ideale und ebenso wenig herrschte der Geist einer religiös-sektiererischen Vereinigung, auch wenn ihr Meister höchste Verehrung genoss. Die Gemeinschaft des „Gartens" war einzig auf gegenseitigem Vertrauen und dem festen Band der Freundschaft gegründet. *Von allem,* so heißt eine der Lehrmeinungen Epikurs, *was die Weisheit zur Glückseligkeit des ganzen Lebens bereitstellt, ist das weitaus Größte der Erwerb der Freundschaft.* (*KD* 27)

Epikurs umfangreiche Schriften – sein Hauptwerk trug den Titel *Über die Natur* und umfasste 37 Bücher – sind weitgehend verloren; vollständig überliefert sind lediglich drei Briefe und die Hauptlehren Epikurs (*kýriai dóxai* = *KD*), eine Zusammenstellung seiner Philosophie in vierzig Thesen. Deren Kenntnis verdanken wir dem Doxographen Diogenes Laërtios, der Epikur das ganze zehnte und letzte Buch seines Werks *Leben und Lehre der Philosophen* widmete. Eine weitere wichtige Quelle zu Epikurs Philosophie ist das Lehrgedicht *De rerum natura* des römischen Dichters *T. Lucretius Carus* (1. Jh. v. Chr.), in dem dieser die aufklärerische Leistung der epikureischen Naturphilosophie umfassend preist. Im Zuge von 1752 bis 1754 durchgeführten archäologischen Grabungen kamen in Herculaneum die sog. *Papyri Herculanenses* zum Vorschein, die allerdings lediglich einige Reste von Epikurs Hauptwerk enthalten sowie Fragmente aus Abhandlungen jüngerer Epikureer. 1888 wurde im Vatikan ein Kodex aus dem 14. Jahrhundert entdeckt, das sog. *Gnomologium Vaticanum*, eine Sammlung von 81 epikureischen Lehrsätzen (*gnómai*, Pl. zu *gnóme*) und somit eine Ergänzung zu Epikurs Hauptlehren. Textstücke und

Berichte anderer Autoren über Epikur, sog. Testimonien (lat. *testimonium:* Zeugnis), wurden 1887 von Hermann Usener (Us.) und 1973 in zweiter Auflage von Graziano Arrighetti (Arr.) ediert, nach denen bis heute zitiert wird.

Von den drei überlieferten Briefen ist der *Brief an Menoikeus* von besonderem Interesse, da er die wesentlichsten Grundlagen der epikureischen Theologie und Ethik erörtert. Epikurs Briefe werden gemeinhin als Lehrbriefe bezeichnet, eine Charakterisierung, die von *Carl-Friedrich Geyer* kritisch gesehen wird. Epikur, so Geyer, intendiere im *Brief an Menoikeus* nicht, die Welt zu verändern, sondern wolle sie lediglich interpretieren, indem er entgegen einer verstärkten Theoretisierung bei Platon und Aristoteles lebensweltlich mit einem „narrativen Konstrukt" argumentiere, einer „Metaerzählung, die auf eine lebensgeschichtlich-phänomenologische Betrachtungsweise gestützt die Unsinnigkeit der Angst [...] illustriert".[46] Geyer plädiert daher dafür, „diesen so genannten *Lehrbrief* nicht aus der Optik eines der Dokumente der Lehre zu lesen. Man sollte in ihm einen Bericht sehen, der eine genuine Erfahrung vermittelt, verbunden mit der Einladung, vergleichbare Erfahrungen zu machen."[47] Diese Sichtweise vertritt Geyer auch hinsichtlich der *Kyriai doxai:* Durch die starke Dogmatisierung sei die ursprüngliche Intention Epikurs, nämlich gerade nicht eine katechismusartige Zusammenstellung von „Glaubenssätzen" zu produzieren, verkannt worden. Nach Geyer wollte der Philosoph vielmehr Deutungshilfen zur freien ethischen Entscheidung geben, „gerade das Gegenteil von der einseitigen Festlegung auf eine bestimmte Perspektive, noch dazu, wenn sich diese mit normativen Ansprüchen verbindet".[48]

9.2.1 Epikurs funktionalistische Ethik und die Seelengesundheit

Im Gegensatz zum platonisch-aristotelischen Denkmodell oder der stoischen Konzeption, in denen eine feststehende Weltordnung oder ein unabänderliches Naturrecht den Fragen des praktischen Lebens jeweils übergeordnet sind, lässt sich Glück nach Epikur nicht auf dem Weg einer Anpassung des Menschen an eine kosmische Vernunft erreichen, sondern allein dadurch, dass der Mensch sein Handeln eigenständig gestaltet und „sich selbst aus

46 Geyer, Epikur (2020), S. 53.

47 Ebd., S. 53.

48 Ebd., S. 63.

seiner bestehenden Unmündigkeit herausführt".[49] Die epikureische Ethik ist im Wesentlichen funktionalistisch im Sinne einer *téchne* (Handwerk) und ihres handlungsleitenden Wissens angelegt, wobei sie die größte Ähnlichkeit mit der Heilkunst besitzt: *Denn wie die Heilkunde unnütz ist, wenn sie nicht die Krankheiten aus dem Körper vertreibt, so nützt auch die Philosophie nichts, wenn sie nicht das Leiden [páthos] der Seele vertreibt.* (Us. Fr. 221)

Dass die Medizin die Krankheiten des Leibes heile und die Weisheit die Leidenschaften der Seele beseitige, konnte man schon bei Demokrit lesen (DK 68 B 31). Bei Epikur findet sich das Thema der Seelengesundheit eng verknüpft mit dem Glück in seinem flammenden Appell zum Philosophieren am Beginn des *Briefes an Menoikeus* (122): *Weder soll, wer noch ein Jüngling ist, zögern zu philosophieren, noch der Greis müde werden zu philosophieren; denn niemand kann früh genug anfangen, für seine Seelengesundheit zu sorgen, und für niemanden ist die Zeit dazu zu spät. Wer da sagt, die Stunde zum Philosophieren sei für ihn noch nicht erschienen oder bereits entschwunden, der gleicht dem, der behauptet, die Zeit für das Glück sei noch nicht da oder nicht mehr da.* Diese Aussage verbindet Heinrich Niehues-Pröbsting mit heute praktizierten Methoden: „Ohne die Philosophie ist die Seele nicht gesund; Philosophie wird zur Psychotherapie, der Philosoph zum Seelsorger und Seelenarzt, der in nachantiker Zeit vom christlichen Seelsorger verdrängt wird wie gegenwärtig dieser vom Psychotherapeuten."[50]

9.2.2 *Tetrapharmakos* – vier seelische Heilmittel

Epikur sieht die wichtigste Aufgabe seiner Ethik darin, Wege aufzuzeigen, wie seelisches Leid zu vermeiden ist, indem er in seinen *kyriai doxai* vor allem vier grundlegende Thesen, im eigentlichen Sinn Besorgnisse, präsentiert. „Entsprechend der Vierzahl der Bekenntnissätze sprach man von dem ‚Tetrapharmakos', dem vierfältigen Heilmittel."[51] Weitreichende Folgen der Glücksminderung schreibt Epikur folgenden Themen zu: (i) der Furcht vor Erscheinungen am Himmel und vor Göttern bzw. ihren Strafen, (ii) der Angst vor dem Tod, (iii) der Furcht vor grenzenlos wachsenden Begierden und

49 Horn, Antike Lebenskunst (2014), S. 93.

50 Niehues-Pröbsting, Die antike Philosophie (2004), S. 187.

51 Geyer, Epikur (2020), S. 56.

(iv) der Angst vor Leid und Schmerz (*KD* 1–2, 11). Die Befreiung von diesen Ängsten, von religiösen Vorurteilen und der Furcht vor dem Zukünftigen kann laut Epikur einzig die Philosophie leisten (DL X 122).

9.2.2.1 *Erstes Heilmittel:* Aufklärende Naturforschung gegen die Furcht vor Göttern

Um die Menschen von ihren irrationalen, aus Mythologie und Aberglauben entstandenen Ängsten und insbesondere von der Furcht vor den Göttern zu befreien, bedürfe es, so Epikur, der aufklärenden Naturforschung, die bei ihm gleichsam als therapeutische Disziplin ganz in den Dienst der Ethik tritt. Der Mensch ist nicht mehr Teil eines göttlich determinierten Kosmos und somit der stoischen *heimarméne* (dem über ihn verhängten Schicksal, s. S. 169) unterworfen, sondern erlangt seine Souveränität, indem er mit sachlich-nüchternem Blick auf eine Natur blickt, die von Epikur im Rückgriff auf die Atomtheorie Demokrits als ein nach mechanisch-physikalischen Gesetzen ablaufendes Geschehen vorgestellt wird. Um nun in diesen von Ursache und Wirkung bestimmten Abläufen einen zumindest geringen Raum für Willensfreiheit zu eröffnen, modifizierte Epikur die demokritische Atomphysik, insofern als er gelegentliche Abweichungen (*parénkliseis*) (*KD* 16; s. Kap. 3.2, S. 51) in den Atombahnen annahm, gewissermaßen „eine Ungesetzlichkeit innerhalb der Gesetzmäßigkeit“.[52] Damit sollte neben allen Notwendigkeiten die Möglichkeit eines Handlungsspielraums begreiflich gemacht werden. „Diese Lehre hat den Vorteil, dass in Epikurs Philosophie Raum für Tyche, den Zufall, bleibt, und er so dem stoischen Fatalismus entgeht, der in letzter Konsequenz dazu führt, dass der Mensch zu seiner eigenen Glückseligkeit gar nichts beitragen kann, sondern ihm vorherbestimmt ist, ob er glücklich wird oder nicht.“[53]

Welch peinigende Wirkung die Furcht vor den Göttern entfalten kann, wie die Menschen angesichts unerklärlicher Naturereignisse vor Himmelserscheinungen zittern, wie die Angst ihre Seele verdunkelt, sie erniedrigt und zu Sklaven macht, all dies schildert der Dichter Lukrez mit großer Eindrücklichkeit an mehreren Stellen seines Lehrgedichts, das die epikureische Lehre

52 Geyer, Epikur (2020), S. 108.

53 Hossenfelder, Epikur (2017), S. 133.

wiedergibt (*De rerum natura* I 62ff., V 83ff., VI 35ff.). Doch obgleich Epikur die religiös-kulturellen Vorstellungen des Mythos und die anthropomorphen Götterbilder der tradierten Volksreligion vehement kritisiert, ist er dennoch nicht Atheist. Er schreibt den Göttern die Attribute der Unvergänglichkeit, des vollkommenen Glücks und der Leidenschaftslosigkeit zu und versetzt ihr Dasein in entfernt liegende *Metakosmien* (lat. *intermundia*: Zwischenwelten), sodass sie ihr Leben fernab, in völliger Abgeschiedenheit führen, ohne jemals in das menschliche Leben einzugreifen. Diese Anschauung nimmt den Menschen einerseits die Angst vor Strafen in einem imaginierten Jenseits, andererseits dient die Vorstellung eines göttlichen Lebens in teilnahmsloser Gelassenheit und dauerhafter Glückseligkeit als Inbegriff dessen, was Epikur dem Menschen als Ideal und letztes Telos empfiehlt.

9.2.2.2 *Zweites Heilmittel:* Materialistische Seelenvorstellung gegen die Angst vor dem Tod

Das Hauptmotiv für die Zurückweisung von beängstigenden Todesvorstellungen besteht für Epikur in deren glückshemmenden Auswirkungen. Zukunftsvisionen solcher Art können mitunter übertriebenes Sicherheitsstreben oder angsterfülltes Vermeidungsverhalten hervorrufen und führen zu falschen Güterbewertungen und somit zur Verfehlung des Glücks. Doch mit der Beseitigung der Furcht vor den Göttern wird gleichzeitig der Angst vor dem Tod der Stachel genommen. Denn auch für diese macht Epikur die weit verbreiteten Unterweltsvorstellungen der Mythologie verantwortlich, denen zufolge die Seelen der Verstorbenen Strafen für ihre im irdischen Leben begangenen Verfehlungen büßen müssen. Ebenso erscheint eine bloße Unterweltsexistenz als „Schatten" wenig verlockend, worüber sich schon Achilleus im homerischen Epos bei Odysseus beschwert hat: *Suche mich nicht über den Tod zu trösten, berühmter Odysseus! Lieber wollte ich über der Erde um Taglohn bei einem ärmlichen Bauern, der selber nur dürftig dahinlebt, mich schinden, als im Kreise der dahingeschwundenen Toten König zu heißen!* (Homer, *Od.* XI 488ff.)

Epikur argumentiert dagegen in Übereinstimmung mit seiner atomistischen Naturlehre für eine materialistische Seele, die im Tode gemeinsam mit dem Körper zugrunde geht und somit die Funktion eines wahrnehmenden Bewusstseins zur Gänze verliert. Im *Brief an Menoikeus* (124f.; vgl. *KD* 2) finden sich dazu Epikurs berühmte Worte: *Gewöhne dich daran zu glauben, der Tod sei nichts, was uns betrifft. Denn jedes Gut und Übel liegt in der Empfindung, der Tod aber bedeutet den Verlust der Empfindung [...]. Daher ist töricht, wer sagt, er fürchte den Tod nicht, weil er ihn schmerzen wird, wenn er da ist, sondern weil er ihn jetzt schmerzt, wenn er noch bevorsteht. Denn was uns, wenn es da ist, nicht bedrängt, kann uns, wenn es erwartet wird, nur sinnlos bedrücken. Das Schauererregendste aller Übel, der Tod, betrifft uns überhaupt nicht; denn solange wir sind, ist der Tod nicht da, wenn aber der Tod da ist, dann sind wir nicht mehr. Er betrifft also weder die Lebenden noch die Gestorbenen, denn bei den einen ist er nicht, und die anderen sind nicht mehr.*

Auch wenn Epikurs Argumentation anthropologisch nicht haltbar ist, da der Mensch nicht wie das Tier verendet, sondern im Bewusstsein seines Todes lebt, wird auf diese Überlegungen bis heute zurückgegriffen.[54] Bei näherer Betrachtung kann der Standpunkt Epikurs auch durchaus an Plausibilität gewinnen. Zum einen wird durch seine Sicht das Interesse für Künftiges und möglicherweise Kommendes auf das aktuell Gegebene und tatsächlich Mögliche gelenkt; zum anderen begegnet Epikur der Furcht, künftige Glücksmöglichkeiten durch zeitliche Beschränkung einzubüßen, mit dem *richtigen Verständnis* (DL X 124), das dabei helfen soll, das unerfüllbare Streben nach persönlicher Unsterblichkeit durch die Anerkennung der unabänderlichen Begrenztheit des Lebens zu ersetzen und dabei gleichzeitig die Freude am Gegenwärtigen zu intensivieren. *Wir dürfen das, was wir haben, nicht entwerten durch das Verlangen nach dem, was wir nicht haben,* so lautet die 35. Sentenz aus dem *Gnomologium Vaticanum*. „Von hierher entwickelt Epikur den Begriff eines Glücks, das jeden Augenblick vollendet ist, dessen Fülle auf die jeweils erlebte Gegenwart zusammengezogen ein Optimum darstellt, das durch das Maß zeitlicher Ausdehnung und inhaltlicher Variation nicht mehr gesteigert oder vermindert werden kann."[55]

54 Der bedeutende US-amerikanische Psychiater und Autor Irvin Yalom stellte dieses Argument Epikurs ins Zentrum seines Buches *Staring at the sun. Overcoming the terror of Death* (Dt.: In die Sonne schauen. Wie man die Angst vor dem Tod überwindet. München 2008).

55 M. Forschner, Marc Aurel und Epikur. Über stoische und epikureische *meditatio mortis*. In: G. Ernst (Hg.): Philosophie als Lebenskunst. Antike Vorbilder, moderne Perspektiven. Berlin 2016, S. 119.

9.2.2.3 *Drittes Heilmittel:* Vernunftkalkül gegen schrankenlosen Genuss

Dass Epikur die *eudaimonía*, das letzte vom Menschen erstrebte Ziel, mit der Lust gleichsetzt (*ad Men. 128*), führte bereits in der Antike zu groben Verzerrungen und Missinterpretationen. Schon Platon hatte vor den schädlichen Auswirkungen der *pleonexía* in seiner *Politeia* (X 586b1; *Der Ring des Gyges* II 359c5; s. Kap. 7.3, S. 123) gewarnt. Der römische Dichter *Horaz* (65–8 v. Chr.) bezeichnet sich hingegen mit ausgeprägter Selbstironie als „Schweinchen aus der Herde Epikurs".[56] In einem satirischen Gedicht aus den mittelalterlichen *Carmina Burana* (211) wird Epikur wiederum als zügelloser Schlemmer und Vertreter eines schrankenlosen Lebensgenusses missverstanden. Der Begriff behielt schließlich über die Zeiten hinweg eine gewisse abschätzige Konnotation, denn bis heute versteht man unter einem Epikureer einen Genussmenschen, der sich, vorrangig geleitet von der Suche nach Lustgewinn, unbedenklich materielle und sinnliche Freuden des Daseins gönnt.

Was nun den epikureischen Hedonismus betrifft, so ist zunächst daran zu erinnern, dass der griechische Begriff *hedoné* (Lust, Vergnügen, Freude) verschiedene Deutungen offenlässt. In der Tat wurde Epikurs Hedonismus in der Vergangenheit auch wiederholt als „Philosophie der Freude" bezeichnet, möglicherweise mit der Intention, die epikureische Philosophie den Auffassungen des christlichen Abendlandes anzupassen. Damit wird man Epikur jedoch keinesfalls gerecht, da er einerseits tatsächlich von der Lust als Sinnesempfindung ausgeht, andererseits eine „zentrale Bedeutung von *hedoné* bei Epikur kein Äquivalent in der Verwendung des deutschen Wortes ‚Lust' [hat]: *Hedoné* im Sinne von Wohlbefinden (eines Organismus) bzw. guter Gesamtbefindlichkeit (eines seiner selbst bewussten Wesens)".[57] Eine entsprechende Wiedergabe im Deutschen erscheint daher einigermaßen problematisch, da die Übersetzung mit „Lust" einerseits zu kurz greift, die allzu vage und allgemein formulierte „Freude" andererseits überhaupt am Kern der Bedeutung bei Epikur vorbeigeht. Wie sich der Philosoph sein *hedoné*-Konzept vorgestellt hat, können wir am besten aus der folgenden Textstelle des *Briefes*

---

56 In seinen *Epistulae* (I, 4, 15f.) lädt Horaz den Dichter Tibull ein, ihn zu besuchen, wenn er lachen wolle: Er werde Horaz fett, glänzend mit wohlgenährter Haut vorfinden, ein Schweinchen aus der Herde Epikurs. (Als Symbol ordnete man den Epikureern – analog zum Hund der Kyniker – das Schwein zu.)

57 Forschner, Über das Glück (1994), S. 33.

an Menoikeus erschließen:[58] Dort nennt er die Lust als *Ursprung und Ziel des glückseligen Lebens*, stellt jedoch unmittelbar darauf folgende Überlegungen an: *Sie haben wir als erstes und angeborenes Gut erkannt, und von ihr aus beginnen wir mit jedem Wählen und Meiden [...]. Und gerade weil dies das erste und in uns angelegte Gut ist, deswegen wählen wir auch nicht jede Lust, sondern bisweilen übergehen wir zahlreiche Lustempfindungen, sooft uns ein übermäßiges Unbehagen daraus erwächst. Sogar zahlreiche Schmerzen halten wir für wichtiger als Lustempfindungen, wenn uns eine größere Lust darauf folgt, dass wir lange Zeit die Schmerzen ertragen haben. Jede Lust also ist, da sie unserer Natur entspricht, ein Gut, jedoch nicht jede ist wählenswert; wie auch jeder Schmerz ein Übel ist, aber nicht jeder muss natürlicherweise immer zu fliehen sein. Doch durch vergleichendes Messen und den Blick auf Zuträgliches und Unzuträgliches ist dies alles zu beurteilen. Denn wir verfahren mit dem Gut zu bestimmten Zeiten wie mit einem Übel, mit dem Übel ein andermal wie mit einem Gut.* (*ad Men.* 129f.)

Epikur bezeichnet hier ganz klar die Lust als das höchste Strebensziel, und diese ist für ihn nichts anderes als eine empirische, rein sinnliche, positive Empfindung. Darüber hinaus unternahm der Philosoph jedoch einige Anstrengungen, um ein lustbetontes Leben zu rechtfertigen. Dazu passt auch der Gedanke in Epikurs Lehrsätzen (*KD* 5), dem zufolge es nicht möglich sei, ohne Einsicht, Sittlichkeit und Gerechtigkeit lustvoll zu leben. Der Verdacht eines schrankenlosen Hedonismus wird ausgeräumt, wenn wir erfahren, dass es eines Vernunftkalküls bedarf, eines vergleichenden Messens (s. o.), um zwischen kurzfristigem Genuss und langfristigem Schaden abzuwägen. Um das Maß der Begierden insgesamt möglichst gering zu halten, unterscheidet Epikur zwischen verschiedenen Qualitäten der Lust: *Man muss sich klarmachen, dass von den Begierden die einen natürlich, die anderen leer sind und dass von den natürlichen die einen notwendig, die anderen nur natürlich sind; von den notwendigen wiederum sind die einen zum Glück notwendig, die anderen zur Störungsfreiheit des Körpers, die dritten zum bloßen Leben.* (*ad Men.* 127; vgl. *KD* 29)

58 Im Folgenden wird *hedoné*, wie in allen gängigen Übersetzungen, zur Vereinfachung mit „Lust“ wiedergegeben. Vgl. C.-F. Geyer, Epikur (2020), S. 82: Geyer liefert dort den bemerkenswerten Hinweis, dass das Wort *hedoné* im Menoikeus-Brief insgesamt nur sechsmal vorkommt und in den meisten Fällen, in denen in den Übersetzungen von „Lust“ die Rede ist, im griechischen Original *eudaimonía* zu finden ist oder das Adjektiv *makários*, das die Bedeutung „(glück-)selig“ hat.

Mit leeren Begierden meint Epikur solche, die die Lust erhöhen – zum Beispiel *wenn wir uns in Abständen einmal an eine kostbare Tafel begeben* (*ad. Men.* 131) –, von denen man sich aber keinesfalls so abhängig machen dürfe, dass ihr Entbehren Unlust bereiten könnte. Zu den natürlichen und notwendigen Begierden zählt Epikur einfaches Essen, Kleidung, Befreiung von Schmerz, zu den natürlichen, aber nicht unbedingt notwendigen etwa Sexualität.

9.2.2.4 *Viertes Heilmittel: Ataraxía* gegen Angst vor Leid und Schmerz

Von besonderem Interesse ist der Umstand, dass als glücksrelevant nur solche Begierden angesehen werden, die sich auf die wahre Lust, die ‚Störungsfreiheit' des Körpers beziehen.[59] Epikur hält dazu fest: *Wenn wir also sagen, Lust sei das höchste Gut, dann meinen wir nicht die Lüste der Hemmungslosen und jene, die im Genuss bestehen, [...] sondern: weder Schmerz im Körper noch Erschütterung der Seele zu empfinden.* (*ad Men.* 131) Diesen Zustand bezeichnet Epikur als *ataraxía* (Unerschütterlichkeit) (DL X 136); der Begriff wird ebenso wie die stoische *apátheia* mit dem *α privativum* gebildet, das als Verneinungssilbe dem deutschen „un-" entspricht, und dem Verbum *taráttein* bzw. *tarássein* (verwirren, aufwühlen, erschüttern).[60] Trotz der sprachlichen Parallele und einer gewissen inhaltlichen Nähe ist jedoch ein signifikanter Unterschied zwischen den beiden griechischen Ausdrücken festzuhalten: Die *apátheia* der Stoiker meint das Freisein von Leidenschaften, während Epikurs höchstes Ziel, die *ataraxía*, Erschütterungsfreiheit bezeichnet.

In einem Fragment (Us. 317) können wir lesen, dass Epikur ähnlich wie die Stoiker zwei Seelenteile unterschieden hat – die leidenschaftslose, vernünftige Kraft des *hegemonikón* gegenüber einem empfindenden und leidenden Seelenteil. Für die Erlangung bzw. Erhaltung der *eudaimonía* bedarf es nun einer mit Hilfe des *hegemonikón* herbeigeführten Kontrolle der Schmerzen, damit diese keine Erschütterungen mehr erzeugen können. „Das *hegemonikón*, der leidenschaftslose und rationale Seelenteil, ist der Sitz einer *Einstellung*, die es ermöglicht, dem empfindenden Seelenteil stets ein *Gefühl* der Erschüt-

59 Vgl. Horn, Antike Lebenskunst (2014), S. 98f.

60 Die im Wort enthaltene Verneinungssilbe spiegelt der vom deutsch-amerikanischen Philosophen und Soziologen *Herbert Marcuse* (1898–1979) geprägte und oft zitierte Ausdruck des „negativen Hedonismus" wider, ein den Intentionen Epikurs exakt entsprechender Begriff.

terungsfreiheit zu verschaffen; und zwar durch die Anwendung psychologischer Mechanismen der Schmerzbewältigung.“[61]

Bereits in der Antike wurde Epikurs Gleichsetzung von Lust und Ataraxie (Schmerzfreiheit) als Provokation empfunden: Diese, so meinte Cicero, könne allenfalls als etwas Mittleres zwischen Lust und Schmerz verstanden werden (*De fin.* II 6 ff.). Epikur klärt diesen vermeintlichen Widerspruch mit der Gegenüberstellung verschiedener Zustände von Lust. Anders als die Kyrenaiker, die die Lust ausschließlich als kinetische (*kinetiké*), als eine veränderliche „Lust in Bewegung“ (z. B. während des Essens) verstanden, präferiert Epikur die gleichförmig ruhige „zuständliche Lust“ (*katastematiké*), in der er das unserer Naturanlage entsprechende wahre Telos der *eudaimonia* sieht (DL X 136). Um beim Beispiel des Essens zu bleiben, so wird die wahre Lust nur im Zustand der Sättigung erreicht, also *nach* der Beseitigung von Unlust, in unserem Falle des Hungers. Diese These gewinnt erst bei näherem Hinsehen an Plausibilität. Sicherlich kann niemand leugnen, dass nicht nur das Sattsein, sondern auch schon das Zuführen der Nahrung Lust bereitet; dass dies jedoch keinen Eigenwert besitzt und bloß Mittel zum Zweck ist, lässt sich leicht daran erkennen, dass es im Falle der Maßlosigkeit, nämlich dann, wenn jemand ständig mehr isst, als ihm guttut, zu ernsthaften Problemen führt. Epikur nimmt daher eine Obergrenze des Lustempfindens an, „er tut dies, indem er behauptet, es gebe ein wohlbestimmtes Höchstmaß an Lust, nämlich die vollkommene Unlustfreiheit (*aponía*); sie steht für einen maximalen Erfüllungszustand (*pléroma*)“.[62] Sobald eine bestimmte Lust ihren Maximalwert erreicht, in unserem Falle die Sättigung, ist es gegen jede Vernunft, die Lust steigern zu wollen, wie Epikur festhält: *Keiner der Unvernünftigen begnügt sich mit dem, was er hat, vielmehr quält ihn das, was er nicht hat.* (Us. Frg. 471) Angesichts dieser Überlegungen besteht nun kein logischer Widerspruch mehr, wenn Epikur Lust mit Ataraxie gleichsetzt. Für diesen Zustand wird auch öfter die Metapher des ruhigen Meeres verwendet, dessen Oberfläche nach einem Sturm wieder glatt geworden ist (griech. *galéne* kann sowohl „Windstille“ als auch „ruhige See“ bedeuten).

61 K. Held, Hedone und Ataraxia bei Epikur. Paderborn 2007, S. 80f.

62 Horn, Antike Lebenskunst (2014), S. 95.

Beide Lustformen, sowohl die kinetische als auch die katastematische, lassen sich, so Epikur, bereits im Säuglingsalter festmachen, und demnach ist es die katastematische Lust, die das Kleinkind bereits als Freiheit von Schmerz und Erschütterung in der Wiege erlebt und von der all sein Streben und Wollen ausgeht (sog. *Cradle*-Argument[63]). Da ein Säugling noch nicht über rationale Steuerung bzw. entsprechende mentale Fähigkeiten zur Verfestigung der katastematischen Lust verfügt, werden Erschütterungs- und Schmerzfreiheit jeweils neuerlich von Schmerzzuständen abgelöst, die wiederum über die Zuführung von kinetischer Lust beseitigt werden. So heißt es im *Brief an Menoikeus*: *Nur dann haben wir ein Bedürfnis nach Lust, wenn wir deswegen, weil uns die Lust fehlt, Schmerz empfinden; [wenn wir aber keinen Schmerz empfinden], bedürfen wir auch der Lust nicht mehr.* (*ad Men.* 128) Vor diesem Hintergrund wird klarer, dass der Hedonist Epikur gerade nicht, wie viele es ihm andichteten, von ungezügeltem Genussstreben erfüllt war, sondern eine einfache, asketische Lebensweise gemäß dem Ideal der *autárkeia* postulierte, in ähnlicher Weise, wie sie schon die Kyniker vertraten (s. Kap. 6.1, S. 96).

Der Begriff der *autárkeia*, den wir im Deutschen für gewöhnlich mit „Selbstgenügsamkeit“ oder „Unabhängigkeit“ wiedergeben, ist in diesem Kontext allerdings ein wenig interpretationsbedürftig. Carl-Friedrich Geyer gibt genaueren Aufschluss, wenn er *autárkeia* als einen Zustand umschreibt, „in dem der Einzelne seine Kraft, verstanden als hinlängliche Dauer und Festigkeit, aus sich selbst heraus bezieht [...], eine selbstbezügliche innere Freiheit, die sich aus der Einsicht in die Natur und der Überwindung der Angst herleitet“.[64] Dazu kann ein Hinweis auf eine Stelle aus Epikurs *Brief an Herodot* (82) dienlich sein, in der dieser die *ataraxía* als eine Einstellung des „Sich-gelöst-Habens“ bzw. „Sich-losgemacht-Habens“[65] beschreibt, nämlich von allen

63 Vgl. J. Brunschwig, *The cradle argument in Epicureanism and Stoicism*. In: M. Schofield/ G. Striker (Hgg.): *The Norms of Nature. Studies in Hellenistic ethics*. Cambridge 1987, S. 113–144.

64 Vgl. Geyer, Epikur (2020), S. 99; vgl. auch Hadot, Philosophie als Lebensform (2011), S. 165f.

65 Griech. *ataraxía to toúton pánton apolélysthai*: „Unerschütterlichkeit besteht darin, von alledem losgelöst zu sein.“ Der hier verwendete Infinitiv Perfekt weist gemäß der Zeitenverwendung im Altgriechischen einen resultativen Aspekt auf und drückt

Dingen, die Angst bereiten oder erschüttern könnten, wodurch die aktive Einflussnahme des Subjekts auf seine Gefühle oder Meinungen betont wird.

9.2.3 Das Ideal des epikureischen Weisen und sein ästhetisches Glück

Wie die Stoiker sind auch die epikureischen Philosophen infolge des Verlustes der Polisgesellschaft und ihrer tradierten Werte nicht mehr von Natur aus politische und gesellschaftliche Wesen. Doch anders als die Stoa, die sich ihrer Pflichten gegenüber der Gemeinschaft bewusst ist, zeigen die Epikureer in ihrer Ethik einen ausgeprägten individualistischen Reflex. Dennoch offenbaren auch diese eine soziale Ader, wenn sie sich in autonomer und freier Wahl Freundinnen und Freunde erwerben, mit denen sie in heiterer Gelassenheit fernab von der Politik ein „Leben im Verborgenen“ führen (Us. Frg. 531). In der Distanz zur Welt erfülle sich das Ideal des epikureischen Weisen, der aufgrund vernünftiger Einsicht furcht- und begierdelose Souveränität und Autarkie erlange, die ihn gleichsam zu einem sterblichen Gott mache (*ad Men.* 135). Diese vollkommene und göttergleiche *eudaimonía* stelle sich dann ein, wenn die *ataraxía* als katastematische Lust weder kontingent noch graduierbar, das heißt von keiner Zu- oder Abnahme gekennzeichnet sei, sondern durch die Kraft der Vernunft in einen Zustand der seelischen Erschütterungsfreiheit, der dauerhaft verfügbar ist, überführt werden konnte.

In gewisser Weise knüpft Epikur mit dieser Ansicht an das von Aristoteles entworfene Konzept der theoretischen Lebensform an, allerdings mit einigen grundlegenden Unterschieden. Aristoteles weist entschieden die Interpretation zurück, das Glück mit der Lust als dem höchsten Strebensziel gleichzusetzen, und betont mit Nachdruck den Ernst des Lebens (*EN* X, 6 1176b27ff.). Auch der Gedanke, vollkommenes Glück ereigne sich nur in einer radikalen Distanz zur Außenwelt, liegt Aristoteles gänzlich fern. Epikur hingegen „setzt vollendetes Glück in eine *ästhetische Lebensform*. Die autark gemachte Seele des Weisen vollendet ihr Glück *in heiterer Gelöstheit* von allem unbedingten Streben.“[66] Der Weg zur Erlangung von *eudaimonía* besteht nach

---

damit den erreichten Zustand als das Ergebnis eines vorhergehenden Geschehens aus.

66 Forschner, Über das Glück (1994), S. 24.

Epikur nicht mehr darin, absolut gesetzte Zwecke in ernster und zielgerichteter Tätigkeit zu realisieren; vielmehr erhält das Glück nun den Charakter „eines zweckfreien Spiels, das als solches, weil zwecklos, nicht ausgerichtet auf ein zu Erreichendes, stets vollendet ist".[67] Ähnlich äußert sich später Friedrich Nietzsche, der Epikur wiederholt, sogar unter Lobpreisungen, als wichtigen Zeugen seiner eigenen ästhetisierenden Auffassung des Lebens nennt.[68] Nietzsche versteht darunter die Inanspruchnahme der Kunst für die Ethik als „Lebenskunst" im Gegensatz zu einer streng vorgegebenen, von Normen und Pflichten bestimmten Existenz. Dieser Standpunkt wurde in der Postmoderne durch einen radikal pluralistischen Philosophiebegriff noch weiter vertieft, indem „Fragen der Theorie zu solchen des Stils geworden sind" und „Philosophie insgesamt zur Stilübung".[69]

9.3 *Teil 3:* Skeptizismus

Waren die Stoiker und Epikureer noch davon überzeugt, dass der Mensch die Fähigkeit besitze, von sich aus zur *eudaimonía* zu gelangen, gaben die Skeptiker diesen Anspruch schlichtweg auf, obgleich auch sie in der *ataraxía* (Unerschütterlichkeit) das vollkommene Glück sahen. Sie verglichen diese, ähnlich wie die Epikureer, mit der „Meeresstille des Gemüts": *Glücklich ist, wer ungestört dahinlebt und [...] sich in Ruhe und Meeresstille befindet.* (Sextus Empiricus, *Math.* XI 141)

Um diesen Zustand der Unerschütterlichkeit zu erreichen, bedurfte es für die Skeptiker jedoch nicht der stoischen Tugend der Vernunfterkenntnis, die allein das Glück hervorbringt, und ebenso wenig galt es, mit den Epikureern durch Überwindung von Furcht und Begierde das Glück in der Lust als Freiheit von jeglicher Unlust zu genießen – die Unerschütterlichkeit der Skeptiker bestand schlechthin in einer allumfassenden Gleichgültigkeit.

Nun stellte bereits das Idealbild des epikureischen Weisen nahezu in jeder Hinsicht das Gegenstück zum stoischen Weisen dar. Umso verständlicher

67 Forschner, Über das Glück (1994), S. 44.

68 Vgl. F. Nietzsche, KSA II, S. 575: Dort bezeichnet er Epikur als „Gartengott".

69 Geyer, Epikur (2020), S. 139.

ist es, dass das zusätzliche Auftreten der skeptischen Philosophie die agonale Auseinandersetzung der verschiedenen Schulen intensivierte, Rivalität und Wettstreit der Meinungen beflügelte und mitunter sogar bis zu persönlicher Diffamierung und polemischer Gehässigkeit verschärfte. Konkurrenzdenken lässt sich aber auch schon früher erkennen, vermutlich gab es dieses seit jeher.[70] So soll etwa Platon die Absicht gehabt haben, alle Schriften Demokrits zu verbrennen, sei aber von zwei Pythagoreern davon abgehalten worden mit dem Hinweis, die Bücher Demokrits seien bereits so verbreitet, dass es nutzlos sei, sie nun vernichten zu wollen (DL IX 40). Auffallend ist jedenfalls, dass Platon, der fast aller älterer Philosophen gedenkt, seinen dreiunddreißig Jahre älteren Kollegen Demokrit mit keinem Wort erwähnt. Über die Gründe kann nur spekuliert werden; einerseits zählten naturphilosophische Untersuchungen nicht zu Platons Interessengebiet, andererseits aber könnte er womöglich gerade in Demokrit als dem gleichsam ersten Wissenschaftler einen großen Konkurrenten gewittert haben. In die hellenistischen Schulstreitigkeiten mischte sich nun ein Mann namens Pyrrhon ein, der Begründer des Skeptizismus, der mit seiner äußerst provozierenden These der systematischen Etablierung des Zweifels gegenüber aller Erkenntnissicherheit sämtliche bisher kursierenden philosophischen Meinungen in Frage stellte und somit drohte, diesen ihre Existenzgrundlage zu entziehen.

Die Bezeichnung dieser philosophischen Richtung leitet sich aus dem griechischen Wort *sképtesthai* (spähen, prüfen, untersuchen) ab, womit der Ausgangspunkt der Überlegungen klar gekennzeichnet ist: Die Skeptiker prüften mit ihrer Methode der „Desillusionierung radikalster Art"[71] die großen Wahrheiten, die von anderen Schulhäuptern, namentlich von Stoikern und Epikureern, dogmatisch festgesetzt wurden, und kamen zum Schluss, dass diese schlichtweg unbegründbar und infolgedessen unhaltbar seien. Viele der dabei aufgeworfenen Probleme sind heute noch genauso aktuell wie damals (s. Kap. 10.5, S. 226ff.).

70 Legendär sind auch Auseinandersetzungen späterer Philosophen; so verunglimpfte beispielsweise Schopenhauer die Philosophie Hegels als „Windbeutelei" und „Scharlatanerie".

71 Hochkeppel, War Epikur eine Epikureer? (1988), S. 122.

Die Skepsis als grundsätzlicher philosophischer Standpunkt, der das gesamte Denken längerfristig beherrscht, wird erst in der Zeit nach Alexander dem Großen von **Pyrrhon** von Elis (ca. 360–270 v. Chr.) begründet. Da dieser selbst nichts Schriftliches hinterlassen hat, finden wir neben der Darstellung von Diogenes Laërtios vor allem im *Grundriss der pyrrhonischen Skepsis* (*PH*) des späthellenistischen Schriftstellers und Arztes **Sextus Empiricus** (ca. 200 n. Chr.) eine wertvolle Quelle für die ältere skeptische Philosophie. Unter dessen Namen ist außerdem noch die Schrift *Adversus mathematicos* (Gegen die Wissenschaftler) überliefert. Die Geschichte des griechischen Skeptizismus reicht mit gewissen Unterbrechungen von Pyrrhon bis in das 3. Jahrhundert n. Chr.: Man unterscheidet die ältere Skepsis mit Pyrrhon und seinem Schüler Timon, nach dessen Tod um 230 v. Chr. die alte Skepsis zunächst erlischt; danach den Skeptizismus der mittleren und jüngeren platonischen Akademie, repräsentiert durch Arkesilaos und Karneades. Erst um 40 v. Chr. kam es zu einem Wiederaufleben der pyrrhonischen Skepsis, und so entwickelte sich im 2. Jahrhundert n. Chr. mit den „empirischen" Ärzten eine neue Blüte, vor allem unter dem oben genannten Sextus Empiricus. Es erscheint einsichtig, dass dieser aufgrund seines Berufes ein gewisses Naheverhältnis zu therapeutischer Metaphorik hatte, und so findet sich am Ende seines Werkes ein illustrativer Vergleich zwischen ärztlicher Heilkunst und der Argumentation der Skeptiker: *Der Skeptiker will aus Menschenfreundlichkeit nach Kräften die Einbildung und Voreiligkeit der Dogmatiker durch Argumentation heilen.* (*PH* III 280) Übung, Training und Eingewöhnung sind, wie wir bereits wissen, fixe Bestandteile der philosophischen Praxis hellenistischer Schulen, ebenso der Vergleich mit therapeutischer Heilkunst. In diesem Sinne plädiert Sextus Empiricus auch hier für eine „Heilung durch Vernunft" und eine Befreiung vom Dogmatismus, also der Auffassung, es existiere von Natur aus Wahres und Falsches sowie Gutes und Schlechtes.

9.3.1 Sein und Schein und die „therapeutische Performanz" der Skeptiker

Im Grunde geht die antike Skepsis auf die vorsokratische Metaphysik zurück, denn „diese entspringt einer einfachen Unterscheidung, nämlich der Unterscheidung zwischen *Sein* und *Schein*".[72] Bereits in der frühgriechischen Literatur, im Epos und vor allem in der Tragödie[73] spiegelt sich dieser Gegensatz im Verhältnis von Menschen und Göttern wider, das erst durch den menschlichen Zugang zum *lógos* gesprengt wird. Die Vorsokratiker, besonders Parmenides, aber auch Heraklit und nicht zuletzt Demokrit, der wohl „wissenschaftlichste" von allen, brachen als Erste diese Grenzen auf und erkannten die menschliche Befangenheit in der *dóxa* (Meinung) im Unterschied zum *lógos*, der den Weg zum wahren Sein eröffnet. Hier ist der Ursprung der skeptischen Überlegungen zu verorten, die uns bis zum heutigen Tag beschäftigen. Wichtige Beiträge zur Diskussion dieser erkenntnistheoretischen Positionen leisteten bereits die Sophisten, auch wenn diese die aufgebrochene Differenz von Sein und Schein in gewisser Weise wieder redimensionierten, insofern als mit ihren teils radikalen Denkansätzen einer weitgehenden Relativierung der Dinge Vorschub geleistet wurde.

Nach allem, was wir wissen, handelte es sich beim pyrrhonischen Skeptizismus nicht um eine Schule, sondern vielmehr um eine Kunst- oder Lebensform, eine bestimmte intellektuelle Haltung sowie „eine Form therapeutischer Performanz".[74] Den Skeptikern ging es dabei vorrangig um Überredung anstatt Überzeugung, zumal Letztere einen dogmatischen Lehrinhalt bzw. eine objektive Wahrheit voraussetzte, was ihrem Anliegen jedoch gänzlich

72 M. Gabriel, Antike und moderne Skepsis zur Einführung. Hamburg [3]2021, S. 15.

73 Helden bei Homer werden oft durch *Ate*, die Macht der Verblendung und personifizierte Unheilsgöttin, getäuscht, selbst Zeus, der mächtigste unter den Göttern, wurde einmal von seiner mit *Ate* verbündeten Frau Hera hinters Licht geführt (*Ilias* XIX 91f.). In einer Tragödie des Sophokles gibt der griechische Titelheld *Aias* ein erschütterndes Beispiel für einen durch göttliche Einwirkung herbeigeführten Realitätsverlust ab, indem er in seiner Rachsucht darüber, dass die Waffen des Achilleus nach dessen Tod nicht ihm, sondern Odysseus zugesprochen wurden, von der Göttin Athene verblendet, eine Schafherde statt der Führer der Griechen niedermetzelt. Als er wieder zur Besinnung kommt und sieht, was er angerichtet hat, stürzt er sich in sein Schwert.

74 Gabriel, Skepsis (2021), S. 75.

widersprach. Die Therapie könne indessen nur gelingen, wenn „der Patient (subjektiv) überredet werden kann, dass seine theoretische Einstellung ihm nicht die Freiheit bzw. das Vergnügen verschafft, das sie ihm in Aussicht stellt".[75] Da die therapeutischen Argumente keinerlei Kenntnis vermittelten, müssten sie auch keiner ernsthaften Prüfung standhalten, ihr Ziel bestehe einzig in der Hinführung zur skeptischen Urteilsenthaltung. Sei dieses erreicht, entfalte es eine selbstauflösende Wirkung, *so wie die Abführmittel nicht nur die Säfte aus dem Körper treiben, sondern auch sich selbst zusammen mit den Säften abführen* (Sext. Emp., *PH* I 206). Von späteren Pyrrhoneern wurden hernach sog. *Tropen* (Wendungen, Argumentationen, Weisen der Entgegensetzung) entwickelt, mit deren Hilfe die von Vertretern dogmatischer Richtungen angeführten Behauptungen widerlegt werden sollten (Sext. Emp. *PH* I 36ff.).

9.3.2 Wie kann das Leben eines Skeptikers gelingen?

Sextus Empiricus erklärt sich zunächst einverstanden mit der Kritik, dass skeptische Philosophen keine Lehrmeinung hätten, wenn man darunter *das Hängen an vielen Dogmen* verstehe, *die untereinander und mit den Erscheinungen in logischem Zusammenhang stehen [...]*, schließt jedoch folgende Argumentation an: *Nennt man „Lehrmeinung" aber eine Lebensform, die gemäß dem Erscheinenden einer bestimmten Lehre folgt, wobei diese Lehre vorzeichnet, wie es möglich ist, dass man recht zu leben scheine [....], und wenn sich die Lehre auf die Möglichkeit zur Zurückhaltung erstreckt, dann behaupten wir, eine Lehrmeinung zu haben. Denn wir folgen einer bestimmten Lehre, die uns gemäß dem Erscheinenden ein Leben nach den väterlichen Sitten, den Gesetzen, den Lebensformen und den eigenen Erlebnissen vorzeichnet.* (Sext. Emp. *PH* I 16)

Angesichts dieser Beschreibung stellt sich vor allem die Frage nach der Praktikabilität und Lebbarkeit der skeptischen Philosophie. Einerseits wird auf die „Zurückhaltung" im Sinne der „Urteilsenthaltung" (*epoché*) der Skeptiker verwiesen, ein Vorgehen, das durch einige abschätzige Anekdoten über Pyrrhons Lebensführung bisweilen ins Lächerliche gezogen wurde; diesen zufolge musste der Philosoph aufgrund seines bewussten Ignorierens jeglicher Gefahren des Alltags von seinen Begleitern aus so manchen misslichen

75 Gabriel, Skepsis (2021), S. 76.

Situationen gerettet werden (DL IX 62). Andererseits können sich die Skeptiker freilich nicht durch gänzlichen Handlungsverzicht aus dem Leben zurückziehen und bezweifeln daher auch nicht die Erscheinungen (*phainómena*) und subjektiven Vorstellungen, schließen von diesen jedoch nicht auf eine Natur der Dinge an sich: *Wir halten uns also an die Erscheinungen und leben undogmatisch nach der alltäglichen Lebenserfahrung, da wir durchwegs untätig nicht sein können.* (Sext. Emp. *PH* I 23) In der alltäglichen Lebenserfahrung sehen sich die Skeptiker von der Tradition der Gesetze und Sitten ihrer Heimat geleitet und bleiben bei ihrem erlernten Beruf, jedoch nicht aus persönlicher Präferenz, sondern weil jede andere Orientierung für einen Skeptiker „eine Entscheidung erfordern würde, die er nicht treffen kann, da bei jeder Entscheidung – philosophisch-skeptisch betrachtet – die Gründe gleich viel gelten; um dem zu entgehen, überlässt er sich der Tradition".[76] Demzufolge befinden sich die Skeptiker zum Zeitpunkt ihrer Überlegungen immer schon inmitten einer prädisponierten Lebensform, die auf einem System von Bewertungen beruht, das sie als nicht selbstverantwortet übernehmen, da jegliche sinnvolle Änderung eine Kenntnis objektiver Werte voraussetzte, über die sie nicht verfügen. „Der Pyrrhoneer vermag also nach ganz bestimmten Grundsätzen zu handeln und in philosophischer Hinsicht trotzdem ‚untätig' und passiv zu bleiben, insofern er sich hierin völlig indifferent verhält."[77]

Der Agnostizismus, die erkenntnistheoretische Position der Skeptiker, der zufolge die Dinge für uns schlechterdings unerkennbar sind, gilt in gleicher Weise für den Bereich der Ethik. Gäbe es außerhalb der menschlichen Konventionen von Natur aus Gut und Böse, müsste, so die Skeptiker, *allen* Menschen dasselbe als das Gute und das Böse gelten, was offensichtlich nicht der Fall ist, da Gute oftmals schlecht und Schlechte nicht selten gut leben. So können Wahrnehmungen gegen Argumente und Argumente gegen Wahrnehmungen ausgespielt werden. Mit Gegenüberstellungen dieser Art wollten die Skeptiker auf die Widersprüchlichkeit der Phänomene aufmerksam machen, insofern als sämtliche Positionen miteinander konkurrierten, das heißt im selben Ausmaß glaubhaft wie unglaubhaft seien. Sextus Empiricus führt

76 Niehues-Pröbsting, Die antike Philosophie (2004), S. 196.

77 M. Hossenfelder, Einleitung. In: Sextus Empiricus, Grundriß der pyrrhonischen Skepsis. Frankfurt am Main [10]2021, S. 7.

dazu den Begriff der Isosthenie (*ísos*: gleich, *sthénos*: Stärke) ein, den Standpunkt des „Um-nichts-mehr", dem zufolge jede Erscheinung gleich viel wert ist wie eine andere, alles gleich viel gilt und daher letztlich „gleichgültig" ist.

9.3.3 Die skeptische *ataraxía* und das zufällige Glück

Die Skepsis ist die Kunst, auf alle mögliche Weise erscheinende und gedachte Dinge einander entgegenzusetzen, von der aus wir wegen der Gleichwertigkeit der entgegengesetzten Sachen und Argumente zuerst zur Zurückhaltung, danach zur Seelenruhe gelangen. (Sext. Emp., *PH* I 8) Sextus Empiricus ist davon überzeugt, dass das Ziel der Philosophie, das Erreichen der *ataraxía*, auf dogmatischem Wege nicht möglich ist. Dass der Dogmatiker uns darüber belehren will, was von Natur aus ein Gut und ein Übel ist, kann von ihm nicht gutgeheißen werden, da seines Erachtens aus solchen Festsetzungen ständige Spannungen und Unruhe resultierten. Sei jener nämlich nicht im Besitz der vermeintlichen Güter, so hielte er diesen Zustand für ein Übel und setze alles daran, die Unzufriedenheit durch die Erlangung der Güter zu kompensieren. Sobald er sich aber die Güter erworben habe, befalle ihn noch größere Unruhe, da er von ständiger Angst gequält werde, diese wieder zu verlieren (Sext. Emp., *PH* I 27).

Auch die Skeptiker versuchten durch die Unterscheidung von Gut und Übel ihre innere Ruhe zu finden, konnten aber aufgrund der Gleichwertigkeit gegensätzlicher Argumente kein Urteil fällen. Doch als sie sich des Urteils enthielten, folgte ihnen *wie zufällig die Seelenruhe wie der Schatten dem Körper* (Sext. Emp., *PH* I 29). Hier, so wendet *Julia Annas* ein, offenbare sich allerdings ein gewisser Widerspruch, da der Schatten dem Gegenstand nicht zufällig folge, sondern zwangsläufig.[78] Demgegenüber versucht *Katja Maria Vogt* zu klären, die beiden Bestimmungen könnten dadurch miteinander verbunden werden, dass man sie unter dem Aspekt einer übergreifenden zeitlichen Vorstellung betrachtet. Der Zufall (des Moments) erkläre sich daraus, dass die Seelenruhe nicht direkt intendiert werden könne, während der Schatten die Regelmäßigkeit der Verbindung beider Zustände betone.[79]

So wie sich das Erreichen der Seelenruhe absichtslos ergibt, so ereignet sich auch das Glück der Skeptiker zufällig: „*And happiness, in the form of*

---

78 Vgl. Annas, *The morality of Happiness* (1993), S. 352.

79 Vgl. Katja Maria Vogt, Skepsis und Lebenspraxis. Freiburg/München ^{2}2015, S. 177.

peace of mind, follows 'by chance', tychikós.“ [80] Im von Julia Annas zitierten griechischen Wort *tychikós* steckt das Wort *tyche,* das wie das lateinische *fortuna* das Zufallsglück bezeichnet. Dies wird von einer bekannten Anekdote illustriert, die über Apelles, einen der größten Maler der Antike und Zeitgenossen Alexanders des Großen, erzählt wird. *Dieser wollte,* so heißt es, *beim Malen eines Pferdes dessen Schaum auf dem Gemälde nachahmen: Das sei ihm so misslungen, dass er aufgab und den Schwamm, in den er die Farben vom Pinsel abzuwischen pflegte, gegen das Bild schleuderte. Als dieser auftraf, habe er eine Nachahmung des Pferdeschaums hervorgebracht.* (Sext. Emp. *PH* I 28)

Um die beabsichtigte Paradoxie dieser Anekdote zu durchschauen, ist ein wesentlicher Unterschied zum modernen Verständnis ästhetischer Kunst zu berücksichtigen. In diesem Zusammenhang ist *Michel Foucault* (1926–1986) zu nennen, einer der bedeutendsten Denker des 20. Jahrhunderts, der sich in seiner letzten Schaffensphase intensiv mit dem Studium antiker Texte und dem lebenspraktischen Modell der „Sorge um sich“ beschäftigte. In seinem Werk *Ästhetik der Existenz* (2007) unternimmt er den Versuch einer Aktualisierung dieser antiken Denkfiguren, indem er abseits von normativen Bestimmungen und vorgegebenen Wissensinhalten der Kunst den Vorrang einräumt und für eine Lebensform plädiert, die darauf abzielt, das eigene Ich als Kunstwerk zu gestalten. Pierre Hadot[81] widerspricht der Ansicht Foucaults und warnt vor einem direkten Vergleich des modernen mit dem antiken Ästhetikbegriff: Die philosophische Ästhetik der Neuzeit verstehe unter Kunst eine geniale Schaffenskraft und ebensolche Produktion, die rational nicht erklärbar und daher auch nicht lern- bzw. lehrbar sei, in Summe das Gegenteil von Wissenschaft. Hingegen habe die pyrrhonische Skepsis – wie es auch für die Epikureer zutrifft – die Funktion einer *téchne* (Kunst[fertigkeit]), eines von Wissen angeleiteten Handelns, dessen Können aus systematischer Unterweisung resultiere, wie beispielsweise in der Medizin oder Rhetorik.[82] Schon bei Aristoteles heißt es: *Ein Arzt überlegt nicht, ob er heilen, ein Redner nicht, ob er überzeugen, ein Politiker nicht, ob er eine gute Rechtsordnung schaffen soll [...]. Sie setzen vielmehr das Ziel und überlegen dann, wie und wodurch es zu verwirklichen*

80 Annas, *The morality of Happiness* (1993), S. 352.

81 Vgl. Hadot, Philosophie als Lebensform (2011), S. 179.

82 Vgl. Niehues-Pröbsting, Die antike Philosophie (2004), S. 197f.

ist. (*NE* III 5, 1112b12–16) Dies gilt auch für die skeptische Lebensform, wobei die Pyrrhoneer erkannt haben, dass sie, sobald der Anschein gleichgewichtiger Argumente eintritt, die innere Ruhe nur dann finden können, wenn sie die Frage nach der „Wahrheit" abbrechen. Dabei wird die Isosthenie durch gezielte Technik herbeigeführt, indem die Skeptiker einerseits darauf verzichten, allgemein verbreitete Überzeugungen zu verteidigen, da diese ausreichend Stütze im Common Sense finden, und andererseits bemüht sind, weniger glaubhafte Ansichten zu stärken, um auf diese Weise die Menschen schließlich zur Urteilsenthaltung zu bringen.[83]

Malte Hossenfelder[84] macht zu Recht darauf aufmerksam, dass das Wort *epoché* zweierlei Bedeutungen umfasst: zum einen die Urteilsenthaltung, zum anderen das Innehalten (auf der Suche nach dem Wahren), wobei diese beiden Erklärungen auch von Sextus Empiricus selbst nicht klar voneinander geschieden werden (Sext. Emp., *PH* I 196 u. I 26). Jedenfalls waren die Pyrrhoneer davon überzeugt, dass allein die Gleichgültigkeit zum Glück führe und *der Dogmatiker nie glückselig wird* (Sext. Emp., *Math.* XI 114). Wie aber kann man sich die Gleichsetzung von Indifferenz und Glückseligkeit vorstellen? Da diese, so die Skeptiker, nicht jederzeit verfügbar sei und außerdem durch unverfügbare, von außen forcierte Erlebnisse und Beunruhigungen (*tarachai*) beeinträchtigt werden könne, sei es geboten, wie gegenüber allem anderen, gelassene Distanz zu bewahren und das Glück nicht zum unbedingten Ziel zu erheben. „Die Pyrrhoneer waren damit die ersten, die annahmen, daß man das Glück immer verfehlen werde, wenn man es direkt anstrebe."[85] Die Lösung für das Problem, im Glück das höchste Gut zu sehen und es gleichzeitig nicht als solches anzustreben, liegt für die Skeptiker einfach darin, so Hossenfelder, „daß wir das Glück deswegen nicht anstreben können, weil wir nicht wissen, worin es besteht".[86] Dieses Nichtwissen hilft, die innere Ruhe zu erlangen, und bewahrt uns vor allzu hartnäckigen und möglicherweise verfehlten Anstrengungen, das Glück unbedingt erreichen

---

83 Vgl. F. Ricken, Antike Skeptiker. München 1994, S. 109f.; vgl. Sext. Emp., *Math.* VII 443. Diese Argumentation erinnert in gewisser Weise an die sophistische Maxime, *das schwächere Argument zum stärkeren zu machen* (DK 80 B 6), s. Kap. 4.2, S. 68.

84 Vgl. Hossenfelder, Grundriß (2021), S. 56.

85 Hossenfelder, Antike Glückslehren (2013), S. 294.

86 Ebd.

zu wollen. Es gilt im weitesten Sinne jeglichen darauf abzielenden Eifer zu vermeiden, denn „glücklich wird [...] allein derjenige, der die Suche nach dem Guten an sich ohne Gründe aufgibt. Denn nur so kann es gelingen, sich von der Mühsal der Erkenntnis des Guten, die stets in einen Widerstreit führt, zu entlasten.“ [87] Würde die Gleichgültigkeit ebenso als absolutes Gut (und Bedingung der Glückseligkeit) angestrebt werden, wäre Ataraxie gänzlich unmöglich, da diese durch strebensbedingt ständig wechselnde Affektlagen stets verhindert würde.

Die Dogmatiker waren davon überzeugt, das Glück aus eigener Initiative erreichen zu können. Um sich angesichts der Fülle an Handlungsmöglichkeiten zu orientieren und in der Lage zu sein, aus eigener Entscheidung Werte zu setzen und nicht fehlzugehen, benötigten sie jedoch Wissen und Erkenntnis der wahren Natur des Menschen und der Dinge. Im Gegensatz dazu mussten die Pyrrhoneer als Rechtfertigung ihrer passiven Gleichgültigkeit die „*Unmöglichkeit* einer vernünftigen eigenen praktischen Wertsetzung beweisen und außerdem zeigen, daß sie auch keine notwendige Bedingung der Möglichkeit, *überhaupt* glückselig zu werden, sei. Das war [...] nur möglich um den Preis einer radikalen Verunsicherung des menschlichen Daseins.“ [88] So wird für einen Skeptiker das Glück erfahrbar, aber nicht ergründbar, in dem Sinne, „daß ich es zwar merke, dass ich glücklich bin, wenn ich gleichgültig bin, dass ich aber nicht erkennen kann, ob dieses ein bloßer Zufall ist oder ob die Gleichgültigkeit das Glück bedingt.“ [89] Der Mensch, so die Pyrrhoneer, dürfe keine wahre Erkenntnis darüber besitzen, woran seine augenblickliche Glücksempfindung im Zustand der Gleichgültigkeit geknüpft ist, damit er nicht angesichts der Aussichtslosigkeit aller eigenen Glücksinitiativen in Resignation verfalle und ihm sein Wohl selbst gleichgültig werde. [90]

A priori ist die antike Skepsis jedenfalls gänzlich frei von Resignation, während ein moderner Skeptiker geradezu ein Verwandter des Pessimismus zu sein scheint, da sich sein Zweifel prinzipiell auf Hoffnungen, nicht auf Befürchtungen richtet, wobei der Ausdruck „an etwas zweifeln“ mitunter schon

87 Gabriel, Skepsis (2021), S. 79.

88 Hossenfelder, Grundriß (2021), S. 42.

89 Ebd., S. 43.

90 Vgl. ebd., S. 87f.

die Bedeutung „ver-zweifeln“ annimmt.[91] Von Pessimismus ist in der antiken Skepsis jedoch nichts zu finden, schon allein deswegen, weil sich die Pyrrhoneer als Lohn ihres Zweifels nichts Geringeres als das Glück im Zustand der Seelenruhe versprachen.

91 Vgl. Hochkeppel, War Epikur ein Epikureer? (1988), S. 121.

10 Zusammenfassung, Wirkungsgeschichte, Aktualität

Allen antiken Ethikkonzeptionen ist der teleologische Charakter im Sinne einer Zielbestimmung gemeinsam, wobei die *eudaimonía*, das Glück, als höchstes Telos angenommen wird. Einzig die Kyrenaiker bauten den Eudämonismus zu einem Hedonismus um und setzten als oberste Maxime des Handelns die Lust an. Was die Entwicklung eines konsistenten Moralitätsbegriffs anbelangt, so dominierten zunächst Formen von Standesethik und eine an die Polisgemeinschaft gebundene Moral mit ihren Klugheitsregeln. Es finden sich aber auch schon in der vorphilosophischen Epoche, bei frühgriechischen Dichtern oder in der Tragödie, erste Ansätze von Moralität, indem einzelne allgemeinverbindliche ethische Aussagen formuliert wurden. Mit der geistesgeschichtlichen Wende *vom Mythos zum Logos* und dem Hervortreten der vorsokratischen Naturphilosophen lassen sich erstmals, etwa bei Heraklit oder Pythagoras, konkretere Umrisse einer philosophischen Ethik erkennen. Der bekannte Atomist Demokrit war der erste Vorsokratiker, der maßgeblich an der Entwicklung eines verinnerlichten Eudämoniebegriffs im Sinne eines eigenständigen, selbstbestimmten Lebens beteiligt war. Zur Erlangung des Glücks einer harmonischen Lebensführung wies er als Erster den Weg der Vernunft, der mit Platon und Aristoteles zur Vollendung kommen sollte. Seine auf Aristoteles vorverweisende Einsicht bezüglich eines funktionierenden Staatswesens war ebenso bahnbrechend wie der erstmals von ihm verwendete Begriff der *syneídesis* für die Instanz eines „Gewissens", mit dem er in Verbindung mit *aidós* (Schamgefühl, Achtung, Ehrfurcht) bereits Gedanken der kantischen Ethik vorwegzunehmen schien.

Die Sophisten rückten den Begriff der Tugend (*areté*) und die Frage nach ihrer Lehrbarkeit ins Zentrum der Betrachtungen und eröffneten auf der Basis rhetorischer Schulung und reichhaltiger Bildungsangebote den Diskurs über das „gute Leben". Vor dem Hintergrund der konträr diskutierten *physis-nomos*-Problematik zogen sie allerdings aus den jeweils eingenommenen

Positionen äußerst widersprüchliche moralische Schlussfolgerungen, sodass die Frage nach der *areté* und dem Glück größtenteils einem relativierenden Subjektivismus unterworfen wurde.

Als Gegenreaktion auf die Positionen der Sophisten, die sie für den politischen und gesellschaftlich-moralischen Verfall ihrer Zeit verantwortlich machten, suchten Sokrates und Platon nach dem einen wahren Guten und entwickelten auf dieser Grundlage ihre affektive Strebensethik mit der Idee eines allgemeinen Glücksstrebens. Auch wenn viele der platonisch-sokratischen Dialoge, historisch gesehen, die gleiche Thematik behandeln wie die Reden der Sophisten, namentlich die Untersuchung der Tugenden, des Guten, des Tapferen, des Gerechten etc., ist Sokrates' Handlungsorientierung entgegen dem sophistischen Relativismus vom Maßstab einer autonomen Vernunft bestimmt. Die bereits von Demokrit in Ansätzen vorgenommene intellektualistische Moralisierung des Glücksbegriffs wurde zum zentralen Element der sokratischen Ethik und ist in nahezu allen nachfolgenden Glückskonzeptionen verankert.

Aus den sog. kleineren sokratischen Schulen ergaben sich bemerkenswerte Ergänzungen und wertvolle Impulse zu Sokrates' Moralphilosophie und seiner vorbildhaften Lebensführung, allen voran durch das Wirken der Kyniker. Diogenes, der „verrückt gewordene Sokrates" (*Sokrátes mainómenos*), erregte Aufsehen mit seiner radikalisierten sokratischen Lebensform, indem er sein kompromissloses Streben nach Autarkie mit beißendem Spott und respektloser Verhöhnung der geltenden Konventionen auslebte. Dahinter stand jedoch sein durchaus ernstzunehmendes Anliegen, seinen Mitmenschen durch sein praktisches Beispiel vorzuführen, wie man glücklich leben könne, wobei er die sokratische Einsicht der Autarkie der Tugend zur Erlangung des Glücks mit dem kynischen Ideal der Bedürfnislosigkeit verband.

Auch Platon, der als wichtigste Quelle der sokratischen Philosophie gilt und in seinen frühen Dialogen mit den Ansichten seines Lehrmeisters übereinstimmt, vertritt einen intellektualistischen Standpunkt, dem zufolge derjenige, der das Wissen vom Guten hat, auch gut handelt, andererseits niemand freiwillig, sondern nur aus Unkenntnis Schlechtes tut. Da Platon in der Tugend die intellektualistische Vervollkommnung der Seele sieht, entwickelt er dazu seine dreigeteilte, mit den Kardinaltugenden korrespondierende Seelenlehre, auf deren Grundlage er den Weg zur philosophischen Erkenntnis und Schau der höchsten Idee des Guten und Gerechten weist. Diese führt schließlich zur Erlangung der *eudaimonía*, der Glückseligkeit, die sich ereignet, wenn der Philosoph nach einer inneren Läuterung und Umkehr (*periagogé*) das in ihm angelegte Erkenntnisvermögen zur Entfaltung bringt.

Ebenso sieht Aristoteles das höchste Glück im *bíos theoretikós*, einer dem Denken und Erkennen gewidmeten philosophischen Existenz, auch wenn er in seinem Ethikentwurf eine grundsätzliche Abkehr von der metaphysischen Konzeption seines Lehrers vollzieht. Anders als Platon, dessen Zielsetzung in der Erkenntnis der Tugend lag, fokussiert Aristoteles auf den Vollzug (*enérgeia*) tugendhafter Handlungen, wobei er das Streben nach Glück als anthropologische Grundkonstante voraussetzt. Die *eudaimonía* als das sittlich gute und gelingende Leben entfaltet bei Aristoteles ihr volles Bedeutungsspektrum. Da jedem Lebewesen sowie auch Dingen und Gegenständen ein ihnen jeweils eigentümliches „Gutsein" (*érgon*) zukommt, erkennt Aristoteles das spezifisch menschliche *érgon* in der Vernunfttätigkeit, woraus er den Schluss zieht, dass das vollendete Glück aus einer möglichst häufigen und intensiv vollzogenen Ausübung dieses Spezifikums resultiert, i. e. im *bíos theoretikos*, in der Hingabe an die Philosophie.

10.1 Wiederbelebung der aristotelischen Tugendethik

Eine besondere Bedeutung nimmt die von Aristoteles in mehreren Büchern seiner *Nikomachischen Ethik* ausgearbeitete Tugendlehre ein, die in den letzten Jahrzehnten des 20. Jahrhunderts einen unerwarteten Aufschwung erfahren hat. *Thomas A. Szlezák* merkt dazu an, „dass nach zwei Jahrhunderten der Dominanz der kantischen Sollens-Ethik die aristotelische Konzeption wieder als gleichberechtigte philosophische Möglichkeit diskutiert wird".[1] Hier sind neben *Elizabeth Anscombe* (1919–2001) vor allem *Alasdair MacIntyre* (*1929)[2]

1 Szlezák, Was Europa den Griechen verdankt (2010), S. 250f.

2 Zum Beispiel: *Dependent Rational Animals. Why Human Beings Need the Virtues*, London 1999 (dt.: Die Anerkennung der Abhängigkeit. Über menschliche Tugenden, Hamburg 2001).

und *Philippa Foot* (1920–2010)[3] zu nennen. Der schottisch-amerikanische Philosoph Alasdair MacIntyre, einer der profiliertesten Vertreter einer Rehabilitierung der aristotelischen Tugendethik, sieht das Projekt einer rationalen Grundlegung moralischen Handelns im Gefolge der Aufklärung für gescheitert an. Zur Überwindung der herrschenden Traditions- und Bindungslosigkeit, die seiner Auffassung nach ein moralisches Kernproblem darstellt, postuliert er als Vertreter des Kommunitarismus eine kooperative Praxis, in der das Individuum seine soziale Rolle in der Familie, aber auch die Verantwortung gegenüber der Gesellschaft anerkennt. MacIntyres Berufung auf die aristotelische Tugendethik wird von Christoph Horn allerdings kritisch beurteilt, insofern als jener die zentrale Stellung der Vernunft bei der Ausübung der Tugend zu sehr vernachlässige und zudem den antiken Tugendbegriff in einer von Aristoteles anders intendierten Weise als gemeinschaftsabhängig interpretiere.[4]

Ferner versuchte der englische Philosoph *Bernard Williams* (1929–2003) im Rückgriff auf Aristoteles nachzuweisen, dass der moderne christlich-kantisch geprägte Moralbegriff vor dem Hintergrund eines komplexen Systems kategorischer Verpflichtungen unangemessen erscheint. Er postulierte unter Berufung auf die aristotelische Ethik die Entwicklung einer neuen internalistischen Perspektive des Reflektierens und der Besinnung auf eigene Dispositionen und Fähigkeiten unter Berücksichtigung sozial abgestimmter Gütervorstellungen. Außerdem beschäftigte er sich eingehend mit antiken Moralitätsvorstellungen im griechischen Epos und in der Tragödiendichtung und kam zum Schluss, dass frühgriechische Vorstellungen von Autonomie, Verantwortlichkeit und moralischer Schuld aus dem Blickwinkel später entwickelter ethischer Positionen missverstanden wurden. Entgegen der Auffassung von *Bruno Snell*[5], der zufolge die Figuren der homerischen Epen in Ermangelung einer subjektiven Identität weitgehend heteronom, das heißt von den Göttern gesteuert und daher auch noch nicht selbst für ihre Taten

3 Zum Beispiel: *Virtues and Vices and Other Essays in Moral Philosophy*. Oxford 1978; *Moral Dilemmas. And Other Topics in Moral Philosophy*. Oxford 2002; *Natural Goodness*. Oxford 2001 (dt.: Die Natur des Guten. Frankfurt am Main 2004).

4 Vgl. Horn, Antike Lebenskunst, S. 252.

5 Vgl. B. Snell, Die Entdeckung des Geistes. Göttingen [9]2009, S. 13–44.

verantwortlich seien, sah Williams sehr wohl eine menschliche Eigenverantwortung, allerdings im Kontext eines normativen, maßgeblich von Fremderwartung geprägten Selbstbildes. Dies bedeute jedoch nicht, dass der Begriff der Scham nicht auch das Sichbewusstwerden von Schuld, Buße oder Reue inkludiert habe und demnach bereits konstitutive moralische Elemente einer Schuldkultur in sich getragen habe (s. Kap. 3.6, S. 58f.). Eine auf eigener rationaler Kontrolle beruhende moralische Handlungsbewertung habe sich, so Williams, allerdings erst in der Dreiseelentheorie der platonischen *Politeia* abgezeichnet.[6]

Die österreichische Ethikerin *Herlinde Pauer-Studer* hält hingegen eine Abgrenzung der Tugendethik von anderen ethischen Theorien für wenig sinnvoll und plädiert stattdessen für eine Verbindung von Tugendethik mit Elementen der Prinzipienethik: „Die Frage, welche Person ich sein möchte oder sein soll, lässt sich nicht scharf abgrenzen von der Frage, was ich tun soll."[7]

10.2 Lebenskunstmodelle – damals und heute

Gegen Ende des vergangenen Jahrhunderts setzte mit der Postmoderne ein breites öffentliches Interesse an antiken Lebenskunstmodellen ein, das einen verstärkten Wunsch nach einem autonomen Vernunftgebrauch, nach freier Lebensgestaltung und nicht zuletzt solider Gelassenheit signalisierte. In Zusammenhang mit dem letztgenannten Begriff wird heute oftmals das Wort „Resilienz" (lat. *resilire*: zurückspringen, abprallen) verwendet, ein aus der Entwicklungspsychologie stammender Terminus, der nicht nur als bereits angeborene immunisierende Widerstandsfähigkeit gegenüber extremen Belastungen und traumatischen Ereignissen verstanden wird, sondern auch als ein durch entsprechendes Training lenkbarer Prozess. Der Bedarf an solchen Übungen und therapeutischen Hilfestellungen scheint aktuell stark anzusteigen, was wohl auch mit derzeitigen dramatischen Umbrüchen erklärt werden kann. Schon seit längerer Zeit mehren sich die Anzeichen einer

6 Vgl. B. Williams, *Shame and Necessity*. Berkeley/Los Angeles 1993, S. 42f.

7 H. Pauer-Studer, Einführung in die Ethik. Wien [3]2020, S. 110f.

weitgehenden Verunsicherung der europäischen Gesellschaften, in denen sich das einzelne Individuum in einer von Werten zunehmend erodierten christlich-abendländischen Lebenswelt mit Traditions- und Bindungslosigkeit, allgemein anwachsender Leere, aber auch breit geschürten Ängsten vor allem Fremden konfrontiert und auf sich selbst zurückgeworfen sieht. Hierin könnte man durchaus Parallelen zu den gesellschaftlich-kulturellen Umwälzungen der hellenistischen Epoche sehen. Auch angesichts der für unsere Umwelt zusehends bedrohlicheren Folgen des Klimawandels und damit einhergehender massiver Verluste natürlicher Ressourcen mag eine Erinnerung an die epikureische Bedürfnisökonomie oder den stoischen Appell, gemäß der Natur zu leben, hilfreich sein. Zudem wurden wir in jüngster Vergangenheit Zeuginnen und Zeugen weiterer dramatischer Verwerfungen, wie des Ausbruchs einer weltweiten Pandemie und des Beginns eines Krieges in Europa mit größtenteils noch unabsehbaren Konsequenzen. So wurde kürzlich von Seiten der WHO eine starke Zunahme psychischer Krankheiten verzeichnet – Fälle von Depressionen und Angststörungen seien allein im ersten Pandemiejahr weltweit um 25 Prozent gestiegen – und gleichzeitig vor den fatalen Folgen einer bereits seit Jahrzehnten festzustellenden Vernachlässigung mentaler Gesundheit gewarnt.[8]

Nun könnte in psychischen Krisen befindlichen Menschen zu ihrer inneren Stabilisierung gerade auch die Betrachtung antiker Lebenskunst- und Glücksmodelle dienlich sein, deren zeitlos gültige Inhalte sinnstiftende Angebote und Hilfestellungen für ein „gutes, gelingendes Leben" bereithalten. Die Griechen entwickelten mit ihrer Leidenschaft für das Denken in einzigartiger Weise praktikable Lebens- und Glückskonzepte auf einer vernünftigen theoretischen Grundlage, sodass man „im Vergleich zu den schrillen und hohlen Klängen derzeitiger Gegenaufklärer [...] aus jenen Lehren allemal noch die Stimme der Vernunft vernimmt".[9] So kann das, was oft als fern und fremd angesehen wird, unvermutet nahe und vertraut erscheinen und uns über die Jahrtausende hinweg erreichen.

8 Vgl. https://www.diepresse.com/6153570/starker-anstieg-bei-psychischen-krankheiten-durch-corona (Zugriff am 17. 6. 2022).

9 Hochkeppel, War Epikur ein Epikureer? (1988), S. 12.

Eine der bereits erfolgreich entwickelten Initiativen, die sich in reichem Maße der antiken Lebenskunstmodelle bedienen, ist die Etablierung „Philosophischer Praxen“, deren Vorteil gegenüber psychologischen bzw. psychotherapeutischen Therapiekonzepten darin liegt, die Probleme ihrer Klientel mittels philosophischer Beratung undogmatisch und phänomennah zu behandeln, um Menschen, die sich in Sinnkrisen befinden, sich selbst aber nicht als ‚krank‘ sehen, abseits starrer therapeutischer Richtlinien einen offeneren, gleichzeitig aber auch geistig herausfordernden Weg zu eröffnen.[10] Die erste Philosophische Praxis wurde von *Gerd B. Aschenbach* 1981 in Bergisch Gladbach gegründet, auf ihn geht auch der Begriff der „Lebenskönnerschaft“ (Titel eines Buches) zurück. Aschenbach hält darin im Vorwort den Unterschied zwischen „Lebenskunst“ und „Lebenskönnerschaft“ in mehreren Sentenzen fest. Hier eine Auswahl: „Die Idee der Lebenskunst ist das *Glück;* Lebenskönnerschaft bewährt sich darin, des Glückes *würdig zu sein.* Der Lebenskünstler *gibt* seinem Leben einen *Sinn,* der Lebenskönner *erfüllt* ihn. Lebenskunst sucht den *Genuß* des Lebens; Lebenskönnerschaft sucht vom falschen, faden, auch fadenscheinigen Leben zu *genesen.* Gibt der Lebenskünstler auf die Frage des Lebens eine *Antwort,* sucht der Lebenskönner die *Frage,* deren Antwort das Leben ist.“[11]

Zudem haben sich didaktische philosophische Modelle profiliert, die sich mit der Methode des sokratischen Gesprächs im Rahmen der „Universität für Kinder“[12] an junge Menschen, aber auch an ein allgemein interessiertes Publikum wenden. Ferner entwickelte sich ein breit gestreutes Angebot an populärer philosophischer Literatur sowie an diversen Diskussionsforen und Publikumszeitschiften, in denen häufig auf Themen der antiken Moralphilosophie zurückgegriffen wird. Auf der Suche nach dem glücklichen Leben ist jedoch in jedem Fall Wachsamkeit und selektives Vorgehen geboten, da im Bereich der Selbstsorgemodelle beachtliche Qualitätsunterschiede zu finden sind: Akademischen Initiativen zu antiken eudämonistischen Konzepten

10 Zum Beispiel: A. Pfabigan, Philosophie hilft! Alltag und Theorie zwischen Sokrates und Freud in der Philosophischen Praxis Märzstraße. Timmdorf/Malente 2021. Der Autor führt seit 2013 eine „Philosophische Praxis“ im 15. Wiener Gemeindebezirk.

11 G. B. Aschenbach, Lebenskönnerschaft. Freiburg 2001, S. 9

12 Zum Beispiel: E. Martens, Philosophieren mit Kindern. Eine Einführung in die Philosophie. Stuttgart 1999.

steht eine inzwischen zu einem florierenden Wirtschaftszweig angewachsene moderne ‚Lebenskunst- und Glücksindustrie' gegenüber, in der der Topos der antiken Glücksethik zugunsten populistischer Ratschläge, pseudophilosophischer Anleitungen oder psychologischer ‚Selbstfindungskonzepte' in den Hintergrund tritt. In Ermangelung einer seriösen und tiefer greifenden Auseinandersetzung werden gehaltvolle Themen vielfach ohne den jeweils notwendigen Kontext auf wahllos eklektizistisch angeführte, bloß dem gesunden Menschenverstand entsprechende, vereinfachte ‚Lebensweisheiten' reduziert, deren Präsentationen im ungünstigsten Falle auch zu Missverständnissen und falschen Auslegungen führen können.

Von essenzieller Bedeutung, aber heute weitgehend vergessen oder überhaupt unbekannt ist, dass die gesamte antike Philosophie, und umso mehr die Ethik, in ihrem Wesen auf das Ziel einer philosophischen *Lebensform* bezogen ist, wobei dieser Anspruch zugleich das wichtigste Unterscheidungsmerkmal im Vergleich zur modernen Philosophie bildet. Auch wenn Philosophiehistoriker im Allgemeinen der Tatsache, dass die antike Philosophie vor allem eine Lebensweise darstellt, wenig Beachtung schenkten, könne, so Pierre Hadot, die Wirkungsgeschichte des antiken Lebenskunstmodells aufgrund seiner schlüssig ausgearbeiteten theoretischen Grundlagen in ihrer Kontinuität bzw. Diskontinuität über die Epochen hinweg bis in heutige Zeit verfolgt werden.[13]

Aktuelle Glücksrezepte greifen in der Regel auf die Themen der beiden großen hellenistischen Schulen des Epikureismus und der Stoa zurück. Dass auch die Lebensweise des Skeptizismus einen bis heute fortdauernden Widerhall erzeugt, wird im Anschluss noch zu zeigen sein.

In diesem Kontext weist die Philosophin *Barbara Schmitz* in ihren Reflexionen über ein lebenswertes Leben[14] auf einen der bedeutendsten Ansätze der zeitgenössischen Soziologie hin: die Theorie der Resonanz von *Hartmut Rosa*[15]. Schmitz unterstreicht die Wichtigkeit dieser Form der Weltbegeg-

13 Vgl. Hadot, Philosophie als Lebensform (2011), S. 170ff.

14 Vgl. B. Schmitz, Was ist ein lebenswertes Leben? Philosophische und biographische Zugänge. Stuttgart 2022, S. 48f.

15 H. Rosa, Resonanz. Eine Soziologie der Weltbeziehung. Frankfurt am Main 2016. Ergänzend: H. Rosa, Unverfügbarkeit. Wien/Salzburg 2018.

nung angesichts der dramatischen Folgen zunehmender Beschleunigung und eines damit einhergehenden Optimierungsdrucks von Seiten der Gesellschaft, der für viele Menschen Entfremdung, Depression und Burnout bedeute. Seine warnende Stimme erhob auch der Philosoph und Ethiker *Ferdinand Fellmann* (1939–2019), der im Anschluss an *Dieter Birnbacher* (*Philosophie des Glücks*, 2005) auf ein für postindustrielle Erlebnisgesellschaften typisches Phänomen hinweist: Den Menschen werde eine nahezu unbeschränkte Verfügbarkeit von Glücksgütern suggeriert, was die Gefahr einer Manipulierung berge, indem diese einem kollektiven Wahn zum Opfer fielen und das Glück, letztlich reduziert auf Sichwohlfühlen oder Spaßhaben, Gefahr liefe, seinen eigentlichen Wert gänzlich zu verlieren.[16]

10.3 Aktualität der epikureischen Glücksethik

Diejenige Lebensform der Antike, die heute vermutlich die größte positive Resonanz erzielt, ist die epikureische, vordergründig verstanden als eine auf dem Lustprinzip basierende, genussvolle Lebensweise, in der auch die *eudaimonía* relativ einfach erreichbar zu sein scheint. Dafür steht das weithin bekannte „*carpe diem*"-Motiv aus Horaz' Oden (I 11): *[...] Sapias: vina liques et spatio brevi/spem longam reseces. Dum loquimur, fugerit invida/aetas: carpe diem, quam minimum credula postero. (Sei klug: kläre den Wein und beschränke langwährende Hoffnung auf kurze Dauer. Während wir sprechen, ist die neidische Zeit schon entflohen: Nütze den Tag, möglich wenig traue dem folgenden.)* Hier findet sich der Wein als Symbol des Lebensgenusses des epikureischen Weisen (*sapias!*) und erinnert daran, dass nach der Überlieferung Epikur selbst der Nachwelt das Beispiel eines abgeklärten Weisen hinterlassen habe, indem er, obgleich von starken Schmerzen gequält, diese mit dem Genuss von Wein zu lindern versuchte und bis zum Tode mit den Freunden philosophierte. Bei Horaz tritt auch deutlich der paränetische (s. Kap. 1.5, S. 19f.) Charakter zutage, indem der Dichter seine Ratschläge hier einem Mädchen mit dem sprechenden Namen *Leukonoë* (griech. *leukós*: weiß, klar, hell; *noos/nous*: Geist, Verstand) erteilt.

16 Vgl. F. Fellmann, Philosophie der Lebenskunst. Hamburg 2009, S. 163f.

Doch auch wenn Epikurs Botschaften bis heute nichts an Aktualität eingebüßt haben und der angestrebte Zustand einer lustvollen Glückseligkeit nahe und ohne große Mühe greifbar erscheint, handelt es sich beim epikureischen Glücksbegriff keineswegs um ein kontingentes Phänomen, andernfalls könnte Epikur auch keinen Erfolg versprechenden Weg zur Erlangung der *eudaimonía* aufzeigen. Auch die epikureische Lehre misst wie jede antike Ethik und Glückskonzeption moralische Handlungen an allgemein-verbindlichen Maßstäben und objektiven Glückskriterien und ist weitaus vernunftorientierter, als allgemein angenommen wird. Epikurs Intentionen sind daher ohne eingehende Rückbesinnung auf die schriftliche Überlieferung nicht in vollem Umfang zu verstehen. Auf den ersten Blick verwunderlich ist sein eindringlicher Verweis auf die *phrónesis* (Einsicht, Klugheit), von der er sagt, sie sei Ursprung des Lebens, höchstes Gut und wertvoller als die Philosophie (*ad Men.* 132). Nur der Weise, macht Epikur am Ende des *Briefes an Menoikeus* deutlich, ist imstande, unter unsterblichen Gütern wie ein Gott unter den Menschen zu leben, denn seine *ataraxía* (Unerschütterlichkeit) ist unverlierbar, seine *eudaimonía* vollkommen. Wie in Kapitel 9 ausgeführt (s. S. 195f.), unterscheidet Epikur zwei Arten von Lust – die kinetische (bewegliche) und die katastematische (zuständliche). Dabei gilt es, dem Missverständnis vorzubeugen, dass nicht Lust schlechthin das epikureische *telos* ist, sondern bei genauem Hinsehen nur die katastematische, die Epikur als *kata physin* (Us. 416) bezeichnet, als unserer Naturanlage entsprechend. Demzufolge wird die *ataraxía* einmal als Schmerzfreiheit im Sinne der katastematischen Lust beschrieben, ein andermal als eine auf rationaler Ebene gefestigte Einstellung der Unerschütterlichkeit, die nicht mehr durch Zu- oder Abnahme der Lust gefährdet ist. Entsprechend dieser Doppelbedeutung wird auch eine Differenzierung hinsichtlich der *eudaimonía* vorgenommen – die ‚gewöhnliche' Glückseligkeit der katastematischen Lust und die vollkommene des Weisen, der eine unzerstörbare, den Göttern gleiche *eudaimonía* genießt. Auch wenn dieser Entwurf eine Idealvorstellung zum Ausdruck bringt, wird gerade mit der Gegenüberstellung ein Exempel statuiert, dem zufolge der Mensch grundsätzlich die äußerste und vollkommene *eudaimonía* erreichen könne, nämlich dann, wenn es ihm kraft seiner rationalen Leistung sowie ethischen Einübung gelinge, den Zustand der Unerschütterlichkeit in den der *Unerschüttertheit* umzuwandeln.[17]

Die zeitlos-aktuelle Botschaft Epikurs könnte darin liegen, dass dieser den Menschen, der seiner Auffassung nach von Natur aus mit dem Streben nach der katastematischen Lust und der Begabung der *phrónesis* ausgestattet ist, für grundsätzlich fähig hält, angesichts der Wechselfälle des Schicksals auf diese rationalen und mentalen Ressourcen zurückzugreifen und die seelische Unerschütterlichkeit zu praktizieren, ja allenfalls diese auch zu transzendieren, um am Ende als epikureischer Weiser über eine dauerhafte Erschütterungsfreiheit zu verfügen. Epikur mag es in besonderer Weise gelungen sein, den modernen Begriff des „Empfindungsglücks" mit dem auf die Antike zutreffenden „Erfüllungsglück" zu verbinden. Dieser einzigartigen Zusammenführung des Hedonismus als Repräsentanten des „Empfindungsglücks" und der eudämonistischen Position eines „Erfüllungsglücks" verdankt sich die weitreichende Gültigkeit der epikureischen Glückstheorie.

Aus historisch-wirkungsgeschichtlicher Perspektive sind hinsichtlich der Wiederaufnahme epikureischer Thesen neben Nietzsche (s. Kap. 9.2.3, S. 198) u. a. der Theologe, Naturwissenschaftler und Philosoph *Pierre Gassendi* (1592–1655) oder etwa *Michel de Montaigne* (1533–1592) zu nennen. Gassendis Verdienst ist es, Epikur in der Renaissance als Gegenentwurf zu der seit der Antike vorherrschenden Position des Aristoteles wieder ins Gespräch gebracht zu haben. Michel de Montaigne war einerseits stark vom Skeptizismus beeinflusst, trug aber als Eklektiker auch zur Wiederbelebung des antiken Epikureismus bei, indem er, angeregt durch das Lehrgedicht *De rerum natura* des römischen Dichters Lukrez, die epikureische Idee einer philosophischen Lebenskunst in sein Werk einarbeitete. Die angestrebte *eudaimonía* wurde nun nicht mehr wie bei Aristoteles mit der Vollendung der den Menschen innerhalb einer teleologisch geordneten Welt zukommenden Rolle begründet, sondern mit der Erfüllung jeweils individuell gesetzter Ziele und Zwecke ohne jeglichen metaphysischen Hintergrund.[18] Karl Marx würdigt in seiner Dissertation über *Die Differenz der demokritischen und epikureischen Naturphilosophie*

17 Vgl. Held, Hedone und Ataraxia (2007), S. 178.

18 Vgl. Masek, Geschichte der antiken Philosophie (2012), S. 237.

(1841) Epikur als Stammvater des antiken Atomismus sowie als „größten griechischen Aufklärer“[19] (s. Kap. 3.2, S. 50f.).

Die These, dass der Verlust des antiken Lebenskunstmodells auf die Verbreitung des Christentums und die durch dieses erzeugte „Disziplinargesellschaft“ erfolgte, wird von *Michel Foucault* (1926–1984) vertreten. In seinem unvollendeten Spätwerk *Sexualität und Wahrheit* betont er die Bedeutung der Ethik der griechisch-römischen Antike, indem er sich explizit auf Epikur, aber auch auf die Stoa (s. u., S. 223) bezieht. Foucault, der in seinen frühen Arbeiten vehemente Kritik an einem autoritären und regelorientierten Gesellschaftssystem geübt hatte, wandte sich in seinen letzten Lebensjahren den antiken Techniken der Selbstgestaltung zu und proklamierte ein offenes, von jeglichen Repressalien befreites Lebensmodell (*L'usage des plaisirs, Le souci de soi,* 1984; dt. *Der Gebrauch der Lüste, Die Sorge um sich,* 1986). In enger Anlehnung an die Selbstformungsstrategien der Antike hält er am Postulat der *téchne tou bíou* (Lebenskunst) fest, die sich auf einem bestimmten Weg der einen und richtigen Methode (*metá:* nach, *hodós:* Weg) mit der entsprechenden *áskesis* (Übung) verbindet und so die Individualisierung und Selbstzuständigkeit des einzelnen Menschen fördert. Foucault favorisiert die Idee einer bewussten Lebensführung unter selbst auferlegten Regeln und Geboten, die nicht aus religiösen, politischen oder sozialen Gesetzen hergeleitet sind. In dieser ist auch ganz im Sinne der sokratischen Selbstprüfung die stetige Bereitschaft zur Revision inkludiert, nicht zuletzt aber auch eine Kultivierung der sinnlichen Genussfähigkeit.

Dieser Gedanke wird vom Philosophen und Kulturwissenschaftler Robert Pfaller in seiner viel beachteten Studie *Wofür es sich zu leben lohnt. Elemente materialistischer Philosophie* (2011) aufgegriffen. Ausgehend von der Beobachtung diverser der Gesellschaft von Seiten des Staates auferlegter Unterdrückungsmechanismen bzw. Vermeidungsstrategien hinsichtlich einer vermeintlich schädlichen hedonistischen Lebensweise stellt Pfaller die Frage nach einem genussvollen und lohnenswerten Leben neu, indem er sich dabei vielfach auf griechische Philosophen bezieht: „Statt zu fragen, wofür wir leben, fragen wir uns nur noch, wie wir möglichst lange leben beziehungsweise

19 K. Marx, Differenz der demokritischen und epikureischen Naturphilosophie. In: K. Marx/Fr. Engels: Werke. Berlin 1968, Band 40, S. 305.

überleben können – gemäß nunmehr völlig fraglos verabsolutierten Prinzipien wie Gesundheit, Sicherheit, Nachhaltigkeit und – vor allem Kosteneffizienz. Dies ist nicht allein ein Stück Torheit – gemäß den Worten des Epikur, wonach der Weise niemals das größte Stück Brot nimmt, sondern immer das süßeste."[20]

Im Anschluss an Foucault und zugleich in Rückbesinnung auf Epikurs antikes Selbstformungskonzept äußert sich Wilhelm Schmid in zahlreichen Publikationen und Vorträgen zum Thema der Lebenskunstphilosophie. So weist er auf den Aspekt der Ästhetisierung der epikureischen Selbstformung mit dem Bild eines (Lebens-)Künstlers hin, „der von Zeit zu Zeit seine Arbeit unterbricht, um sein Werk aus der Distanz zu betrachten und die Regeln seiner Kunst in Bezug zum bestehenden Werk zu setzen, und der, da er diesen Blick auf sich selbst als Werk nicht selbst bewerkstelligen kann, seine Freunde darum bittet".[21] Schmid macht aber auch auf einen anderen wichtigen Aspekt der epikureischen Ethik aufmerksam – die ökologische Komponente. Es liege an jedem einzelnen Menschen, die gravierenden Auswirkungen der Zerstörung der Umwelt zu bedenken und frei mitzuentscheiden, inwieweit diese fortschreite oder nicht. Eine diesbezügliche *téchne tou bíou* sei „die einzige Lebenskunst, die uns geblieben ist".[22] In seiner Diagnose eines neofatalistischen Zeitgeistes, dem zufolge sich die Menschen in größtenteils machtloser Abhängigkeit von schicksalshaft gegebenen Bedingungen erleben, weist der Philosoph *Herbert Schnädelbach* (*1936) bemerkenswerte Parallelen mit der epikureischen Antwort auf dogmatische Einengung nach. Menschen, die sich heute in von Leistungs- und familiärem Druck dominierten Situationen zunehmend unfrei fühlten, könne am ehesten die Zurückstellung vermeintlicher normativer Ansprüche zugunsten einer „defensiven Ethik klug

---

20 R. Pfaller, Wofür es sich zu leben lohnt. Elemente materialistischer Philosophie. Frankfurt am Main [8]2012, S. 18.

21 W. Schmid, Auf der Suche nach einer neuen Lebenskunst. Die Frage nach dem Grund und die Neubegründung der Ethik bei Foucault. Frankfurt am Main 1991, S. 261.

22 W. Schmid, „Lebenskunst: die einzige Utopie, die uns geblieben ist." Ein Gespräch mit dem Philosophen Wilhelm Schmid. In: Psychologie heute 7 (1996), S. 23.

reduzierter Lebensansprüche“[23] helfen. Diese Empfehlung wird durch eine Aussage Malte Hossenfelders unterstrichen, die, wie es scheint, heute aktueller ist denn je. Epikurs Ethik lehrt uns, so Hossenfelder, „dass wir nicht die Natur unseren Bedürfnissen, sondern diese jener anmessen [...]. Denn auch der neuzeitliche Gang über die Naturbeherrschung führt uns jetzt zu einer deutlichen Bedürfnisökonomie, und zwar nicht nur wegen der ökologischen Verhältnisse, sondern ebenso weil die Machbarkeit der Dinge oft mit einem Werteverlust erkauft werden muss.“[24]

10.4 Rückgriffe auf das stoische „Tugendglück"

Auch der Einfluss der Stoa, der zweiten großen hellenistischen Philosophenschule, reicht bis in die unmittelbare Gegenwart. Zunächst ein kurzer wirkungsgeschichtlicher Überblick: Mit ziemlicher Sicherheit wurde das Christentum von stoischer Ethik beeinflusst; Apostel Paulus, der griechisch sprach, zeigte sich auf einer seiner Missionarsreisen in Athen (55/56) äußerst vertraut mit der hellenistischen, insbesondere der stoischen Philosophie. Ebenso ist Augustinus' Werdegang von der Philosophie der Stoiker geprägt, auch wenn er sich in seinem Spätwerk von dieser distanzierte, vor allem von ihrer Gleichsetzung von Tugend und Glückseligkeit, die für Augustinus letztlich nur von Gott abhing.

Im Mittelalter wurden in Klöstern vor allem Schriften von Cicero und Seneca eifrig kopiert und vermutlich auch mit Interesse studiert. Um 1450 wurde Epiktets *Encheiridion* erstmals ins Lateinische übersetzt, so auch das aufschlussreiche Werk des Diogenes Laërtios *Leben und Lehre der Philosophen*. Die weitere Verbreitung stoischer Texte verdankte sich der Erfindung des Buchdrucks, Ciceros *Paradoxa Stoicorum (Stoische Paradoxien)* und *De officiis (Über die Pflichten)* waren unter den ersten überhaupt gedruckten Werken.

Die Ethik des Philosophen *Baruch de Spinoza* (1632–1677) gründet sich augenscheinlich in hohem Maße auf der stoischen Philosophie, auch wenn er

23 H. Schnädelbach, Der auferstandene Epikur. In: Ders.: Vernunft und Geschichte. Frankfurt am Main 1987, S. 289.

24 Hossenfelder, Epikur (2017), S. 150f.

selbst sich nur selten auf sie beruft.[25] Die Übereinstimmungen treten überaus deutlich hervor: Spinoza setzt Gott und Natur gleich und sieht die einzige Möglichkeit der Befreiung des Menschen in dessen Erkenntnis der „Allnatur", nach deren grundlegenden Gesetzen sich das gesamte Naturgeschehen vollziehe. Unfrei sei der Mensch vor allem dann, wenn er seinen Affekten nachgebe. Menschliches Glück ist für Spinoza nur insofern möglich, als der Mensch gelernt habe, die eigene Existenz vom Standpunkt der Ewigkeit (*sub specie aeternitatis*) zu begreifen. Auch Immanuel Kants kategorischer Imperativ deckt sich mit dem stoischen Vernunftgesetz, dem alle vernünftigen Wesen im Sinne der transsubjektiven *oikeíosis*-Konzeption unterliegen (s. Kap. 9.1.1, S. 166f.).

Während sich das philosophische Interesse an antiker Philosophie im 18. und 19. Jahrhundert nahezu ausschließlich auf die Klassiker Platon und Aristoteles konzentrierte, wurde die stoische Philosophie weitgehend vernachlässigt und mitunter sogar als minderwertig angesehen. Dieses Fehlurteil wurde im Verlauf des 20. Jahrhunderts jedoch zugunsten einer völlig neuen und durchwegs positiven Bewertung korrigiert.[26] So erwies sich das ohne metaphysischen Hintergrund konzipierte stoische Lebenskunstmodell als äußerst attraktiv für die Existenzialisten, vor allem *Jean-Paul Sartre* (1905–1980) bezog sich in seinem Hauptwerk *Das Sein und das Nichts* (1943) auf die Stoiker. Michel Foucault befasste sich in seinem Spätwerk *Sexualität und Wahrheit* eingehend mit den (römischen) Stoikern, insofern er in deren Anweisungen zur Selbstsorge ein konkretes Wissen entdeckte, das das Potenzial zur Transformation von Charakter und Leben enthält.

Der Psychologe *Albert Ellis* (1913–2007) gründete 1955 in den USA seine *Cognitive Behavioral Therapy*, eine rational-emotive Psychotherapie, auf der Einsicht Epiktets, der zufolge nicht die Dinge, sondern die Vorstellungen von den Dingen den Menschen beunruhigen und persönliches Leid häufig aus eigenen fehlgeleiteten Emotionen resultiert (vgl. Kap. 9.1.1, S. 163, FN 7).

In seinem 1999 erschienenen Buch *A new Stoicism* versuchte der amerikanische Philosoph *Lawrence C. Becker* (1939–2018) in gewisser Weise eine Moder-

---

25 Diese These hatte in der Forschung lange Gültigkeit, mittlerweile ist allerdings umstritten, wie weit Spinoza tatsächlich von der stoischen Philosophie beeinflusst ist (vgl. Schriefl, Stoische Philosophie [2019], S. 164).

26 Vgl. Schriefl, Stoische Philosophie (2019), S. 167f.

nisierung der stoischen Lehre, deren deterministische Weltsicht er als nicht mehr angemessen und mit heute bekannten wissenschaftlichen Erkenntnissen unvereinbar ansah. Im Zentrum seines Werkes steht jedoch – in enger Verwandtschaft zur *oikeíosis*-Lehre – der stoische Tugendbegriff, den er zur Verwirklichung des bestmöglichen Lebens für unerlässlich hielt.

Auch im Werk der amerikanischen Philosophin und Rechtsgelehrten *Martha Nussbaum* finden sich zahlreiche Anklänge an die stoische Ethik: beispielsweise ihre Theorie der Emotionen in *Upheavals of Thought* (2001) oder die Wertschätzung der von der Vernunft bestimmten stoischen Selbsterkenntnis bzw. -kritik in *The Therapy of Desire* (1994); zugleich übte sie aber auch Kritik am stoischen Tugend- und Glücksideal (*The Fragility of Goodness*, 1986). Insgesamt jedoch bezieht sich Nussbaum deutlich erkennbar auf das antike Modell der Selbstsorge und entwickelt ihre von mitfühlender Empathie und fürsorglicher Solidarität gekennzeichnete Ethik in Anknüpfung an die hellenistischen Konzepte.

In ähnlicher Weise beziehen sich der deutsche Philosoph und Altphilologe *Hans Krämer* (1929–2015) und die amerikanische Philosophin und Philosophiehistorikerin Julia Annas auf das antike Selbstsorgemodell. Hans Krämer plädiert mit seiner *Integrativen Ethik* (1992) für eine lebenspraktische und phänomennahe Selbstsorge im Gegensatz zum bevormundenden Moralbegriff der Moderne, den er vor allem von der kantischen Sollensethik bestimmt sieht.[27] An die Stelle kategorischer Forderungen solle eine konsiliatorische Ethik nach antikem Vorbild treten, die sowohl das persönliche Glücksstreben als auch die Berücksichtigung fremder Interessen umfasse. Auch Julia Annas, deren Herangehensweise vorrangig eine historisch-deskriptive ist, sieht die Vorzüge antiker Ethikmodelle in ihrer „Adressatenorientiertheit“[28] und der Ausrichtung am *life as a whole* („Leben als einem Ganzen“)[29], wodurch die Entwicklung eines lebenspraktischen Erfahrungswissens gefördert und ein flexibleres Reagieren auf diverse Alltagsprobleme ermöglicht wird. Zudem hebt Annas die Vernunftbetontheit der antiken Moralphiloso-

27 In diesem Zusammenhang spricht Krämer vom „kantischen Sündenfall“ in der philosophischen Ethik. Vgl. H. Krämer, Integrative Ethik. Frankfurt am Main 1992, S. 101.

28 Vgl. Annas, *The morality of happiness* (1993), S. 124; s. Kap. 1.5, S. 19f.

29 Annas, *The morality of happiness* (1993), S. 29.

phie hervor, wobei sie unter gleichzeitiger Zustimmung zur kantischen Position darzulegen versucht, dass die Berücksichtigung fremder Interessen auch schon in der antiken Ethik eine wesentliche Rolle innehatte.[30]

Heute findet sich eine ständig wachsende Anzahl von Menschen, die in der stoischen Ethik eine Quelle der Inspiration entdecken. Stellvertretend für eine große Menge an einschlägigen Publikationen seien hier einige wenige Beispiele genannt, in denen eine philosophische Ausrichtung erkennbar ist. 2009 erschien *William B. Irvines A Guide to the Good Life. The Ancient Art of Stoic Joy* (dt.: *Eine Anleitung zum Leben. Wie Sie die alte Kunst des Stoizismus für Ihr Leben nutzen,* ²2021). Irvine betont die lebenspraktische Dimension der stoischen Lehre nach dem Motto Senecas (*Ep.* XVII u. XVIII, 108, 4) in dem Sinne, dass jemand „der unter Anleitung eines Philosophen studiert, jeden Tag etwas Gutes mit sich nehmen [sollte]: [...] täglich als besserer Mensch nach Hause zurückkehren oder jedenfalls auf dem Weg dazu sein, besser zu werden".[31] Besonders erfolgreich sind die Bücher von *Ryan Holiday* und *Massimo Pigliucci*. Auch deren Publikationen erschienen in der Originalausgabe auf Englisch, wurden aber inzwischen (teils in mehreren Auflagen) ins Deutsche übersetzt. Holiday liefert mit *Der tägliche Stoiker. 366 nachdenkliche Betrachtungen über Weisheit, Beharrlichkeit und Lebensstil* (¹¹2021) einen Wegweiser durch das ganze Jahr: So ist für jeden Tag eine kurze Lektion, die an ein vorangesetztes Originalzitat anschließt, vorgesehen. In *Das Leben der Stoiker. Lektionen über die Kunst des Lebens, von Mark Aurel bis Zenon* (2020) verfolgt Holiday einen ähnlichen Ansatz, indem er anhand der Lebensbeschreibungen stoischer Philosophen deren zentrale Gedanken aufbereitet. Massimo Pigliucci, Professor für Philosophie am Lehman College der City University in New York, ist es mit *Die Weisheit der Stoiker. Ein philosophischer Leitfaden für stürmische Zeiten* (2017) gelungen, auf populäre und praxisnahe, zugleich aber auch seriöse und gehaltvolle Art eine teils interdisziplinäre Abhandlung der stoischen Lehre – insbesondere geleitet von der Frage nach der Formel für das Glück – darzulegen, deren letztes Kapitel praktische Anleitungen spiritueller Übungen enthält. Jüngst legte *Markus Rüther* das Buch *Als Stoiker leben. Was*

30 Vgl. Annas, *The morality of happiness* (1993), S. 443.

31 W. B. Irvine, Eine Anleitung zum Leben. Wie Sie die alte Kunst des Stoizismus für Ihr Leben nutzen. München ²2021, S. 16.

wir wissen und üben müssen (2022) vor, in dem er ähnlich wie Pigliucci sowohl in fachkundiger als auch unterhaltsamer Weise erklärt, was die stoische Ethik ausmache und wie man sie in das heutige Leben integrieren könne.

10.5 Fortwirken des Skeptizismus

Im Vergleich zur Wiederaufnahme stoischer und epikureischer Gedanken ist die Bedeutung des Skeptizismus hinsichtlich der Frage nach einem glücklichen Leben eher gering. Außerdem sind bekannte aktuelle, auf Skeptiker zurückgehende Problemstellungen mehrheitlich dem Bereich der Erkenntnistheorie zuzurechnen. Dennoch lassen sich einige interessante Rückgriffe auf die Lebensform der Skeptiker finden, die ihren Fokus auf eine humane menschliche Praxis richten.

Am Beginn der modernen Skepsis steht das Werk *René Descartes'* (1596–1650) *Meditationen über die Erste Philosophie.* Basierend auf dem fundamentalen Gegensatz von Schein und Sein stellt sich die philosophisch-wissenschaftliche Frage, ob die Welt nicht ganz anders sein könnte, als sie uns erscheint, oder anders ausgedrückt, ob wir wissen können, was wir wissen, bzw. ob wir wissen können, dass wir überhaupt etwas wissen. In Filmen wie der *Matrix*-Trilogie oder im Umgang mit der Kunst im Allgemeinen wird uns vor Augen geführt, dass ein prinzipielles Andersseinkönnen der Welt es mit sich bringen kann, dass wir tatsächlich nichts von dem wissen bzw. wissen können, was wir zu wissen glauben. Immanuel Kant transformiert die metaphysische Differenz von Sein und Schein zu seiner berühmten Unterscheidung zwischen Ding an sich und Erscheinung, der zufolge es eine Außenwelt nur geben kann, wenn Wesen existieren, denen sie in Raum und Zeit erscheinen kann, da die Außenwelt eine Welt der Erscheinungen und nicht der Dinge an sich ist. Der Idealist *Johann Gottlieb Fichte* (1762–1814) radikalisiert die kantische Sichtweise insofern, als er dessen Ding an sich gänzlich ablehnt, da der Annahme einer Welt an sich bereits ihre Unerkennbarkeit inhärent sei. Statt einer metaphysischen Theoriebildung favorisiert er unter dem Primat des Praktischen die Freiheit des subjektiven Glaubens und entschärft damit gleichzeitig die Differenz von Sein und Schein. Es geht ihm nicht mehr um die Frage, wie die Welt an sich ist, sondern darum, was wir glauben sollen, wie sie ist. Im Sinne der Skepsis ist die Welt jedoch „kein bloßer Schein. Denn Schein gibt es nur im Unterschied zum Sein. Die Welt der Erscheinungen ist deshalb kein Schein, weil sie kein wahres Sein verdeckt; sie ist vielmehr die einzige Welt, auf die wir uns überhaupt epistemisch beziehen können."[32]

Ludwig Wittgenstein (1889–1951), einer der bedeutendsten Philosophen des 20. Jahrhunderts, setzte sich in sämtlichen Phasen seiner philosophischen Entwicklung intensiv mit den Problemen des Skeptizismus auseinander, wobei deutliche Anklänge an die antike pyrrhonische Philosophie erkennbar sind. Für die unauflösbare Paradoxie von Sein und Schein macht Wittgenstein die Problematik der Sprache verantwortlich. Sie verführe die Menschen, metaphysische Scheinprobleme zu konstruieren, die letztlich auf grammatikalischen Problemen beruhten. Ähnlich wie Sextus Empiricus spricht Wittgenstein in seinen *Philosophischen Untersuchungen* (1953) von „Lebensformen" und dem „Problem des Regelfolgens", das wiederum unter dem Aspekt der Sprachverwendung behandelt wird. Die Sprache ist für Wittgenstein kein stabiles und verlässliches Instrument für die Erkenntnis der Welt, da wir uns nicht darauf verlassen können, dass die Wörter das bedeuten, was wir für ihre Bedeutung halten. Was das menschliche Handeln betrifft, so plädiert er für eine Gemeinschaftssicht, innerhalb derer Regelverstöße sanktioniert würden, jedoch ohne dass es dafür eines letzten Rechtfertigungsgrundes bedürfe. Wenn Wittgenstein wiederholt betont, dass unser Handeln grundlos sei und es keine triftigen Gründe dafür gebe, dass wir bestimmten Bräuchen und Gepflogenheiten folgen, so ruft dies auffallende Reminiszenzen an die pyrrhonische Argumentation hervor. Noch ausgeprägter sind die Ähnlichkeiten mit der antiken Skepsis, wenn man die Aussage des Sextus Empiricus, der Skeptiker wolle *aus Menschenfreundlichkeit nach Kräften die Einbildung und Voreiligkeit der Dogmatiker heilen* (*PH* III 280) mit Wittgensteins Behauptung „Der Philosoph behandelt eine Frage wie eine Krankheit" (*Philosophische Untersuchungen* § 255) vergleicht. Zudem heißt es in Wittgensteins *Bemerkungen über die Grundlagen der Mathematik* (II § 23): „Die Krankheit einer Zeit heilt sich durch eine Veränderung in der Lebensweise der Menschen und die Krankheit der philosophischen Probleme konnte nur durch eine veränderte Denkweise

32 Gabriel, Skepsis (2021), S. 134.

und Lebensweise geheilt werden, nicht durch eine Medizin, die ein einzelner erfand."[33]

Eine bemerkenswerte moralische Facette enthält das vom amerikanischen Philosophen *Stanley Cavell* (1926–2018) entwickelte skeptische Modell. Mit seinen Vorgängern eint ihn die Ansicht, dass die Welt im Ganzen kein möglicher Gegenstand des Wissens sei, da die skeptischen Zweifel über deren Existenz oder Nichtexistenz nicht ausgeräumt werden könnten. Wiederum kommen deutlich pyrrhonische Gedanken zum Vorschein, wenn sich Cavell gegen die Erkenntnistheorie schlechthin und für ein Ideal einer alltäglich gelebten humanen Gemeinschaft ausspricht. Offenbar gibt es für ihn keine „philosophische Theoriebildung [...], die sich nicht als Lebensform, d. h. als gelebte Alltäglichkeit, artikuliert".[34] Sollte der Mensch nämlich gemäß der cartesischen Skepsis, der zufolge wir nicht wissen könnten, ob es eine Außenwelt gebe, auch bezüglich unserer Mitmenschen Zweifel haben, ob sie überhaupt Menschen seien und nicht vielmehr Halluzinationen oder humanoide Roboter ohne Seele, drohe nach Cavell das Problem der „Seelenblindheit"[35] und die Gefahr, selbst zu einem Monster zu werden. Letztlich ist der Mensch gewissermaßen eine tragische Figur, die vergeblich versucht, von einem überlegenen neutralen Standpunkt aus das Scheitern des Wissens zu beobachten, und so warnt Cavell vor einem gefährlichen Übersteigen der Grenzen des Humanen.[36] Auch *Richard Rorty* (*Der Spiegel der Natur,* 1997) und *David R. Hiley* (*Philosophy in Question,* 1988) stehen insofern in der Tradition der pyrrhonischen Skepsis, als sie sich, basierend auf einem Paradigmenwechsel von der Erkenntnistheorie hin zur Hermeneutik, zu einer moralischen Lebensform der Kommunikation bekennen, das Postulat eines gemeinsamen Fundaments des Wissens unter Berufung auf die Idee einer absoluten Wahrheit hingegen gänzlich verwerfen. Bei Rorty wie auch bei Wittgenstein treten an die Stelle einer ontologischen Wahrheit jenseits der Erscheinungen ganz im pyrrhonischen Sinne die für ein gedeihliches Miteinander nützlichen und lebensdienlichen Konventionen der Gemeinschaft.

---

33 Zit. nach Horn, Antike Lebenskunst (2014), S. 243.

34 Gabriel, Skepsis (2021), S. 146.

35 Vgl. St. Cavell, Der Anspruch der Vernunft. Berlin 2016, S. 200.

36 Vgl. Gabriel, Skepsis (2021), S. 147.

Die amerikanischen Philosophen *Robert J. Fogelin* (1932–2016) und *Michael Williams* (*1947) berufen sich als Neo-Pyrrhoneer ausdrücklich auf die antike Skepsis. Williams argumentiert mit dem Begriff des Rechtfertigungs-Kontextualismus, mit dessen Hilfe die cartesische methodische Skepsis des Einzelsubjekts und der Aspekt der sozialen Verankerung unseres Wissens miteinander versöhnt werden könnten.[37]

Der zuletzt genannte Standpunkt ist einer der zentralen Ansätze, die sich aus der Auseinandersetzung der modernen Skepsis mit der antiken Konzeption entwickelt haben – die Anerkennung der Sozialität der Vernunft, welche auch zugleich die Voraussetzung für eine der wichtigsten, bis heute gültigen ethischen Botschaften der Skeptiker darstellt: dem Dogmatismus Einhalt zu gebieten, der zwangsläufig eine gefährliche Verhärtung der verschiedenen Positionen der Weltdeutung mit sich bringt. Ein unschätzbarer Wert der skeptischen Denkrichtung liegt darin, aufgrund der Einsicht in die erkenntnistheoretische Wandelbarkeit die Gesprächsbereitschaft und Aufrechterhaltung des geistigen und kulturellen Austauschs zwischen Philosophie, Kunst, Wissenschaft und Religion zu fördern. „Die Skepsis lädt […] dazu ein, die epistemische Endlichkeit zu akzeptieren und auf ihrer Basis zu operieren. Auf diese Weise lässt sich Philosophie auch als Kritik verstehen. Denn nur so ist sie imstande, dogmatische Tendenzen aufzuspüren und kritisch auf ihre Berechtigung hin zu prüfen. Diese Prüfung muss sie wohl zuallererst an sich selbst vollziehen."[38]

Was die menschlichen Wege zum Glück anbelangt, ist nicht zu leugnen, dass aktuell auch auf diesem Gebiet gewissermaßen eine – wohl eher vordergründig – skeptische Haltung spürbar ist, wenn aufgrund der Zunahme verschiedenster neuer Lebensformen und der fortschreitenden Virtualisierung unserer Lebenswelten weitgehend auf traditionelle Leitbilder und Werte zugunsten individuell gestalteter „My way" Designs verzichtet wird. Angesichts des Verlustes an traditionellen Mustern und der verstärkten Subjektivierung des Glücks diagnostiziert Ferdinand Fellmann für das 21. Jahrhundert das Phänomen einer Lebenskunst, die sich an der „Metapher des Spiels

37 Vgl. Gabriel, Skepsis (2021), S. 160.

38 Ebd., S. 164.

orientiert".[39] Das Ziel der vorliegenden Darstellung ist es jedoch, entgegen aller heute gepflegter ‚spielerischer' Improvisation und beliebiger Unverbindlichkeit die Lebenskunst und die damit verbundene Suche nach dem letzten Ziel, dem Glück, als eine hermeneutische Disziplin zu verteidigen. Im Rückgriff auf die Konzepte antiker Philosophen und in kritischer Reflexion der von ihnen entworfenen Lebenskunstmodelle und ihrer zugrundeliegenden Theorien kann ein auf Vernunft und Sinn basierender Weg zum Glück – im Sinne des horazischen *sapere aude (Wage es, die Vernunft zu gebrauchen)* – gefunden werden, der so weit gefestigt ist, dass er sowohl ein Fair Play mit anderen ermöglicht als auch den einzelnen Menschen vor allzu schnellem Scheitern bewahrt.

39 F. Fellmann, Glück in Theorien der Lebenskunst. Zwischen Spiel und Erfüllung. In: Thomä/Henning/ Mitscherlich-Schönherr (Hgg.): Glück (2011), S. 306.

Siglen und Abkürzungen

Antike Primärquellen (alphabetisch nach Siglen geordnet):

ad Men.	Epikur, Brief an Menoikeus
Apol.	Platon, *Apologia* (Apologie)
De fin.	Cicero, *De finibus bonorum et malorum* (Über das größte Gut und das größte Übel)
De leg.	Cicero, *De legibus* (Über die Gesetze)
Diatr.	Epiktet, *Diatribai* (Unterredungen)
DK	Diels, H./Kranz W. (Hgg.), Die Fragmente der Vorsokratiker
DL	Diogenes Laërtios, Leben und Lehre der Philosophen
EN	Aristoteles (Arist.), *Ethica Nicomachea* (Nikomachische Ethik)
Ench.	Epiktet, *Encheiridion* (Handbüchlein der Moral)
Ep.	Seneca, *Epistulae morales ad Lucilium* (Briefe an Lucilius über Ethik)
Euthyd.	Platon, *Euthydemos*
Eutyphr.	Platon, *Eutyphron*
Gorg.	Platon, *Gorgias*
Hipp. Min.	Platon, *Hippias Minor* (Der Kleinere Hippias)
Hist.	Herodot, *Historien*
Isthm.	Pindar, *Isthmische Oden*
KD	Epikur, *Kyriai doxai* (Hauptlehrsätze)

Math.	Sextus Empiricus (Sext. Emp.), *Adversus mathematicos* (Gegen die Wissenschaftler)
Mem.	Xenophon, *Memorabilia Socratis* (Erinnerungen an Sokrates)
Men.	Platon, *Menon*
Met.	Aristoteles (Arist.), *Metaphysica* (Metaphysik)
Nem.	Pindar, *Nemeische Oden*
Nom.	Platon, *Nomoi* (Die Gesetze)
Od.	Homer, *Odyssee*
PH	Sextus Empiricus (Sext. Emp.), *Pyrrhoneioi hypotyposeis* (Grundriss der pyrrhonischen Skepsis)
Phaid.	Platon, *Phaidon*
Phaidr.	Platon, *Phaidros*
Pol.	Platon, *Politeia* (Der Staat)
Polit.	Aristoteles (Arist.), *Politica* (Politik)
Prot.	Platon, *Protagoras*
Pyth.	Pindar, *Pythische Oden*
SB	Marc Aurel, Selbstbetrachtungen
Soph.	Platon, *Sophistes* (Der Sophist)
SVF	H. v. Arnim (Hg.), *Stoicorum Veterum Fragmenta*
Symp.	Xenophon, *Symposion* (Das Gastmahl)
Symp.	Platon, *Symposion* (Das Gastmahl)
Theait.	Platon, *Theaitetos*
Tim.	Platon, *Timaios*
Tusc.	Cicero, *Tusculanae disputationes* (Gespräche in Tusculum)

Nachschlagewerke:

HWPh = Historisches Wörterbuch der Philosophie. Hg. von Joachim Ritter/Karlfried Gründer/Gottfried Gabriel. 13 Bde. Basel 1971–2007.

LS = Liddell, Henry George/Scott, Robert. *A Greek-English Lexicon.* Oxford 2019.

Literaturverzeichnis

Auswahl an Textausgaben in Reclams Universalbibliothek (z.T. zweisprachig)

Aristoteles, Metaphysik. Übertr. und hg. von Franz F. Schwarz. Stuttgart 1986 (UB 7913).

Aristoteles, Nikomachische Ethik. Griech./Dt. Üs. und hg. von Gernot Krapinger. Stuttgart 2020 (UB 19670).

Aristoteles, Politik. Übertr. und hg. von Franz F. Schwarz. Stuttgart 1998 (UB 8522).

Cicero, *De finibus bonorum et malorum*. Über das größte Gut und das höchste Übel. Lat./Dt. Üs. und hg. von Harald Merklin. Stuttgart 2021 (UB 8593).

Cicero, *Tusculanae disputationes*. Gespräche in Tusculum. Lat./Dt. Üs. und hg. von Ernst Alfred Kirfel. Stuttgart 2020 (UB 5028).

Demokrit. Fragmente zur Ethik. Üs. und komm. von Gred Ibscher. Nachbearbeitet von Michael von Albrecht u. Gregor Damschen. Stuttgart 2007 (UB 9435).

Die Philosophie der Stoa. Üs. und hg. von Wolfgang Weinkauf. Stuttgart 2001 (UB 18123).

Die Sophisten. Griech./Dt. Hg. und üs. von Thomas Schirren u. Thomas Zinsmaier. Stuttgart 2003 (UB 18264).

Die Vorsokratiker. Griech/Dt. Ausgew., üs. und erläutert von Jaap Mansfeld u. Oliver Primavesi. Stuttgart 2021 (UB 1417).

Diogenes Laërtios, Leben und Lehre der Philosophen. Üs. und hg. von Franz Jürß. Stuttgart 1998 (UB 9669).

Epiktet, Handbüchlein der Moral. Griech./Dt. Üs. und hg. von Kurt Steinmann. Stuttgart 2004 (UB 8788).

Epikur, Briefe, Sprüche, Werkfragmente. Üs. und hg. von Hans-Wolfgang Krautz. Stuttgart 1993 (UB 9984).

Hesiod, Werke und Tage. Griech./Dt. Üs. und hg. von Otto Schönberger. Stuttgart 1995 (UB 9445).

Homer, Odyssee. Griech/dt. Üs. und hg. von Roland Hampe. Stuttgart 2010 (UB 18640).

Homer, Ilias. Neue Übertr. und Nachwort von Roland Hampe. Stuttgart 1986 (UB 249).

Marc Aurel, Selbstbetrachtungen. Üs. und hg. von Gernot Krapinger. Stuttgart 2019 (UB 19641)

Pindar, Oden. Griech./Dt. Üs. und hg. von Eugen Dönt. Stuttgart 2001 (UB 8314).

Platon, Apologie. Griech/Dt. Üs. und hg. von Manfred Fuhrmann. Stuttgart 1986 (UB 8315).

Platon, Der Staat. Üs. und hg. von Gernot Krapinger. Stuttgart 2017 (UB 19512).

Platon, *Eutyphron*. Griech./Dt. Üs. und hg. von Otto Leggewie. Stuttgart 1986 (UB 9897).

Platon, *Gorgias*. Griech./Dt. Üs. und hg. von Michael Erler. Komm. und mit einem Nachwort versehen von Theo Kobusch. Stuttgart 2011 (UB 18896).

Platon, *Menon*. Griech/Dt. Üs. und hg. von Gernot Krapinger. Stuttgart 2021 (UB 14197).

Platon, *Nomoi*. Üs. von Klaus Schöpsdau. Hg. von Michael Erler. Stuttgart 2019 (UB 19355).

Platon, *Phaidon*. Üs. von Friedrich Schleiermacher. Nachwort von Andreas Graeser. Stuttgart 1989 (UB 918).

Platon, *Phaidros*. Übertr. u. eingel. von Kurt Hildebrandt. Stuttgart 1986 (UB 5789).

Platon, *Protagoras*. Griech/Dt. Üs und komm. von Hans-Wolfgang Krautz. Stuttgart 1987 (UB 1708).

Platon, *Symposion*. Griech./Dt. Üs. und hg. von Thomas Paulsen und Rudolf Rehn. Stuttgart 2021 (UB 18435).

Platon, *Theaitetos*. Griech./Dt. Üs. und hg. von Ekkehard Martens. Stuttgart 2020 (UB 14014).

Platon, Timaios. Griech./Dt. Üs. und hg. von Thomas Paulsen und Rudolf Rehn. Stuttgart 2003 (UB 18285).

Sappho, Lieder. Griech./Dt. Hg. und üs. von Anton Bierl. Stuttgart 2021 (UB 14084).

Seneca, *De vita beata*. Vom glücklichen Leben. Lat./Dt. Üs. und hg. von Fritz-Heiner Mutschler. Stuttgart 2019 (UB 1849).

Seneca, *Epistulae morales ad Lucilium*. Briefe an Lucilius über Ethik (zweiteilig). Lat./Dt. Üs. von Heinz Gunermann, Franz Loretto u. Rainer Rauthe. Hg. und mit einem Nachwort versehen von Marion Giebel. Stuttgart 2018 (UB 19522).

Xenophon, Das Gastmahl. Griech./Dt. Üs. und hg. von Ekkehard Stärk. Stuttgart 1998 (UB 2056).

Xenophon, Erinnerungen an Sokrates. Üs. von Rudolf Preiswerk. Stuttgart 2005 (UB 1855).

Weitere antike Textquellen

Aristoteles, Philosophische Schriften. Sechs Bde. Hg. und üs. von Günther Bien, Hermann Bonitz, Klaus Corcilius, Wolfgang Detel, Eugen Rolfes, Eckart Schütrumpf, Horst Seidl u. Hans-Günter Zekl. Hamburg 2019.

Arnim, Hans von (Hg.): *Stoicorum Veterum Fragmenta*. 4 Bde. Eugene 2016.

Leben und Meinungen der sieben Weisen. Griechische und lateinische Quellen. Erläutert und übertr. von Bruno Snell. Berlin [4]2014 (E-Book).

Platon, Werke in acht Bänden. Griech./Dt. (nach der Übersetzung von Friedrich Schleiermacher u. Hieronymus Müller). Hg. von Gunther Eigler et al. Darmstadt ^{8}2019.

Sextus Empiricus, Grundriß der pyrrhonischen Skepsis. Eingeleitet u. übersetzt v. Malte Hossenfelder. Frankfurt a. Main ^{10}2021.

Theognis, Frühe griechische Elegien. Griech./Dt. Hg. von Thomas Baier, Kai Brodersen u. Martin Hose. Eingel., üs. und komm. von Dirk Uwe Hansen. Stuttgart 2017 (E-Book).

Sekundärliteratur

Albrecht, Michael von: Seneca. Eine Einführung. Stuttgart 2018.

Annas, Julia: *The Morality of Happiness.* New York/Oxford 1993.

Aschenbach, Gerd B.: Lebenskönnerschaft. Freiburg 2001.

Bächli, Andreas/Graeser Alexander: Grundbegriffe der antiken Philosophie. Stuttgart 2021.

Baumgarten, Hans-Ulrich: *Art.* Handlungstheorie. In: Christoph Horn/Jörn Müller/Joachim Söder (Hgg.): Platon Handbuch. Leben – Werk – Wirkung. Heidelberg 2020, S. 170–174.

Bees, Robert: Der Mythos im *Protagoras.* In: Markus Janke/Christian Schäfer (Hgg.): Platon als Mythologe. Darmstadt ^{2}2014, S. 175–202.

Bieri, Peter: Wie wollen wir leben? Salzburg 2011.

Blumenberg, Hans: Das Lachen der Thrakerin. Eine Urgeschichte der Theorie. Frankfurt a. Main 2010.

Brunschwig, Jacques: *The cradle argument in Epicureanism and Stoicism.* In: Malcolm Schofield/Gisela Striker (Hgg.): *The Norms of Nature. Studies in Hellenistic ethics.* Cambridge 1987, S. 113–144.

Buchheim, Thomas: Händler des guten Lebens. Sophistische Erziehungsideen. In: Christof Rapp/Tim Wagner (Hgg.): Wissen und Bildung in der antiken Philosophie. Stuttgart 2006, S. 73–83.

Canabas, Edgar & Illouz, Eva: Das Glücksdiktat. Und wie es unser Leben beherrscht. Berlin 2019.

Cavell, Stanley: Der Anspruch der Vernunft. Frankfurt a. Main 2016.

Csikszentmihalyi, Mihaly: Flow. Das Geheimnis des Glücks. Stuttgart 1992/2017.

Dammer, Karl-Heinz: Philosophen als Pädagogen. Bd. 1. Von der Antike bis zur Aufklärung. Berlin/Toronto 2015.

Decher, Friedhelm: Die Schule der Philosophen. Große Denker über Bildung und Erziehung. Darmstadt 2012.

Detel, Wolfgang. Aristoteles. Eine Einführung. Stuttgart 2021

Dodds, Eric Robertson: Die Griechen und das Irrationale. Darmstadt 1991.

Dunshirn, Alfred: Griechisch für das Philosophiestudium. Wien ^{3}2022.

Ernst, Gerhard (Hg.): Philosophie als Lebenskunst. Antike Vorbilder, moderne Perspektiven. Berlin 2016.

Eucken, Christoph: Antisthenes. Die geistige Unabhängigkeit des Individuums In: Michael Erler/Andreas Graeser (Hgg.): Philosophen des Altertums. Von der Frühzeit bis zur Klassik. Darmstadt 2000, S. 112–129.

Fellmann, Ferdinand: Philosophie der Lebenskunst zur Einführung. Hamburg 2009.

Fellmann, Ferdinand: Glück in Theorien der Lebenskunst. Zwischen Spiel und Erfüllung. In: Dieter Thomä/Christoph Henning/Olivia Mitscherlich-Schönherr (Hgg.): Glück. Ein interdisziplinäres Handbuch. Stuttgart 2011, S. 303–307.

Fenner, Dagmar: Das gute Leben. Berlin 2007.

Fenner, Dagmar: Selbstoptimierung und Enhancement. Ein ethischer Grundriss. Tübingen 2019.

Figal, Günter: Sokrates. München ³2006.

Flashar, Hellmut: Aristoteles. Lehrer des Abendlandes. München 2013.

Foot, Philippa: *Virtues and Vices and Other Essays in Moral Philosophy.* Oxford 1978.

Foot, Philippa: *Moral Dilemmas. And Other Topics in Moral Philosophy.* Oxford 2002.

Foot, Philippa: *Natural Goodness.* Oxford 2001 (dt.: Die Natur des Guten. Frankfurt a. Main 2004).

Forschner, Maximilian: Über das Glück des Menschen. Darmstadt ²1994.

Forschner, Maximilian: Marc Aurel und Epikur. Über stoische und epikureische *meditatio mortis.* In: Gerhard Ernst (Hg.): Philosophie als Lebenskunst. Antike Vorbilder, moderne Perspektiven. Berlin 2016, S. 101–120.

Foucault, Michel: Der Gebrauch der Lüste. Sexualität und Wahrheit. Bd. 2. Frankfurt a. Main ¹²2015.

Frisk, Hjalmar: Griechisches Etymologisches Wörterbuch. Heidelberg 1960.

Fuhrer, Therese: Seneca. Von der Diskrepanz zwischen Ideal und Wirklichkeit. In: Michael Erler/Andreas Graeser (Hgg.): Philosophen des Altertums. Vom Hellenismus bis zur Spätantike. Darmstadt 2000, S. 91–108.

Gabriel, Markus: Antike und moderne Skepsis zur Einführung. Hamburg ³2021.

Gadamer, Hans-Georg: Einführung zu Aristoteles' Nikomachischer Ethik VI. Frankfurt a. Main 1998.

Gehlen, Arnold: Der Mensch. Seine Natur und seine Stellung in der Welt. Wiebelsheim ¹⁵2009.

Geyer, Carl-Friedrich: Epikur zur Einführung. Hamburg 2020.

Gigon, Olof: Sokrates. Sein Bild in Dichtung und Geschichte. Basel 1994.

Gloy, Karen: Philosophiegeschichte der Zeit. Paderborn 2008.

Graeser, Andreas: Die Philosophie der Antike. Bd. 2. Sophistik und Sokratik, Plato und Aristoteles, München ²1993.

Grün, Anselm: Quellen innerer Kraft. Freiburg 2007.

Hadot, Pierre: Wege zur Weisheit – oder was lehrt uns die antike Philosophie? Frankfurt a. Main 1999.

Hadot, Pierre: Philosophie als Lebensform. Antike und moderne Exerzitien der Weisheit. Frankfurt a. Main ³2011.

Haigg, Matt: *The Comfort Book*. Gedanken, die mir Hoffnung machen. München 2021.

Hegel, Georg Wilhelm Friedrich: Werke in 20 Bänden. Hg. von Eva Moldenhauer u. Karl M. Michel. Frankfurt a. Main 1986.

Held, Katharina: *Hedone* und *Ataraxia* bei Epikur. Paderborn 2007.

Heller, Bruno: Glück. Darmstadt 2012.

Herder, Johann Gottfried: Abhandlung über den Ursprung der Sprache. Stuttgart 1993.

Hochkeppel, Willy: War Epikur ein Epikureer? Aktuelle Weisheitslehren der Antike. München [3]1988.

Höffe, Otfried: Aristoteles. München [4]2014.

Holiday, Ryan: Das Leben der Stoiker. Lektionen über die Kunst des Lebens, von Mark Aurel bis Zenon. München 2020.

Holiday, Ryan: Der tägliche Stoiker. 366 nachdenkliche Betrachtungen über Weisheit, Beharrlichkeit und Lebensstil. München [11]2021.

Horn, Christoph/Rapp, Christof (Hgg.): Wörterbuch der antiken Philosophie. München 2002.

Horn, Christoph: Über einige Schwierigkeiten, die antike Moralphilosophie zu verstehen. Conjectura vol. 16. Caxias do Sul/Rio Grande do Sul 2011.

Horn, Christoph: Philosophie der Antike. München 2013.

Horn, Christoph: Antike Lebenskunst. Glück und Moral von Sokrates bis zu den Neuplatonikern. München [3]2014.

Horn, Christoph: *Art.* Tugend. In: Christoph Horn/Jörn Müller/Joachim Söder (Hgg.): Platon Handbuch. Leben–Werk–Wirkung. Heidelberg [2]2020, S. 351–55.

Hossenfelder, Malte: Antike Glückslehren. Quellen zur hellenistischen Ethik in deutscher Übersetzung. Stuttgart [2]2013.

Hossenfelder, Malte: Epikur. München [4]2017.

Hübner, Dietmar: Einführung in die philosophische Ethik. Göttingen [3]2021.

Irvine, William B.: Eine Anleitung zum Leben. Wie Sie die alte Kunst des Stoizismus für Ihr Leben nutzen. München [2]2021.

Janke, Wolfgang: Glück der Sterblichen. Darmstadt 2010.

Kallhoff, Angela: Der Mensch – das moralische Tier. Berlin 2022.

Kant, Immanuel: Werke in zehn Bänden. Hg. v. Wilhelm Weischedel. Sonderausg., Darmstadt 1983.

Kluge, Friedrich: Etymologisches Wörterbuch der deutschen Sprache. Berlin/New York [25]2011.

Knoll, Manuel: Antike griechische Philosophie. Berlin/Boston 2017.

Korsgaard, Christine M.: Tiere wie wir. Warum wir moralische Pflichten gegenüber Tieren haben. Eine Ethik. München 2021.

Krämer, Hans: Integrative Ethik. Frankfurt a. Main 1992.

Kutschera, Franz von: Die Anfänge der Philosophie. Eine Einführung in die Gedankenwelt der Vorsokratiker. Münster 2018.

Layard, Richard: Die glückliche Gesellschaft. Kurswechsel für Politik und Wirtschaft. Frankfurt/New York 2005.

Long, Anthony A.: *Hellenistic Philosophy: Stoics, Epicureans, Sceptics.* Los Angeles 1986.

Long, Anthony A./Sedley David N.: Die hellenistischen Philosophen. Texte und Kommentare. Stuttgart 2006.

MacIntyre, Alasdair: *Dependent Rational Animals. Why Human Beings Need the Virtues.* London 1999 (dt.: Die Anerkennung der Abhängigkeit. Über menschliche Tugenden. Hamburg 2001).

Marcuse, Ludwig: Philosophie des Glücks. Von Hiob bis Freud. Zürich 1996.

Martens, Ekkehard: Die Sache des Sokrates. Stuttgart 1997.

Martens, Ekkehard: Philosophieren mit Kindern. Eine Einführung in die Philosophie. Stuttgart 1999.

Marx, Karl: Differenz der demokritischen und epikureischen Naturphilosophie. In: Karl Marx/Friedrich Engels: Werke. Berlin 1968, Band 40, S. 257–305.

Masek, Michaela: Geschichte der antiken Philosophie. Wien [2]2012.

Meck, Sabine: Vom guten Leben. Eine Geschichte des Glücks. Darmstadt 2012.

Mitscherlich-Schönherr, Olivia: Glück und Zeit. Erfüllte Zeit und gelingendes Leben. In: Dieter Thomä/Christoph Henning/Olivia Mitscherlich-Schönherr (Hgg.): Glück. Ein interdisziplinäres Handbuch. Stuttgart 2011, S. 63–74.

Mueller-Goldingen, Christian: Dichtung und Philosophie bei den Griechen. Darmstadt 2008.

Niehues-Pröbsting, Heinrich: Die antike Philosophie. Schrift, Schule, Lebensform. Frankfurt a. Main 2004.

Niehues-Pröbsting, Heinrich: Der Kynismus des Diogenes und der Begriff des Zynismus. München [2]2016.

Nietzsche, Friedrich: Kritische Gesamtausgabe (KGW). Begr. von Giorgio Colli u. Mazzino Montinari, weitergef. von Wolfgang Müller-Lauter u. Karl Pestalozzi, Berlin/New York 1976ff.

Nietzsche, Friedrich: Kritische Studienausgabe (KSA). Hg. von Giorgio Colli und Mazzino Montinari. 15 Bde., Berlin/New York [7]2007.

Nussbaum, Martha: *Human Functioning and Social Justice: In Defense of Aristotelian Essentialism*, in: *Political Theory* 20(2) (1992), S. 202–247.

Nussbaum, Martha: *The Therapy of Desire. Theory and Practice in Hellenistic Ethics.* Princeton 1994.

Nussbaum, Martha: *Upheavals of Thought. The Intelligence of Emotions.* Cambridge 2001.

Ottmann, Henning: Geschichte des politischen Denkens. Bd. 1. Die Griechen. Teilbd. 1. Von Homer bis Sokrates. Stuttgart 2001.

Ottmann, Henning: Geschichte des politischen Denkens. Bd. 2. Die Griechen. Teilbd. 2. Von Platon zum Hellenismus. Stuttgart 2001.

Pauer-Studer, Herlinde: Einführung in die Ethik. Wien [3]2020.

Pechriggl, Alice: Eros. Grundbegriffe der europäischen Geistesgeschichte. Hg. von Konrad Paul Liessmann. Wien 2009.

Pelluchon, Corine: Ethik der Wertschätzung. Tugenden für eine ungewisse Welt. Darmstadt 2019.

Pfabigan, Alfred: Philosophie hilft! Alltag und Theorie zwischen Sokrates und Freud in der Philosophischen Praxis Märzstraße. Timmdorf/Malente 2021.

Pfaller, Robert: Wofür es sich zu leben lohnt. Elemente materialistischer Philosophie. Frankfurt a. Main [8]2012.

Pfaller, Robert: Zwei Enthüllungen über die Scham. Frankfurt a. Main 2022.

Pigliucci, Massimo: Die Weisheit der Stoiker. Ein philosophischer Leitfaden für stürmische Zeiten. München 2017.

Pleger, Wolfgang: Sokrates. Zur dialogischen Vernunft. Darmstadt 2020.

Pohlenz, Max: Die Stoa. Geschichte einer geistigen Bewegung. 2 Bde. Göttingen [8]1992.

Precht, Richard David: Wer bin ich – und wenn ja, wie viele? München 2012.

Rapp, Christof: Aristoteles zur Einführung. Hamburg [6]2020.

Rehn, Rudolf: *Art.* Sonnen-, Linien-, und Höhlengleichnis. In: Christoph Horn/Jörn Müller/Joachim Söder (Hgg.): Platon Handbuch. Leben–Werk–Wirkung. Heidelberg [2]2020, S. 338–342.

Reichenbach, Roland: Ethik der Bildung und Erziehung. Paderborn 2018.

Ricken, Friedo: Antike Skeptiker. München 1994.

Ricken, Friedo: Philosophie der Antike. Stuttgart [4]2007.

Ritter, Joachim: *Art.* Glück. In: HWPh Bd. 3, 679–691.

Rosa, Hartmut: Resonanz. Eine Soziologie der Weltbeziehung. Frankfurt a. Main 2016.

Rosa, Hartmut: Unverfügbarkeit. Wien/Salzburg 2018.

Roß, Jan: Bildung – eine Anleitung. Berlin 2020.

Rüther, Markus: Als Stoiker leben. Was wir wissen und üben müssen. Darmstadt 2022.

Schildhammer, Georg: Glück. Grundbegriffe der europäischen Geistesgeschichte. Hg. von Konrad Paul Liessmann. Wien 2009.

Schmid, Wilhelm: Auf der Suche nach einer neuen Lebenskunst. Die Frage nach dem Grund und die Neubegründung der Ethik bei Foucault. Frankfurt a. Main 1991.

Schmid, Wilhelm: „Lebenskunst: die einzige Utopie, die uns geblieben ist.“ Ein Gespräch mit dem Philosophen Wilhelm Schmid. In: Psychologie heute 7 (1996), S. 22–29.

Schmid, Wilhelm: Mit sich selbst befreundet sein. Von der Lebenskunst im Umgang mit sich selbst. Berlin 2012.

Schmid, Wilhelm: Glück. Alles, was sie darüber wissen müssen, und warum es nicht das Wichtigste im Leben ist. Frankfurt a. Main [16]2018.

Schmitz, Barbara. Was ist ein lebenswertes Leben? Philosophische und biographische Zugänge. Stuttgart 2022.

Schnädelbach, Herbert: Der auferstandene Epikur. In: Ders.: Vernunft und Geschichte. Frankfurt a. Main 1987.

Schriefl, Anna: Stoische Philosophie. Eine Einführung. Stuttgart 2019.

Schriefl, Anna: *Art.* Glück. In: Christoph Horn/Jörn Müller/Joachim Söder (Hgg.): Platon Handbuch. Leben – Werk – Wirkung. Heidelberg 2020, S. 290–294.

Seel, Martin: Versuch über die Form des Glücks. Frankfurt a. Main 1999.

Seel, Martin: 111 Tugenden, 111 Laster. Eine philosophische Revue. Frankfurt a. Main [3]2012.

Sloterdijk, Peter: Kritik der zynischen Vernunft. Frankfurt a. Main [22]2022.

Sloterdijk, Peter: Du musst dein Leben ändern. Frankfurt a. Main [4]2012.

Snell, Bruno: Die Entdeckung des Geistes. Göttingen [9]2009.

Spaemann, Robert: Glück und Wohlwollen. Versuch über Ethik. Stuttgart [5]2009.

Spierling, Volker: Ungeheuer ist der Mensch. Eine Geschichte der Ethik von Sokrates bis Adorno. München 2017.

Steenblock, Volker: I. Das gute Leben. I 1: Glück. Lust und Seelenruhe. In: Julian Nida-Rümelin/Irina Spiegel/Markus Tiedemann (Hgg.): Handbuch Philosophie und Ethik. Bd. 2 Disziplinen und Themen. Paderborn 2015.

Steinfath, Holmer: Die Thematik des guten Lebens in der gegenwärtigen philosophischen Diskussion. In: Ders. (Hg.): Was ist ein gutes Leben? Philosophische Reflexionen. Frankfurt a. Main [3]2012, S. 7–31.

Stemmer, Peter: *Art.* Tugend. In: HWPh Bd. 10, 1532–1548.

Szlezák, Thomas Alexander: Was Europa den Griechen verdankt. Von den Grundlagen unserer Kultur in der griechischen Geschichte. Tübingen 2010.

Szlezák, Thomas Alexander: Platon. Meisterdenker der Antike. München [2]2021.

Thomä, Dieter: Vom Glück in der Moderne. Frankfurt a. Main [3]2003.

Thomä, Dieter: Erzähle dich selbst. Lebensgeschichte als philosophisches Problem. Frankfurt a. Main [2]2007.

Vamvacas, Constantin J.: Die Geburt der Philosophie. Düsseldorf 2006.

Vlastos, Gregory: *Socrates, Ironist and Moral Philosopher.* Ithaca 1991.

Vogt, Katja Maria: Skepsis und Lebenspraxis. Freiburg/München [2]2015.

Watzlawick, Paul: Anleitung zum Unglücklichsein. München 2021.

Weeber, Karl-Wilhelm: Diogenes. Botschaften aus der Tonne. Darmstadt 2012.

Williams, Bernard: *Shame and Necessity.* Berkeley/Los Angeles 1993 (dt.: Scham, Schuld und Notwendigkeit. Eine Wiederbelebung antiker Begriffe der Moral. Berlin 2000).

Wolf, Ursula: Die Suche nach dem guten Leben. Frankfurt a. Main [2]2013.

Wolf, Ursula: Handlung, Glück, Moral. Berlin 2020.

Yalom, Irvin David: *Staring at the sun. Overcoming the terror of Death.* San Francisco 2018 (Dt.: In die Sonne schauen, Wie man die Angst vor dem Tod überwindet. München 2008).

Zehnpfennig, Barbara: Platon zur Einführung. Hamburg [4]2017.

Zekl, Hans Günter: Diogenes Laertios. Statist auf der Bühne großer Theoreme: In: Marcel van Ackeren/Jörn Müller (Hgg.): Antike Philosophie verstehen. *Understanding Ancient Philosophy.* Darmstadt 2006, S. 297–315.